美国辩诉交易演进中检察官的作用

裴仕彬 —— 著

湖南大学出版社
·长沙·

图书在版编目（CIP）数据

美国辩诉交易演进中检察官的作用 / 裴仕彬著. 长沙：湖南大学出版社，2025. 7. -- ISBN 978-7-5667-4264-3

Ⅰ. D971. 25

中国国家版本馆 CIP 数据核字第 2025K13L79 号

美国辩诉交易演进中检察官的作用

MEIGUO BIANSU JIAOYI YANJIN ZHONG JIANCHAGUAN DE ZUOYONG

著　　者：裴仕彬
责任编辑：周文娟　傅小倩
印　　装：长沙创峰印务有限公司
开　　本：710 mm×1000 mm　1/16
印　　张：21. 75
字　　数：427 千字
版　　次：2025 年 7 月第 1 版
印　　次：2025 年 7 月第 1 次印刷
书　　号：ISBN 978-7-5667-4264-3
定　　价：78. 00 元

出 版 人：李文邦
出版发行：湖南大学出版社
社　　址：湖南 · 长沙 · 岳麓山
邮　　编：410082
电　　话：0731-88822559（营销部），88821691（编辑室），88821006（出版部）
传　　真：0731-88822264（总编室）
网　　址：http://press.hnu.edu.cn
电子邮箱：158854174@ qq. com

序

自2016年开始，全国人民代表大会常务委员会授权最高人民法院、最高人民检察院在部分地区试点认罪认罚从宽制度，该制度最终被刑事诉讼法吸收。不可否认的是，认罪认罚从宽制度借鉴了美国辩诉交易制度的有益经验。

《美国辩诉交易演进中检察官的作用》一书是裴仕彬博士在其博士论文的基础上修改而成。仕彬是我指导的博士生，他勤奋努力，而且对学术研究保持着较强的热情和激情。仕彬考博之前我们素不相识，我对仕彬博士入学考试的表现印象很深，他专业课笔试成绩很高，我以为仕彬是经过法律史专业训练的，后面才了解到，仕彬本科主要学习航空法，硕士阶段研习的是民商法，参加工作后主要和刑事法律打交道，应该说是法律史的门外汉，他在考博前对中外历史尤其是法国大革命史一直有浓厚的兴趣，最终被录取为华东政法大学法律史专业外国法制史方向的博士生，这也充分说明了一分耕耘一分收获的道理。仕彬是以定向生的方式就读，读博期间经常往返于深圳和上海之间，还有工作和家庭需要兼顾，其中的艰辛可想而知。仕彬不畏困难，在外国法制史论文很难发表的情况下，依然在读博期间发表多篇外国法制史的论文，这与仕彬的坚持是分不开的。

本书聚焦于美国辩诉交易（plea bargaining）中检察官的作用，通过深入的历史考察研究、案例分析及社会学分析，全面梳理了美国辩诉交易的演进历程。

书中首先探讨了美国检察官制度的演变及其在辩诉交易兴起中的关键作用。从历史沿革看，美国检察官制度融合了英国普通法传统与大陆法系特征，经历了从私诉到公诉、从任命到民选、从单轨制到双轨制的转变。在辩诉交易中，检察官针对不同犯罪类型（如酒类案件、盗窃案件及重罪案件）灵活运用交易策略，同时利用法官量刑裁量权的限制，通过诉讼费用、过度指控等手段进行交易。

随着经济发展和工业化的推进，刑事立法增长导致案件数量激增，检察官的指控职能不断扩大。联邦检察官职权的增强和司法部的创立进一步提升了检察官在辩诉交易中的地位和影响力。此外，进步主义运动对刑事司法领域的深刻变革，如实用主义法律哲学的兴起、正当程序的勃兴以及法律职业共同体的专业化，也为辩诉交易的广泛实践提供了有利环境。

本书还对比了美国辩诉交易与我国认罪认罚从宽制度的异同，并针对我国检察裁量权运行中存在的问题，提出了完善我国认罪认罚从宽制度的建议。整体而言，本书不仅深入剖析了美国辩诉交易的演进历程和检察官的作用，也为我国刑事司法实践提供了有益的借鉴和启示。

本书是仕彬的第一本公开出版的学术专著。作为他的导师，我为他在学术之路上取得的进步感到特别高兴和欣慰。我希望他以本书出版作为新的起点，以问题为导向，深入调查，潜心研究，在未来的研究路上取得更为丰硕的成果。

是为序。

何勤华

2025 年 2 月 5 日

于华东政法大学法律文明史研究院

目　录

导　论

一、研究的问题和意义

每当谈及美国刑事司法制度，常会令人想到其严密的证据制度、繁杂的审判程序以及纵横交错的被告人权利体系，然而真相是：被定罪的被告人中，约有90%没有通过审判程序，其中大部分是通过一种叫作辩诉交易的方式直接进入量刑程序。[1] 为何影视剧中控辩双方在法庭上唇枪舌剑、激烈对抗，而在司法实践中控辩双方却呈现出合作态势呢？作为刑事控辩的一方，美国检察官在辩诉交易的发展史中功不可没。美国最早的辩诉交易产生于19世纪初，当时的美国，工业突飞猛进，经济迅速发展，随之而来产生了很多社会问题，犯罪活动快速增长便是其中之一。另外，当时的美国检察官很多是兼职的，除了处理公诉案件外，还代理民事案件。案件量的增长使得检察官面临极大的压力。“为了迅速、及时解决积案，一些城市的检察官开始采用与被告人协商和交易的方式结案。……由于此种方式方便、快捷，能够有效地提高诉讼效率，节省诉讼资源，尽快扫清积案，因此在美国绝大部分州得到广泛采用。”[2] 可以这样说，美国辩诉交易的演进史就是地方检察官主动作为的历史。检察官成功探索出一种经济高效并被法院、被告、辩护律师等多方逐步接受的纠纷解决机制，其中的历史渊源、流变及检察官作用之彰显引发国内外学者的持续关注。

近些年来，国内对美国辩诉交易的研究应该说取得了一定的成绩，但是对辩诉交易的历史演变以及检察官在辩诉交易发展史中的作用研究依然十分薄弱，具体性和专题性研究较少。将“美国辩诉交易演进中检察官的作用”作为研究对象，理论价值和实践价值在于：

---

[1] 整体而言，1986年至2006年，美国州法院被告人认罪认罚的比例为93%；2011年至2012年，联邦刑事重罪有罪判决中，97%的被告人选择认罪认罚。参见王禄生：《美国司法体制的数据观察》，法律出版社，2018，第184—186页。另外，国外学者也得出类似的结论，主要有：Donald G. Gifford，“Meaningful Reform of Plea Bargaining：the Control of Prosecutorial Discretion，” *University of Illinois Law Review*（1983）；Maximo Langer，“Rethinking Plea Bargaining：the Practice and Reform of Prosecutorial Adjudication in American Criminal Procedure，”*American Journal of Criminal Law* 33（2005-2006）. 笔者综合考虑，认为美国约90%的刑事案件没有通过审判程序而定罪。

[2] 刘根菊：《确立中国式辩诉交易程序之我见》，《政法论坛》2002年第6期。

第一，美国检察官在辩诉交易演进中的作用研究对深化美国辩诉交易历史研究具有重要意义。辩诉交易的历史是连续而变化的，辩诉交易的产生发展必须考虑当时美国的社会、经济发展状况，美国特有的联邦—地方二元政治模式以及经过独立革命改造过的普通法文化。主流观点认为辩诉交易的动机在于效率，案件压力是检察官探索辩诉交易的主要原因。不可否认，案件压力是辩诉交易产生发展的一个重要诱因，但是19世纪美国的政治权力架构、政治法律思想、刑事领域变革使得检察官主导辩诉交易成为可能。

第二，美国检察官在辩诉交易演进中的作用研究对深化美国分权体制研究也具有重要意义。依据1787年美利坚合众国宪法，美国构建了立法、行政、司法三权分立与制衡的政治体系。法院的司法审查权对其他部门进行有效的违宪监督，法院成为“最不危险的部门”，同时享有至高无上的地位。19世纪以前，法院是定罪量刑的绝对控制者，但检察官有几乎没有限制的提起或者中止起诉的裁量权，检察官通过主导辩诉交易染指了向来由法官行使的定罪量刑权，在刑事司法中具有了“准司法官”的作用。

第三，美国检察官在辩诉交易演进中的作用研究对深入分析法律发展和建设具有重要现实意义。法律是一种受到普遍认可的社会规则。法律在规范人们行为的同时还被用来调整社会关系。美国著名法律学者伯纳德·施瓦茨在《美国法律史》中提到，美国对人类进步所作的贡献，不在于它在技术、经济或文化方面作出的成就，而在于发展了这样的思想：“法律是对权力进行制约的手段。在历史上，就法律对社会支配的程度来说，任何其他的国家都比不上美国；在其他国家，权力之争由武装部队来解决；在美国，权力之争由法学者组成的大军来解决。”[1]美国检察官在刑事司法体系中呈现出较为主动的特征，从而引发出辩诉交易中“事实基础”“自愿性”等问题，丰富了刑事法律制度。

---

[1] 伯纳德·施瓦茨：《美国法律史》，王军、洪德、杨静辉译，法律出版社，2011，引言第2页。

第四，美国检察官在辩诉交易演进中的作用研究为我国正在进行的刑事司法制度改革提供了借鉴。在党的十八届四中全会通过的《中共中央关于全面推进依法治国若干重大问题的决定》中首次提出"完善刑事诉讼中认罪认罚从宽制度"。之后，在2016年7月22日，中央全面深化改革领导小组第二十六次会议审议通过了《关于认罪认罚从宽制度改革试点方案》。同年9月3日，第十二届全国人民代表大会常务委员会（简称全国人大常委会）第二十二次会议通过《关于授权最高人民法院、最高人民检察院在部分地区开展刑事案件认罪认罚从宽制度试点工作的决定》，认罪认罚从宽制度在全国18个城市开展为期两年的试点工作。2018年，我国新修订的《中华人民共和国刑事诉讼法》（简称刑事诉讼法）吸收了试点的经验，正式将认罪认罚从宽制度上升为法律。从宏观层面来讲，该项制度旨在推动刑事司法领域的变革，建立轻缓宽容、繁简分流的刑事司法制度。检察环节作为刑事诉讼程序的重要一环，检察机关在认罪认罚从宽制度中如何跟进和变革相关职能，除了立足我国刑事司法实际进行深入探索和研究以外，充分考察包括美国在内的外国相关制度并加以借鉴也成为深化这项改革的重要内容。对美国检察官在辩诉交易演进中职能运作的考察有助于重新定位我国检察机关在认罪认罚从宽制度中的职能。

目前，国内研究学者主要关注的是美国辩诉交易的规范性分析和美国检察官的裁量权问题，对美国检察官在辩诉交易中的作用以及在辩诉交易演进中的地位研究不够深入，难以形成检察官在辩诉交易发展史中的整体印象。本书在吸收、借鉴、批判国内外相关研究成果的基础上，深入分析作为美国刑事诉讼主体之一的检察官在辩诉交易发展的一百多年间作用的形成演变后，总结出一些规律性的认识。诸如，根据辩诉交易的数量以及检察官进行交易的策略变化对检察官辩诉交易演进史分成兴起时期、广泛实践时期以及反思中得到合宪性认可三个阶段，对深化认识美国辩诉交易史具有一定的启发意义。本书揭示的美国检察官从辩诉交易初期便起着主导作用及对原因的分析，无论从资料层面还是思考路径上，均对当前中国刑事司法制度改革尤其是检察机关在认罪认罚从宽制度中的重新定位可以提供有益的参考。

二、国内外研究综述

（一）国内相关研究现状

1. 从历史的角度对美国辩诉交易进行的研究

2002 年“黑龙江孟广虎”一案被学界称为中国辩诉交易第一案。在该案之前，辩诉交易制度没有引起国内学者的重视，从 1987 年徐友军发表《美国刑事诉讼中的辩诉交易》一文到 2001 年期间，公开发表的有关“辩诉交易”的成果共计 24 篇。在该案发生之后，国内掀起了研究美国辩诉交易的热潮，平均每年公开发表 40 余篇。但是，涉及从历史的角度研究美国辩诉交易的成果并不多，主要有：杨百胜的《辩诉交易制度探源及其他——以美国为例》、金柯宏撰写的硕士学位论文《美国辩诉交易制度的历史考察与价值分析》、肖芳婷撰写的硕士学位论文《禁酒令与辩诉交易的成型：1851—1919》、祁建建的《美国辩诉交易研究》和冀祥德的《建立中国控辩协商制度研究》。

杨百胜于 2003 年发表的文章算是国内较早涉及辩诉交易产生发展史的研究成果。[1] 该文探究了美国 20 世纪初“诉讼爆炸”与辩诉交易产生的内在关联性，将辩诉交易作为应对巨大案件压力的新型纠纷解决机制。该文还探讨了辩诉交易的历史演进，将辩诉交易史划分为三个阶段：1880 年至 20 世纪初的混合制度时期、1950 年之前以有罪答辩为主的时期和 1950 年至今以明示辩诉交易为主的时期，这种分期观点具有一定的启发作用。但囿于论文的篇幅，有些问题没有得到深入研究，也有些观点与史实不符。

金柯宏于 2010 年撰写的硕士学位论文共四个部分，其中有两个部分涉及辩诉交易史内容。金文延续了辩诉交易产生源于案件压力的传统观点，

[1] 参见杨百胜：《辩诉交易制度探源及其他——以美国为例》，《湖北大学学报（哲学社会科学版）》2003 年第 4 期。

并且综合分析了辩诉交易得以在美国“生根发芽”的历史性因素，并以辩诉交易的存在态势为标准将美国辩诉交易史划分为“地下化”时期、公开化时期、合法化时期以及波折中发展时期四个时期，为辩诉交易史研究提供了一个新的视角。[1] 肖芳婷于2016年撰写的硕士学位论文延续了国外学者乔治·费希尔提出的辩诉交易起源于酒类案件的研究路径，把辩诉交易的发展放在美国19世纪中叶以来兴起的禁酒运动的历史背景下考察两者的内在关联，通过历史的方法还原了检察官在禁酒案件处理上被赋予的自由裁量权和辩诉交易模式形态。[2] 两篇硕士学位论文都存在微观和实证性研究较少，研究领域和视野相对较窄等问题。

学者祁建建撰写的《美国辩诉交易研究》一书在总结前人对辩诉交易问题研究的基础上，从辩诉交易的开端到确立到成熟状态，从各种各样的、成文的程序法规则到反复的、矛盾的法源判例，从辩诉交易程序到原理，多视角描述与论证了美国辩诉交易制度及相关理论和实践。[3] 书中有一部分专门论述了辩诉交易的社会和法律起源，也论及了作为辩诉交易主体之一的检察官的地位，该书的特点是对辩诉交易的规范分析，对检察官在辩诉交易演进中作用的历史分析着力不足。

学者冀祥德撰写的《建立中国控辩协商制度研究》一书的研究重点在于辩诉交易制度在我国的引进和移植问题，探索中国控辩协商制度的主要内容和基本模式。[4] 该书通过比较的方法对辩诉交易产生、存在和发展的理论基础和社会背景进行了考察和解析，从而为构建我国刑事控辩协商制度提供了域外经验。书中集中研究的是中国刑事控辩协商制度构建问题，美国辩诉交易的历史只是整个研究的背景性资料，对检察官在辩诉交易形成发展史中的地位作用几乎没有提及。

---

[1] 参见金柯宏：《美国辩诉交易制度的历史考察与价值分析》，硕士学位论文，西南政法大学，2010。

[2] 参见肖芳婷：《禁酒令与辩诉交易的成型：1851—1919》，硕士学位论文，华东政法大学，2016。

[3] 参见祁建建：《美国辩诉交易研究》，北京大学出版社，2007。

[4] 参见冀祥德：《建立中国控辩协商制度研究》，北京大学出版社，2006。

2. 有关美国检察制度及检察官历史的研究

何家弘教授于1994年发表的《美国检察制度的历史研究》是国内较早研究美国检察制度历史的成果。文章探讨了美国检察制度的起源，通过对传统观点的扬弃，从文化的角度分析出美国检察制度缘起于美国社会自身。[1] 文章通过历史的研究方法考察了美国检察制度的形成和发展，重点探讨了美国检察制度从自诉到公诉的演变过程以及19世纪检察官权力增加的历史背景。该文短小简练，侧重于对美国检察制度史的简单介绍，许多问题尚未深入研究和涉及。何教授于1995年出版了《中美检察制度比较研究》，该书运用比较研究的方法探讨中美在检察制度的源流、检察机关的组织以及检察机关的职能等方面的异同。[2] 该书有专门一章介绍美国检察制度的起源、在殖民地时期的形成、美国独立后的发展情况，该书的显著特点在于作者用英文写作，引用的英文文献为第一手资料。

张鸿巍教授于2009年出版的《美国检察制度研究》是国内较早研究该主题的专题性著作。该书运用了大量的文献资料，较为系统地介绍了美国检察制度的起源与发展，阐述了美国检察机关的职权与义务，勾勒出美国检察机关的组织架构，分析了美国的社区检察制度和未成年人检察制度，该书的主要特点是资料较为翔实和内容较为完整。[3] 该书对美国检察制度研究的完整性也限制了对检察制度形成发展史以及检察官的历史的研究深度和广度，也不可能对检察官在早期辩诉交易中的地位演变的相关问题作更多的剖析。

黎敏于2010年出版的《西方检察制度史研究——历史缘起与类型化差异》是国内较早专题研究西方检察制度史的著作。[4] 该书尝试将西方检察制度的发生史与西方政治历史进程结合起来进行考察，展现影响近代西方

---

[1] 参见何家弘：《美国检察制度的历史研究》，《法治论丛》1994年第3期。

[2] 参见何家弘：《中美检察制度比较研究》，中国检察出版社，1995。

[3] 参见张鸿巍：《美国检察制度研究》，人民出版社，2009。

[4] 参见黎敏：《西方检察制度史研究——历史缘起与类型化差异》，清华大学出版社，2010。

国家检察官制度构建的历史情境、政治条件和知识条件，运用马克思·韦伯的法律社会学和政治社会学基本原理，分析解读两大法系检察制度存在的类型性差异，并解释造成此种差异的政治文化原因。同时，该书考察了美国检察模式对英国传统模式的背离，分析了联邦政治体制和美国民主等传统对检察体制的深刻影响。该书对美国检察体制的历史考察侧重于社会学和政治学分析，对辩诉交易以及检察官在早期交易中的地位没有进行深入研究。

聂施恒于2011年撰写的博士学位论文《美国检察制度研究》通过对美国检察制度文化背景、历史渊源、体制选择、检察职能、权力地位、发展方向等方面的研究，对美国检察制度做了全景式的介绍。[1] 该文对美国检察机关、检察权力等概念的厘清有助于消除对相关问题的误解。该文相比于张鸿巍教授的《美国检察制度研究》一书，前者的体系化略优于后者，后者的实证性略优于前者。

3. 有关美国检察官在辩诉交易中的作用研究

杜民霞于2003年发表的《略论美国辩诉交易制度及检察官的作用》通过对美国《联邦刑事诉讼规则》的解读，在提炼检察官进行辩诉交易的依据的基础上，分析了检察官在辩诉交易中所享有的是否进行辩诉交易、与谁进行交易的巨大权力。[2]

徐凤利于2007年撰写的硕士学位论文《论检察官在辩诉交易制度中的自由裁量权》在论述了检察官的职能及其自由裁量权后，通过比较的方法分析了两大法系检察官辩诉交易裁量权配置上的差异及其根源。[3]

朱勇于2011年撰写的硕士学位论文《论检察官在辩诉交易中的作用》通过对美国、澳大利亚、法国、德国的检察官在辩诉交易中的权限、作用

[1] 参见聂施恒：《美国检察制度研究》，博士学位论文，吉林大学，2011。
[2] 参见杜民霞：《略论美国辩诉交易制度及检察官的作用》，《犯罪研究》2003年第3期。
[3] 参见徐凤利：《论检察官在辩诉交易制度中的自由裁量权》，硕士学位论文，南京师范大学，2007。

的分析，对构建我国检察官参与“辩诉交易”的制度提出了自己的观点。[1]

总体来讲，国内对美国检察官在辩诉交易中的作用的研究比较粗陋，主要集中于探讨现行辩诉交易体制下检察官参与的问题，对美国辩诉交易演进中检察官的作用几乎没有涉及，无法体现检察官在辩诉交易发展中的作用的演变历史。

（二）国外相关研究现状

1. 美国辩诉交易史的研究

关于该主题的研究，美国经历了四次学术讨论浪潮。每次浪潮都促进了对辩诉交易制度及其历史的理解。

第一阶段，19 世纪末至 20 世纪初。该阶段主要是通过案例分析的方法探讨检察官在辩诉交易中采取个别策略的零星研究。1896 年，发表在《刑事法杂志》的《撤回起诉程序——一项刑事指控的分支》一文通过案例分析较早地考察了“撤回起诉”（nolle prosequi）制度在路易斯安那州等地的运作情况。1913 年，大法官艾梅里在《缅因法律评论》上发表的《刑事案件中的撤回起诉》一文介绍了地方检察官享有提起撤回起诉的权力以及法官享有的审查权力。[2]

第二阶段，20 世纪二三十年代。学者们通过对美国各司法管辖区的书面记录整理，发现辩诉交易已经在全国法院中普遍存在。学者们试图通过实证的研究方法详细界定辩诉交易的情况和起源。其中，南加州大学法学院院长贾斯汀·米勒于 1927 年在《南加州大学法学评论》上发表《刑事案件的妥协》，哥伦比亚大学的雷蒙德·莫利于 1928 年在同一杂志上发表《正在消失的陪审团》，这两篇文章被视为该阶段从事辩诉交易史研究的代表性成果。米勒被认为是最早系统提出案件量是辩诉交易产生原因的学者；

[1] 参见朱勇：《论检察官在辩诉交易中的作用》，硕士学位论文，中国政法大学，2011。

[2] Lucilius A. Emery, “The Nolle Prosequi in Criminal Cases,” *Maine Law Review* 6, no. 4 (1913): 199-204.

莫利通过统计学描述了辩诉交易过去的真正历史，提出了辩诉交易兴起于19世纪上半叶的纽约的论点，但是莫利的研究忽视了检察官进行辩诉交易的权力来源以及检察官在辩诉交易兴起过程中发挥的关键作用，却敏锐地揭示出检察官和法官喜欢辩诉交易的原因。

另外，在该时期，出现了一系列由官方和私人资助的对美国各司法管辖区的刑事司法制度的运行所作的犯罪报告，其中比较出名的有1922年克利夫兰市犯罪调查报告、1926年密苏里州犯罪调查报告、1930年伊利诺伊州犯罪调查报告、1931年威克沙姆委员会作出的关于联邦刑事司法制度的报告，这些报告几乎都是以严峻的眼光看待检察官，不少报告还指出应注意检察官长期以来具有的“不受监督的辩诉交易权”，尽管有些观点有失偏颇，但也为我们了解美国各司法管辖区的辩诉交易历史提供了较好的资料文献。

第三阶段，20世纪六七十年代。这个时期的学者们拒绝单纯用案件量来解释辩诉交易的兴起，力求寻找其他的解释，诸如刑事司法制度的变革、法律共同体的专业化、案件质量低下、辩护制度变化等都是导致辩诉交易兴起的因素。代表学者及其作品有：阿尔伯特·阿尔舒乐《辩诉交易及其历史》[1]；米尔顿·休曼《辩诉交易与案件压力简评》[2]；约翰·兰博约《辩诉交易的历史分析》和《理解辩诉交易的简史》[3]；马克·霍勒《辩诉交易：以19世纪为考察内容》[4]；林·马瑟《关于辩诉交易史的评

---

[1] Albert W. Alschuler, “Plea Bargaining and Its History,” *Law & Society Review* 13, no. 2 (1979).

[2] Milton Heumann, “A Note on Plea Bargaining and Case Pressure,” *Law & Society Review* (1975).

[3] John H. Langbein, “Understanding the Short History of Plea Bargaining,” *Law & Society Review* 13, no. 2(1979).

[4] Mark H. Haller, “Plea Bargaining: the Nineteenth Century Context,” *Law & Society Review* 13, no. 2(1979).

论》[1]；劳伦斯・弗里德曼《以历史角度看辩诉交易》[2]以及埃里克・费什曼博士学位论文《纽约城市的刑事司法体系：1895—1932》。[3]

第四阶段，20 世纪 90 年代以后。研究方法的更新是该阶段研究的最大特点，学者运用社会学、政治学等交叉学科基本原理对早期辩诉交易的微观运作进行细致的考察。代表性成果有：玛丽・沃格尔的博士学位论文《交易的法庭：1830—1890 年社会对抗与辩诉交易在波士顿的兴起》[4]和专著《强制妥协：辩诉交易，法院和政治权威的塑造》[5]；麦高伟和切斯特・米尔斯基的《陪审制度与辩诉交易——一部真实的历史》；乔治・费希尔《辩诉交易的胜利——美国辩诉交易史》；约翰・帕杰特的《联邦法院的辩诉交易与禁酒令：1908—1934》[6]；马尔肯・菲利的《刑事程序的法律复合与变化：辩诉交易的起源》。[7]

2. 有关美国检察官及其历史的专题研究

(1)关于美国检察官的研究。

早在 20 世纪 20 年代，美国学者就开始注意检察官历史及其自由裁量权问题。论述这个主题较为全面的研究成果是 1933 年至 1936 年由法学教授纽曼・贝克和政治学讲师厄尔・德朗撰写的一系列文章。两位作者通过对各州法律赋予检察官日益增加的刑事检控义务的考察，较早描述了地方检察官在其发展过程中包含的所有矛盾，较为深入地研究了检察官所享有

---

[1] Lynn M. Mather, "Comments on the History of Plea Bargaining," *Law & Society Review* 13, no. 2(1979).

[2] Lawrence M. Friedman, "Plea Bargaining in Historical Perspective," *Law & Society Review* 13, no. 2(1979).

[3] Eric Fishman, "New York City's Criminal Justice System, 1895-1932"(PhD diss., Columbia University, 1980).

[4] Mary E. Vogel, "Courts of Trade: Social Conflict and the Emergence of Plea Bargaining in Boston, Massachusetts, 1830-1890,"(PhD diss., Harvard University, 1988).

[5] Mary E. Vogel, *Coercion to Compromise: Plea Bargaining, the Courts and the Making of Political Authority*(Oxford: Oxford University of Press, 2007).

[6] John F. Padgett, "Plea Bargaining and Prohibition in the Federal Courts, 1908-1934," *Law & Society Review* 24(1990).

[7] Malcolm M. Feeley, "Legal Complexity and the Transformation of the Criminal Process: the Origins of Plea Bargaining," *Israel Law Review* 31(1997).

的裁量权与当地选民之间的关系，并提出“增加检察官的专业化”等措施解决面临的问题。

琼·雅各比撰写的《美国检察官研究》一书是较为系统的专题研究美国检察官的著作。[1] 该书通过实证研究方法，从宏观和微观上探讨了检察官的职责、检察官与其他机构的关系、检察官权力及其监督，重点对美国检察官的起源及发展进行历史考察、对50个州的地方检察官的执法环境和制度特点进行了分析和对检察官正在涌现的新任务作了较为客观的评价。

安吉娜·J. 戴维斯在2012年出版的《专横的正义：美国检察官的权力》一书根据其本人多年担任公设辩护人的经验，揭示了日常合法行使检察裁量权对刑事司法造成的不平等现象以及原因，该书对检察官日益扩大的影响进行了有力批判并指出了改革良方。[2]

(2)关于美国检察官历史的专题研究。

凡·司各特于1952年发表在《威斯康星法律评论》上的《地方检察官——历史的疑团》一文从历史的角度比较了美国地方检察官制度与英国、荷兰等国的刑事追诉制度的异同，探讨了美国地方检察官缘起的地方性知识和制度资源的多元化。[3]

里特·库利于1958年发表于《美国法律史杂志》上的《联邦总检察长的前辈：英格兰和美国殖民地的总检察长》一文对美国于1789年创立的总检察长这一机构的历史源流进行了考察，探讨了其与英格兰总检察长及殖民地时期的历史联系。[4]

约翰·兰博约于1973年发表在《美国法律史杂志》上的《普通法中公诉的起源》一文考察了英格兰公诉制度的中世纪渊源，梳理了其经都铎王朝

---

[1] 参见琼·雅各比：《美国检察官研究》，周叶谦等译，中国检察出版社，1990。

[2] 参见安吉娜·J. 戴维斯：《专横的正义：美国检察官的权力》，李昌林、陈川陵译，中国法制出版社，2012。

[3] Van W. Scott, "The District Attorney－a Historical Puzzle," *Wisconsin Law Review* 1952 (1952).

[4] Rita W. Cooley, "Predecessors of the Federal Attorney General: the Attorney General in England and the American Colonies," *American Journal of Legal History* 2(1958).

至斯图亚特王朝的演变发展历程，并分析了此间私诉和公诉并存的历史现象。[1]

罗伯特·艾尔兰德于1995年发表在《美国法律史杂志》上的《19世纪美国私人聘请的刑事追诉制度》纠正了“19世纪几乎只存在公诉”的传统观点，通过挖掘翔实的史料和精到的分析探讨了私人聘请的检察官依然在刑事司法制度中起着重要的作用，还原了19世纪美国刑事指控体系的真实图景。[2]

戴维·帕普克于2003年发表在《托莱多大学法律评论》上的《地方检察官：无线电黄金时代的检察官》一文通过文化史的研究方法考察了美国地方检察官在20世纪20年代至50年代无线电普及时期观念的更新、职能的变化以及在刑事检控中面临的新问题。[3]

3. 有关美国检察官在辩诉交易中作用的专题研究

第一阶段是20世纪七八十年代。该阶段发表了一系列讨论检察官在辩诉交易中作用的文章。比较有代表性的有：阿尔伯特·阿尔舒乐在《芝加哥大学法律评论》上发表的《检察官在辩诉交易中的作用研究》；唐纳德·吉弗德在《伊利诺伊大学法律评论》发表的《辩诉交易的有益改革：控制检察官自由裁量权》；厄涅斯特·哈格在《坎伯兰法律评论》发表的《限制辩诉交易和检察官的自由裁量权》。其中，《检察官在辩诉交易中的作用研究》一文是研究辩诉交易中检察官作用的奠基之作，该文分析了检察官在有罪答辩制度和辩诉交易中扮演着管理者、有罪答辩制度辩护者、法官、立法者等多重角色，并且在大量实证调查的基础上，研究了检察官适用辩诉交易的类型、使用的交易手段和可能出现的裁量权滥用，表达了对辩诉交易

[1] John H. Langbein, “The Origins of Public Prosecution at Common Law,” *American Journal of Legal History* 17(1973).

[2] Robert M. Ireland, “Privately Funded Prosecution of Crime in the Nineteenth-Century United States,” *American Journal of Legal History* 39(1995).

[3] David R. Papke, “Mr. DistrictAttorney the Prosecutor During the Golden Age of Radio,” *University of Toledo Law Review* 34(2003).

保守的态度。[1] 吉弗德教授以检察官裁量权的视角考察辩诉交易，认为检察官实际上支配着大多数答辩协议，不存在合意而成的辩诉交易，指出在辩诉交易中，检察官可以决定刑罚、通过过度指控迫使被告人答辩有罪、检察官自行界定辩诉交易是否符合“公共利益”，吉弗德教授还详细分析了检察官在辩诉交易中享有巨大裁量权而带来的“不平等对待被告人、逃避审判程序的内在价值”等代价，并提出建立规制辩诉交易中检察官裁量权的行政模式。[2]《限制辩诉交易和检察官的自由裁量权》一文把辩诉交易看作是检察官获得有罪答辩的一种方法，并对几乎没有监督的检察官裁量权表示极大的警惕，建议通过上诉制度、陪审团选任和裁决制度改革等尽量减少辩诉交易的适用，以阿拉斯加禁止辩诉交易为例说明刑事司法制度即使没有辩诉交易也不会崩塌。[3] 这一时期的基调是对检察官在辩诉交易中的裁量权持非常谨慎的态度。

第二阶段，进入21世纪以后，学者们开始对检察官在辩诉交易中的地位做更为深入的研究。比较有代表性的成果有：安德努·黑西克和莱什玛·索加尼发表的《辩诉交易和对无罪之人定罪：检察官、辩护律师和法官的作用》；马克西莫·朗格在《美国刑事法律杂志》发表的《重新思考辩诉交易：美国刑事程序中检察官裁判的实践和改革》；道格·利布在《耶鲁法律杂志》发表的《澄清报复：检察官自由裁量权和辩诉交易的历史和未来》；查理·戈斯坦因在《新罕布什尔大学法律评论》发表的《辩诉交易与检察官的动机》；阿迪提·苏涅加在《纽约大学法律与自由杂志》发表的《在辩诉交易中整体构建检察官的协助责任》。其中，《辩诉交易和对无罪之人定罪：检察官、辩护律师和法官的作用》一文围绕辩诉交易中无辜被告人展开研讨，分析了检察官、辩护律师和法官的作用，该文认为检察官作为执行法

---

[1] Albert W. Alschuler, “The Prosecutor's Role in Plea Bargaining,” *The University of Chicago Law Review* 36(1968).

[2] Donald G. Gifford, “Meaningful Reform of Plea Bargaining: the Control of Prosecutorial Discretion,” *University of Illinois Law Review*(1983).

[3] Ernest Van Den Haag, “Limiting Plea Bargaining and Prosecutorial Discretion,” *Cumberland Law Review* 15(1984).

律的唯一力量，承担着消除街道罪犯和无辜者不进监狱的沉重负担，出于提高办案效率、保证有罪率、获得被告人的合作以及降低财政支出等诱因而与被告人进行辩诉交易，为了保障无辜之人免受追究，检察官负有审查证据等义务。[1] 朗格教授首先对辩诉交易重新分类，以被告人是否自愿分成单边的辩诉交易和双边的辩诉交易，为保障被告人的宪法权利，郎格认为需要扩大证据开示的义务、增加司法控制、充分考虑被告人通过审判可能获得的量刑等手段保证检察官更好地适用辩诉交易，并且探讨了规制检察官过度指控的路径。[2] 利布探讨了检察官在辩诉交易中存在报复性起诉的历史和可能的发展路径，展现法院对报复性起诉的认定经历了从宽松到严厉的演变过程。[3]《辩诉交易与检察官的动机》一文深入探讨了检察官的动机在辩诉交易适用中的关键作用，围绕“证据开示义务”而展开，论证有罪答辩不能成为放弃证据开示权利的理由。[4] 苏涅加总结出在进行辩诉交易时影响检察官决定的因素有习惯、内部政策、伦理要求和法律规定，为检察官行使裁量权划定了边界，在此基础上，苏涅加又详细分析了检察官在提供交易内容时要慎重考虑起诉书的完整性、刑罚的目的、辩护意见、无辜被告人答辩有罪的理由等因素。[5] 这一时期的基调主要是温和地考察探讨检察官在辩诉交易中的地位作用，不再一味地抨击检察官及其在辩诉交易中的巨大裁量权。

---

[1] F. Andrew Hessick & Reshma M. Saujani, “Plea Bargaining and Convicting the Innocent: the Role of the Prosecutor, the Defense Counsel, and the Judge,” *Brigham Young University Journal of Public Law* 16(2002).

[2] Maximo Langer, “Rethinking Plea Bargaining: the Practice and Reform of Prosecutorial Adjudication in American Criminal Procedure,” *American Journal of Criminal Law* 33(2005-2006).

[3] Doug Lieb, “Vindicating Vindictiveness: Prosecutorial Discretion and Plea Bargaining, Past and Future,” *Yale Law Journal* 123(2013-2014).

[4] Charlie Gerstein, “Plea Bargaining and Prosecutorial Motives,” *University of New Hampshire Law Review* 15(2016).

[5] Aditi Juneja, “A Holistic Framework to Aid Responsible Plea-Bargaining by Prosecutors,” *New York University Journal of Law & Liberty* 11(2017).

三、研究方法

（一）历史研究方法

辩诉交易的产生发展是一个历史过程，在这一过程中必然有着一定的规律性。研究美国检察官在辩诉交易中的地位的重要方法之一就是历史分析的方法，从中寻找司法制度在漫长的历史中发生、发展、嬗变的规律和内在特质。

（二）价值分析方法

价值分析方法就是通过认识和评价社会现象的价值属性，从而揭示、批判或确证一定社会价值和理想的方法。价值分析方法可以使人们认识和发现法律现象背后所体现的价值。美国检察官探索辩诉交易从而规避 1787 年美国宪法所规定的审判制度，并且得到不断发展，最终获得联邦最高法院的认可，整个过程都包含着价值判断和取舍。

（三）社会学分析方法

帕克教授在其《刑事制裁的界限》一书中认为，辩诉交易“明显对社会有好处”。[1] 犯罪与惩罚是社会现象，是人类赖以生存的社会环境的产物。辩诉交易之所以会在 19 世纪下半叶蓬勃发展，离不开当时人与人、群体与群体间的社会关系的影响，当时大量外国人移民美国，人口结构以及政治的变迁对犯罪的处理模式产生了影响。本书将辩诉交易的兴起发展放在 19 世纪人口结构经历巨大变迁的时代背景下，结合庞德法律社会学相关理论探讨辩诉交易亦是检察官进行社会控制的模式之一。

（四）案例分析方法

案例分析方法是通过已经生效的案件，分析相关诉讼主体对法律的态

[1] 哈伯特·L. 帕克：《刑事制裁的界限》，梁根林等译，法律出版社，2008，第 219 页。

度和在法律中的作用。本书从检察官在辩诉交易的发展史中选取若干具有代表性的案例，剖析检察官在辩诉交易中的策略变化、检察官权利义务的演变以及法院对辩诉交易的态度的转变过程。

（五）比较分析方法

坚持史论结合的研究原则，尽力做到史论并重，兼收并蓄。注意甄别使用美国学界庞杂的研究资料，避免堆砌史料。应对美国检察官在辩诉交易演变中的地位进行系统深入的研究，对每一阶段的背景、刑事司法制度的变革以及检察官在辩诉交易地位的变化进行深入分析，指出每一阶段的特点，总结并提取其中的成功经验，从而为完善我国认罪认罚从宽制度提供参考。

四、主要概念辨析

任何研究首先要对研究的对象进行概念上的界定，本书拟以“美国辩诉交易演进中检察官的作用”为研究对象，其中需要对“辩诉交易”和演进的时间跨度进行厘清。

（一）何为“辩诉交易”

美国刑事司法制度以当事人主义和对抗制为世人瞩目。然而，如今超过九成的刑事案件并没有经过庭审程序，都市法院通常受理的案件不过占所在司法区案件量的2%~6%。据调查，1994年全美75个最繁忙都市郡有高达97%的有罪认定是由犯罪嫌疑人认罪而来，而不是陪审团作出的有罪裁决。[1] 但是何为“辩诉交易”并没有达成一致意见。

1. 国外学者对辩诉交易的界定

在英文里，表达辩诉交易的英文主要有：plea bargaining；plea negotiation；plea agreement；plea copping；cop a plea。其中，使用最普遍的

---

[1] 张鸿巍：《美国检察制度研究》，人民出版社，2009，第103页。

是“plea bargaining”，检索国外学者对辩诉交易的定义，主要有以下几种。[1]

(1)被告人对特定罪名的指控作有罪答辩以换取检察官指控较轻之罪名、放弃对某些罪名之起诉、撤回某些罪名之起诉、对于量刑提出较轻建议或是兼含有以上几种情形。

(2)检察官同意以较轻之罪名与量刑起诉被告人，被告人以此同意作有罪答辩。

(3)检察官与被告人在判决前就案件进行协商，被告人在协商过程中希望以有罪答辩换取检察官以较轻的罪名指控、对于判决刑罚较轻的建议以及其他让步，这意味着案件不会进入审判程序，即使没有明示的协商，也会有以被告人对于较有利判决之合理期待为基础之默示协商，此种期待乃是来自于法院实务运作惯例上对于有罪答辩与经过审判程序之判决有截然不同的待遇。

(4)对被告人的让步包括检方单方撤回起诉或提出减轻量刑的建议，以及检方妥协以换取被告人为有罪答辩以外的行为，诸如赔偿被害人、提供其他同案犯之资料及证据，或中止以后的违法行为。

(5)所有答辩协议意味着：被告人进行有罪答辩，或因为答辩有罪，官方决定者宽恕被告人。这种宽恕有时被称为被告人答辩有罪意愿的对等补偿。对等补偿是指：“以这个交换那个”，一件换取另一件；或者，提供一样东西作为对放弃的另一样东西的补偿。政府提供一些宽恕交换被告人放弃审判的权利。这种宽恕首先是对被告人放弃审判的一种引诱，或者是对被告人放弃审判和承认刑事责任的回报或补偿。[2]

(6)辩诉交易是一种协议的形式。通过这种形式，检察官和被告人的辩护人无须经过审判就能够确定针对被告人提起的一项或者多项指控。

---

[1] 下文列举的定义主要参考杨正万：《辩诉交易问题研究》，贵州人民出版社，2002，第1—4页。

[2] 爱伦·豪切斯泰勒·斯黛丽、南希·弗兰克：《美国刑事法院诉讼程序》，陈卫东、徐美君译，中国人民大学出版社，2002，第415页。

综合上述六种观点，国外学者理解的辩诉交易主要包括以下几个方面的内容：第一，交易主体包括检察官、被告人和辩护人；第二，关于辩诉交易内容，辩方的允诺不仅包括承认检察官指控的犯罪事实和罪名，还包括满足检察官提出的其他条件，控方的允诺是对被告人的宽大处理，包括减轻指控罪名、减少指控罪名和提出从轻处罚的量刑建议等；第三，辩护人对辩诉交易的达成起着非常重要的作用。

2. 法律词典对“plea bargaining”的解释

除了求助于国外学者对辩诉交易概念的看法，我们还要了解权威法律辞典对“辩诉交易”概念的解释。《布莱克法律词典》的解释是：辩诉交易是指，刑事被告人就较轻罪名或者数项指控中的一项或几项作有罪答辩以换取检察官的某种让步，通常是在获得较轻的判决或者撤销其他指控的情况下，检察官和被告人经过协商达成的协议。[1] 美国学者伦斯特洛姆编写的《美国法律辞典》中对“辩诉交易”的解释是：“在刑事案件中，被指控者通过他或她的律师与公诉人进行协商达成双方均可接受的协议的程序”，“被告可能同意进行辩诉交易以换取控告的减轻”，或者“通过对一项或多项控告作有罪答辩以换取撤销对于他的其他控告或刑事诉因”，还“可以达成判刑本身的协议”。[2] 国内的《元照英美法词典》将“plea bargaining”翻译为“控辩交易”，将其定义为：“在刑事诉讼中，检察官与被告人进行谈判，说服被告人作有罪答辩，以换取检察官的指控或法院判决上的让步。通常做法是如果被告人承认犯有某一较轻的罪行，或者承认控方多项指控中的一项罪行，检察官可以对被告人降格指控，或者撤回对其他罪项的指控，或者建议法庭对被告人减轻处罚。检察官与被告人达成的协议经法院批准后即可执行。”[3]

3. 本书的观点和看法

从国外学者的观点和国内外权威法律辞典的解释来看，要界定一个反

---

[1] BLACK'S LAW DICTIONARY 7th Ed. WestGroup, p. 1173.

[2] 彼得·G. 伦斯特洛姆编《美国法律辞典》，贺卫方等译，中国政法大学出版社，1998，第189—190页。

[3] 薛波主编《元照英美法词典》，北京大学出版社，2013，第1057页。

映辩诉交易制度所有特征的概念是比较困难的。本书可以尝试从广义和狭义的角度对辩诉交易的概念进行描述。广义的概念需要对各国类似的辩诉交易制度的共性特征进行概括，本书的讨论仅限于美国，因此，本书拟从狭义的角度对美国的辩诉交易制度进行界定，辩诉交易是指以辩护人为代表的辩方和以检察官为代表的控方通过明示或者默示的方式就案件无须通过特定的审判程序予以处理而达成协议的一种活动和过程。交易的主体主要是辩护人和检察官，交易的内容包括被告人作有罪答辩或者合作作为证人，检察官以此为对价，减少指控罪数、减轻指控的罪名，或者提出有利于被告人的量刑建议。

（二）辩诉交易演进的时间跨度

本书将美国辩诉交易演进的时间跨度界定为 1804 年至 1970 年，主要基于以下两个考虑：（1）尽管国外相关文献及研究成果稍有提及在 18 世纪就存在辩诉交易的情况，但是并没有完整的案件记录予以佐证，而 19 世纪初期的辩诉交易案例记录较为完整，真实性较强，可以增强论证力。（2）在联邦最高法院审理“Brady v. United States”一案之前，经过曲折、螺旋式的演变过程，辩诉交易成为美国刑事程序中的常规做法，但只能说是在私下得到了广泛的承认，没有得到最高法院的确认难免显得“名不正言不顺”，“Brady v. United States”一案成为联邦最高法院正式确认辩诉交易的著名判例，从此辩诉交易从隐秘走向公开，随后，大量规制辩诉交易的法律和内部规则出台，如《联邦刑事诉讼规则》《检察官起诉准则》等，对以往的辩诉交易实践进行了总结提炼，也进一步对辩诉交易进行了规范。

第一章

美国检察官制度的演变及在辩诉交易兴起中的作用

第一节

美国检察官制度的历史沿革

美国的历史，学界普遍认为开始于“地理大发现”。[1] 15世纪末，英国、西班牙、法国及葡萄牙为开辟一条连接欧洲与亚洲的线路最短、成本最低且最安全的海上航线，展开了激烈竞争。[2] 1492年，意大利人哥伦布在西班牙王室的资助下率领87名船员乘着三艘船抵达美洲。随后，欧洲强国陆续向这片“新世界”进发。16世纪初，西班牙率先在北美建立殖民据点：1513年占领佛罗里达，1565年建立圣奥古斯丁城，后扩展至墨西哥湾沿岸（今得克萨斯等地）。法国1604年在北美洲建立阿卡迪亚殖民地，1608年建魁北克，形成新法兰西殖民地。荷兰1614年建立新尼德兰殖民地，1624年建新阿姆斯特丹城（今纽约）。英国1607年在詹姆斯敦（属弗吉尼亚）建立殖民地，1620年建普利茅斯殖民地，到了17世纪30年代，英国又建立了马萨诸塞、康涅狄格、罗得岛、马里兰等殖民地。经过数十年，英国逐步占领了西班牙、荷兰和法国在北美的殖民地。到了18世纪30年代，13个英属殖民地最终形成。

殖民地的居民除了土著印第安人和非洲人外，其余的是欧洲的移民。在欧洲移民中，除了英格兰人外，还包括法国人、德国人、荷兰人、瑞典人、爱尔兰人和苏格兰人等。各种文化和思想在殖民地交汇，逐渐形成了自己的生活特色和文化基因，产生了人口近300万的民族群体——美利坚民族，并在此过程中，经过不断变革，最终形成了包括检察官制度在内的独具特色的美国法律制度。因此，英国普通法绝不是影响美国法律制度形

[1] 参见何勤华主编《美国法律发达史》，上海人民出版社，1998，第1页。

[2] 卡罗尔·帕金、克里斯托弗·米勒等：《美国史》，葛腾飞、张金兰译，东方出版中心，2013，第29页。

成的唯一性力量。

一、美国检察官制度起源之争

对于美国检察官权力的历史渊源，在西方有三种主要的学说，即英国的私人起诉制度、法国的公诉人制度和荷兰的司法行政官制度。英国、法国和荷兰均在美洲建立过自己的殖民地，各殖民地的检察官权力大多效仿其宗主国的制度，英、法、荷三个国家都对美国早期检察官制度的形成和发展有一定的影响。

（一）英国的私人起诉制度

1926 年发表的《密苏里犯罪调查报告》中这样描述美国检察官的渊源，"英国的一位主要检察官……几个世纪以来，这位官员一直是对犯罪实行追诉"。英国启蒙思想家洛克在《政府论》中援引自然法理论，为私人追诉提供自然法上的注释，其认为："人人基于他所享有的保障一般人类的权利，就有权制止或在必要时毁灭所有对他有害的东西，就可以给予触犯自然法的人以那种促使其悔改的不幸遭遇，从而使他并通过他的榜样使其他人不敢再犯同样的毛病。"其接下来又指出，"在这种情况下并在这个根据上，人人都享有惩罚犯罪和充当自然法的执行人的权利。"根据英国普通法，犯罪并不被认为是侵害国家的不法行为，相反，犯罪是施加在被害人身上的不法行为。深受其害的被害人或亲朋好友均有权亲自将加害人拘捕归案并提起诉讼，法院以类似合同或者侵权之诉予以审理。[1] 在中世纪的英国，被害人充当"警察""检察官"甚至是"法官"的角色。但是，刑事诉讼程序过于复杂，普通民众只得聘请律师代理起诉，即便是英王，也碍于脸面或者面对司法公正的质疑，常常不会亲自出庭起诉，他迫切需要任

［1］ Jack M. Kress, "Progress and Prosecution," *Annals of the American Academy of Political and Social Science* 423(1976): 100.

命一位司法官代表其利益，控诉“破坏英王陛下之治安”之罪。[1] 一直到19世纪，私人检察官在英国刑事诉讼中扮演着非常重要的角色。[2] 英国私人起诉制度一直延续至20世纪80年代。

从1607年英国在北美洲建立第一个殖民地弗吉尼亚以来，一直到18世纪上半叶，英国先后建立了13个殖民地，并将英国的私人起诉制度带到了殖民地。最初建立的一些法院所有程序都是照搬英国普通法，对犯罪的追诉是由被害人向法院提出。1636年，马萨诸塞采取英国的农村治安法院制度，治安法官可以行使广泛的自由裁量权，简易法院不需要由官员代表政府提起诉讼，因为法院本身代表政府。1643年，弗吉尼亚各殖民地的法院任命一位官员作为国王的代表，其从王室的利益出发，在有关法律问题上提供专家的咨询，因此，该“国王的代表”主要职责是咨询，只在指控的违法行为直接涉及王室利益的情况下才参与刑事案件。人们一直认为，这种王室检察官或检察长是现代检察官的前身。[3] 独立战争前的美国深受英国私人起诉制度的影响，尽管1704年，康涅狄格正式采用法国的公诉人制度，也有不少其他殖民地效仿，使得公诉制度逐渐成为主流，但是在19世纪，私人聘请的检察官仍然是美国刑事司法制度的重要组成部分。[4] 在加州，私人检察官一直到1975年才被废止。[5]

（二）法国的公诉人制度

法国的检察制度肇始于“国王代理人”和“国王律师”制度。12世纪后，法王为了加强中央权力，逐渐将原由各封建领主享有的司法权收归中央。在改革法院体制时，为了加强国王在司法中的地位，派出代表进入法院以

---

[1] 参见张建伟：《司法竞技主义——英美诉讼传统与中国庭审方式》，北京大学出版社，2005，第122—123页。

[2] 张鸿巍：《美国检察制度研究》，人民出版社，2009，第15页。

[3] 琼·雅各比：《美国检察官研究》，周叶谦等译，中国检察出版社，1990，第15—16页。

[4] Robert M. Ireland, “Privately Funded Prosecution of Crime in the Nineteenth-Century United States,” *American Journal of Legal History* 39(1995).

[5] 聂施恒：《美国检察制度研究》，博士学位论文，吉林大学，2011，第13页。

便代表国王监督法院工作，维护自己的利益，这是法国检察制度的雏形。在12世纪末，法王设立国王代理人的职位，这个职位还不具有公诉人的职责，主要是代理国王办理私人事务。随后，腓力四世设立检察官，原来作为国王私人代表的代理人，则成为了政府官员。最初，检察官关心的事情主要集中在国王的经济利益和维护王室的产业，以及关注政府官员和司法官员的委派，后来才逐渐演变为负责维护公共秩序，特别是在犯罪地区维护公共秩序，以保卫国家的利益。到了14世纪，检察官的权力主要有：一是代表国王对各封建主是否遵守国王法令进行监督；二是以国家公诉人的身份对罪犯提起诉讼并参加审判；三是在涉及王室利益的民事诉讼中，出庭维护国王利益。[1] 作为“国王代理人”的检察官“以最高利益的名义发起对犯罪的追诉”。[2] 1500年，法王颁布的法律中设立了公诉人制度。从16世纪开始，检察官不再履行公共服务的职责而专为法王服务。此后，其任务得到扩展，以维护社会整体利益为己任，逐渐停止为法王服务，向公诉人缓慢转变。[3]

17世纪初，“新法兰西之父”塞缪尔·德·尚普兰在美洲北部新斯科舍和其他地方设立贸易哨，建立了魁北克城。1627年，法国红衣主教黎塞留设立新法兰西公司，在加拿大建立种植园，当时法国移民主要是免受宗教迫害的法国新教徒。1647年，安妮王太后批准成立一个理事会，由总督、耶稣会当地负责人、殖民地军事指挥官，以及三名经选举产生的官员组成。同时，新法兰西公司在名义上继续拥有土地并保留任命总督和殖民地法院官员的权力。1683年，法王建立了路易斯安那殖民地。随后，在1718年，法国当局又建立了新奥尔良殖民地。[4] 法国在美洲的殖民地的检察制度多效法其宗主国。独立战争期间，美法联盟，美国在建国后摒弃英国

[1] 曾宪义：《检察制度史略》，中国检察出版社，1992，第310—311页。

[2] 余亮、张弛：《法国检察体制改革研究》，《中国刑事法杂志》2009年第3期。

[3] 皮特·J. P. 泰克编著《欧盟成员国检察机关的任务和权力》，吕清、马鹏飞译，中国检察出版社，2007，第99页。

[4] 卡罗尔·帕金、克里斯托弗·米勒等：《美国史》，葛腾飞、张金兰译，东方出版中心，2013，第70—72页。

的私人起诉制度而采用法国的公诉人制度与此不无关系。

1929 年，时任美国总统胡佛下令前联邦总检察长威克沙姆组建“法律观察与执行全国委员会”，该委员会又被称为“威克沙姆委员会”。该委员会在 1931 年发表的一项报告中指出，美国公诉人制度毫无疑义地源自法国，这归因于美国独立战争期间对所有涉英事务的反感以及由此伴生而来的对法国的谄媚。[1] 刑事诉讼的观念也发生了变化，犯罪行为不再被认为仅仅是对个人利益的侵犯，而且也侵犯了“州的治安和尊严”。[2]

（三）荷兰的司法行政官制度

荷兰法律在本质上是罗马法、教会法和部落法（tribal law）的产物。[3] 在刑事指控中，荷兰使用公诉人，称其为司法行政官。在 17 世纪，荷兰建立了新尼德兰殖民地，并把其司法行政官及刑事检控制度带到了殖民地。新尼德兰包括现今康涅狄格、纽约、新泽西、宾夕法尼亚和特拉华的部分地区。在荷兰殖民地，最初的法院由一位院长、三位治安官和一位主审官（即司法行政官）组成，这位主审官的职责就是在法庭上提出对罪犯的刑事指控。[4] 新尼德兰第一批真正保存下来的法庭记录始于 1653 年的新阿姆斯特丹法院，第一任检察官科尔内尼奥斯·范·泰豪芬作为原告对罪犯进行指控，而且以后经常在大多数刑事案件中出庭，直到 1665 年被其他人接替。开始的时候，由于检察官出庭在英国普通法系法院没有先例而受到质疑，但是荷兰殖民地的法院还是逐渐背离了英国的私人起诉的追诉方式。司法行政官在特拉华、新泽西和宾夕法尼亚等定居地设立过。1676 年，特拉华纽卡斯尔的英国总督发布一项命令指示保安官作为主要的法律执行官，其之后在一起著名的谋杀案件中担任了检察官；1686 年，新泽西柏林

[1] Jack M. Kress, “Progress and Prosecution,” *Annals of the American Academy of Political and Social Science* 423 (1976): 103.

[2] 聂施恒：《美国检察制度研究》，博士学位论文，吉林大学，2011，第 15 页。

[3] Van W. Scott, “The District Attorney-a Historical Puzzle,” *Wisconsin Law Review* 1952 (1952).

[4] 琼·雅各比：《美国检察官研究》，周叶谦等译，中国检察出版社，1990，第 16 页。

顿的教友派教徒社区设立了一个县检察官的职位，同年，宾夕法尼亚的菲拉德尔菲亚县效法新泽西，也设立了县检察官的职位。[1]

1664年，英国人用武力占领了荷兰的殖民地，随后，颁布了一项被称为“公爵法”的法典作为法律体系的基础。1665年，新的英国总督发表宣言废除荷兰的政府形式，建立英国式的政府形式。但是通过法庭记录可知，原有荷兰的刑事指控制度仍然继续保留。1661年，新泽西伯根第一任司法行政官就职，其在1664年以后继续行使其刑事检控的职责。到了18世纪上半叶，新泽西全部地区都存在地方检察官了。[2] 在康涅狄格的哈特福德，第一名公诉人于1662年被任命。到了1704年，康涅狄格议会通过一项法律创设了公诉人职位。尽管荷兰对美洲殖民地的占领时间不长，仅存在于1653—1664年和1673—1674年，但是其司法行政官制度并没有随之消亡，而是被英国殖民者所保留。在1676年，两名法官质疑司法行政官作为公诉人的正当性，总督府措辞清楚地答复：“司法行政官的职责是执行法律、逮捕和指控违法者。”[3]

（四）小结

探讨美国检察制度的起源，应该回归历史。一方面，北美殖民地几经易手，大体脉络是欧洲大陆强国先行占领，最后才是英国，各宗主国的法律制度都不同程度地影响着美国检察制度的产生与发展，逐步形成了以普通法传统为主体，兼具大陆法特征的混合体系。另一方面，在殖民地初期，英国普通法在美国的传播也带有很强的民间色彩，各殖民地在继承普通法规则的过程中，都要充分考虑到这些法律规则与当地的特殊问题、特定经验和特殊习惯的适应性。英国殖民者带来的大都是他们的地方习惯法，以王室中央法庭为基础发展起来的普通法对殖民地没有太多的影响，

[1] 琼·雅各比：《美国检察官研究》，周叶谦等译，中国检察出版社，1990，第17页。

[2] Van W. Scott, “The District Attorney-a Historical Puzzle,” *Wisconsin Law Review* 1952 (1952).

[3] Van W. Scott, “The District Attorney-a Historical Puzzle,” *Wisconsin Law Review* 1952 (1952).

这两者之间的区别还是很大的，这也使得殖民地法律的普通法特征也会大打折扣。[1] 当然，美国检察制度与英国、法国和荷兰的制度还是存在很大的差别，在美利坚民族形成的过程中，形成了符合自身文化特点的检察制度。因此，“尽管美国的司法制度是从广泛综合欧洲的许多先例演变而成的，但检察官这一职务却完全是一种美国的制度；在英国或者其他任何欧洲国家里都没有与它完全对等的。”[2]应该来说，“以本土特性为基础的多文化传统的综合恰恰是美国检察制度的起源”[3]。

二、私诉到公诉

从1607年英国在詹姆斯敦建立第一块永久性殖民地开始到1732年，英国在美洲紧挨大西洋沿岸建立了13块殖民地。宗主国在殖民地沿袭了其国内的政治体制、司法制度等，英国议会通过法律规定殖民地事务，皇家海军和陆军决定殖民地防务。[4] 到了1700年，每块殖民地有一名总督，由国王、业主任命或议会选举产生[5]，并且都设立了议会，全由当地最富裕的人组成，议会是总督的顾问机构，拥有立法权和征税权。总督是当地政府的关键人物，因为其在当地代表的是英王和英国的利益和权威，其权力在理论上也是巨大的，可以单独召集议会也有权解散它，还可以否决议会通过的任何法案，有权任命和解雇法官、治安官以及所有政府官员，并能颁布赦免和缓刑令。殖民地居民与英王或者业主常有冲突，常常反对

[1] Lawrence M. Friedman, *A History of American Law* (New York: Simon & Schuster Inc., 1985), p. 35.

[2] 琼·雅各比：《美国检察官研究》，周叶谦等译，中国检察出版社，1990，绪论第1页。

[3] 何家弘主编《检察制度比较研究》，中国检察出版社，2008，第3—4页。

[4] 卡罗尔·帕金、克里斯托弗·米勒等：《美国史》，葛腾飞、张金兰译，东方出版中心，2013，第184页。

[5] 英国殖民地尽管大多数直接归国王拥有，但主要存在三种殖民地类型：第一种是特许（自治）殖民地，总督直接由议会选举产生，如罗得岛和康涅狄格；第二种是业主殖民地，由英王以特许状将殖民地赐予其宠臣或大贵族，归其所有和统治，但承认英王的主权，如马里兰、特拉华和宾夕法尼亚；第三种是英王直属殖民地，总督由英王任命，如弗吉尼亚、马萨诸塞、新罕布什尔、北卡罗来纳、南卡罗来纳、纽约、新泽西和佐治亚。参见何勤华主编《美国法律发达史》，上海人民出版社，1998，第2—3页。

英国法律的制约，挑战国王或者业主，这种不服从导致议会与总督之间长期、不断的权力斗争。殖民地从私诉到公诉的转变也是这一进程的一个缩影。

（一）英国的私诉传统

英国的普通法传统遵循的是自诉路径，英国19世纪中叶以前刑事诉讼主体是私诉，全国没有独立的检察机构，只有总检察长、副总检察长和财政部法务长这几个代表政府起诉的官员，但是这些官员处理的刑事案件数量极为有限。[1] 英国中世纪的传统观念中，国王是位于社会顶端的强有力的、独立的个人，是国内所有人中的头号人物，因此发展起来的刑事追诉制度是个人与个人对抗的制度。英国普通法不严格区分民事非法行为和刑事非法行为，所有的违法行为都被认为是个人针对其他个人实施的。在某些案件中，一些现在被认为是反社会的犯罪，在那时仅被认为侵犯了个人的特权，且往往被认为是侵犯了国王的特权。在英国，侵犯国王权利的行为由王室律师起诉；侵犯其他人权利的行为，则由被害人或者其亲友通过法院追究。犯罪嫌疑人是否被逮捕和起诉，很大程度上依赖于被害人作出的选择，被害人通常需要自己去调查犯罪，包括搜集证据、寻找证人，并完成其他与起诉相关的事宜。随着法律制度的发展和复杂化，专业律师日益增多，被害人通过聘请私人律师对侵犯自己利益的行为提起诉讼。在18世纪，法国人卡图考察英国后说："（在英国）起诉的权力全部被掌握在被害人手里，他们成了罪犯命运的唯一裁决者。"[2]据估计，直到18世纪90年代有80%以上的起诉是由被害人发起的。[3] 直到1879年通过的《犯罪起诉法》设置一个检察官职位赋予其起诉权能，这种根深蒂固的私诉传

[1] 李培锋：《英国检察制度的创设模式及当代特点》，《南京大学法律评论》2009年春季卷。

[2] 杨松涛：《自由与权力：近代英国刑事私诉与公诉之争》，《华东政法大学学报》2012年第5期。

[3] 杨松涛：《自由与权力：近代英国刑事私诉与公诉之争》，《华东政法大学学报》2012年第5期。

统才有所转变，但是私诉制度在立法上并没有被废止。

（二）英国殖民地公诉机制的逐步确立

1. 私诉制度的弊端日益显现

18 世纪以后，随着殖民地工业化和城市化的加剧以及大量移民的涌入，犯罪等社会问题变得日益严重，依赖被害人的刑事私诉在惩治犯罪和保障无辜者不受伤害方面显得无法胜任。

私诉制度的宗旨在于保护以财产为基础的社会，优势自然在有财产和地位的人们一边，这是一种“为富者所有和由富者统治”的政府制度，因此，对于私人律师们来说，转变私诉制度意味着他们当中有一大部分人将会失业，会损害其利益，故私诉制度得到有钱人和律师界的支持。但是，该制度在运行过程中却暴露出不少问题和不公平之处。在私诉制度的缺点中，最显著的一个是使许多犯罪行为没有得到惩罚，因为这些犯罪的被害人太软弱或者太贫穷，无力提起诉讼。即使在没有富人和穷人对抗的案件里，也有严重不公平的现象。在受到一个不了解法律程序的被害人的指控，特别是当这个被害人请的是一位没有经验的律师时，老练的罪犯在法庭上就占据优势。有学者就指出，太多的罪犯由于狡猾的技巧而逃脱了惩罚，惯犯们在这个制度下受到纵容，无辜者得不到保护，重罪被私下了结，律师和证人受贿，甚至证人被收买作伪证。[1] 在工业化和城市化之后，殖民地的社区呈现出“陌生人化”的现象，很多时候，罪犯在作案后便销声匿迹了，被害人及亲友根本无法找到罪犯。同时，许多被害人是社会的弱势群体，比如遭到丈夫殴打的妻子、受到虐待的儿童、受到欺辱的仆人等，他们不仅经济上难以承担诉讼之重，而且还担心遭人报复。有的谋杀案件，由于被害人已经死亡，便出现无人问津的情况，还有些被害人迫于压力选择与罪犯私下协商。一位英国治安法官说，在下层社会无人发起

---

[1] 参见琼·雅各比：《美国检察官研究》，周叶谦等译，中国检察出版社，1990，第 9—11 页。

关于谋杀的起诉，这成为一项普遍的规则。[1] 而且，刑事私诉与17、18世纪启蒙运动所倡导的法律思想有所冲突，启蒙运动思想家们普遍要求法律具有确定性和法律面前人人平等，私诉赋予被害人相当大的决定权，实际上沦为以其个人需要为限，要么对犯罪嫌疑人实施刑罚，要么心生怜悯，故意将其放过，法律存在不平等适用的情况，在启蒙思想家看来，这些都是有害于司法公正的。

基于上述情况，改革者认为，私诉导致"混乱和低效"[2]，公诉比私诉具有更大的优势，公诉人会摒弃私诉中存在的自私利益，从社会整体利益出发，按照法律规定对犯罪人起诉。早在16世纪，英王亨利八世就建议英联邦的地方警官担任公诉人，以便统一执行全国刑罚法令，但遭到了议会的拒绝。18世纪后期，警务改革家亨利·菲尔丁指出，"刑事私诉导致英国刑事司法异常软弱无力，它已经成为当时犯罪猖獗的重要诱因。"[3] 到了19世纪初，法律改革家罗伯特·皮尔爵士、杰里米·边沁以及艾德温·查德威克等人也强调，如果犯罪分子总是不被起诉和逮捕，那么他们就会产生侥幸心理，认为自己犯罪不会受到惩罚，这样的话，刑事司法不但不能抑制犯罪，反而会激励犯罪，为此提出了设置公诉人的建议，但没有被采纳。

2. 私诉主义与美洲民主进程存在较大矛盾

私诉主义不符合殖民地民主进程的需要，因为它不符合殖民地人民已经发展起来的关于政府的观念。从英国在美洲建立第一块殖民地起，各殖民地的政治与地理位置就严重影响了英国政府对殖民地的权威树立，各殖民地之间也基本没有联系。虽然其法学系统属于英国的普通法，但是由于缺少英国的直接控制和权威，从而形成了强有力和独立的地方政府。这些

[1] Paul Rock, "Victims, Prosecutors and the State in Nineteenth Century England and Wales," *Criminal Justice* 4(2004): 338.

[2] 安吉娜·J. 戴维斯：《专横的正义：美国检察官的权力》，李昌林、陈川陵译，中国法制出版社，2012，第10页。

[3] J. M. Beattie, *Crime and the Courts in England*, 1660 - 1800 (Princeton: Princeton University Press, 1986), p. 35.

地方政府的各项制度很少与英国的同类制度完全一样，有些不同之处是地方性的，比如，新英格兰城不仅把新英格兰人同英国人加以区分，也把其同弗吉尼亚州人加以区分。[1] 殖民地与宗主国的遥远距离，有助于加强第一批定居者的政治地位。这些殖民者大都是宗教上或者政治上的异议者，倾向于怀疑传统的观点，更加意识到个人的权利，从而培育出美国民主的基本精神，他们独立地在殖民地早期建设中取得非凡成就，促使他们对自己的自治能力充满信心，积极参与和管理当地政府的事务。美国人很早就发展出了代议制政府的概念，这与殖民时期英国流行的概念是不同的。

随着殖民地社会经济的发展，美洲独特的社会环境和移民强烈的自治意识开始显现，他们不愿意建立英国式的贵族和平民两院组成的国会，而选择了代议制，此时权力可以来源于被统治者意志的思想在殖民地日益成为现实。根据表 1-1，在英国在北美建立的殖民地中，弗吉尼亚殖民地最早建立议会。1618 年 11 月，弗吉尼亚殖民地当局主动制定了一部宪法，同时任命乔治·耶德利为新总督，新总督到任后发布了一道公告，宪法和公告便成为弗吉尼亚建立议会的依据。1619 年 7 月 30 日，选举产生的 22 名居民代表在詹姆斯敦教堂召开了北美历史上第一届大议会，会议选出总督 1 人，评议员 6 人，市民 2 人，组成殖民地代议制政府。随后，马萨诸塞、马里兰、康涅狄格、普利茅斯、纽黑文、新泽西等殖民地议会相继建立。在 18 世纪前，北美各殖民地基本建立了议会，尽管各殖民地议会的权力不一，但形成了总督和议会共治的政治架构，总督代表英王，掌握殖民地的行政权，监督议会立法；议会有权制定法律、法令。通过代议制，殖民地人民习惯通过投票来决定公共事务，普遍享有一定程度的自治权，这种民主制的形式促进了美利坚民族的形成，也培养了殖民地人民“维护公共利益”的公共精神。诚如《五月花号公约》所称：“相互庄严地在上帝和彼此的面前立约组织人民团体，……并从而随时颁布、拟制和订立最合乎且

[1] 参见琼·雅各比：《美国检察官研究》，周叶谦等译，中国检察出版社，1990，第 13 页。

最有利于殖民地公共利益的公正而平等的法律、法令、条例、典章及职守，我们承诺要服从和信守一切这样的法律。”[1]随着代议制制度的完善以及民主思想的发展，殖民地人民对“犯罪”的理解与英国的“私诉”概念相反，认为犯罪行为涉及公众，整个社会是最终的受害者，1796年佛蒙特州宪法便宣称：“一切犯罪行为都是侵犯了州的治安和尊严”，“私诉”所蕴含的起诉以个人需要为准则，因此很多罪犯没有得到应有的惩罚，进而导致犯罪日益猖獗，严重阻碍了殖民地以城镇为基础的社区网络稳定以及由此发展起来的民主政治的构建和完善，因此，主张废弃私诉制度而采用公诉制度的呼声越来越强烈。

表1-1　英国在北美建立殖民地及议会具体情况一览表

殖民地名称	建立年份	议会成立年份	备注
弗吉尼亚	1607	1619	
普利茅斯	1620	1639	1691年并入马萨诸塞
马萨诸塞	1628	1634	
马里兰	1634	1634	
罗得岛	1636	1647	
康涅狄格	1636	1637	
纽黑文	1638	1643	1662年与康涅狄格合并
缅因	1641		1677年被马萨诸塞购买
北卡罗来纳	1663	1669	1691年南北卡罗来纳非正式分离；1729年二者正式分离
南卡罗来纳	1663	1669	
纽约	1664	1683—1685	

[1] 张发青：《试析美国早期民主政治的确立——从殖民地议会到1787年宪法》，硕士学位论文，山西大学，2007，第5页。

续表

殖民地名称	建立年份	议会成立年份	备注
新罕布什尔	1622	1680	
新泽西	1664	1664	1738 年以前由纽约总督统治
宾夕法尼亚	1681	1681	
特拉华	1638	1702	1682 年与宾夕法尼亚合并
佐治亚	1732	1733	

3. 私诉制的废弃与公诉制的普及

由于上述原因，在 17 世纪，英国在北美的殖民地就出现了由政府官员起诉刑事案件并日益取得主导地位的趋势。1674 年英国接管纽约(原新尼德兰)后，开始局部推行普通法。原荷兰司法行政官官职被废除，其作为治安检察官的任务由保安官执行。马里兰第一任检察长威廉·卡尔弗特于 1666 年被任命，其职责远远不止咨询，要负责向大陪审团提交刑事起诉书，并在所有的刑事审判中作为领主会议的成员出庭。法院的判决经常明确而坚定地宣称反对私诉。1670 年，弗吉尼亚殖民地的检察长奉命出席高等刑事法庭所有的审判，1687 年，弗吉尼亚殖民地还向各偏远郡的法院派去了副检察长，负责处理严重的刑事案件。新罕布什尔殖民地于 1683 年设立了检察长职位，负责向大陪审团提出所有的案件。由此，英国的私诉制度在美洲殖民地逐渐被废弃。

康涅狄格是第一个正式采用法国式公诉检察官并完全废除私诉制度的殖民地。1704 年康涅狄格议会通过法律建立了检察机关，法律规定如下。[1]

从今以后，于各郡置由郡法院所任命之一名稳重、谨慎且富于宗教心之人作为女王之法务官，依法诉追犯罪人，并为作为法务官，为抑制邪恶

[1] 黄东熊：《各国检察制度沿革概论》，《台大法学论丛》1981 年第 1 期。

与反道义所必要或适当之一切。

1711年，弗吉尼亚的各郡法院任命本地人士担任副检察长。在纽约，地方政府的其他单位力求加强对法院的控制，包括对起诉的控制。18世纪初，保安官被副检察长取代，当时副检察长是检察长的助手，其报酬是从法庭收取的诉讼费中按一定的比例支付，1732年，各郡开始给副检察长发补助金，表明公诉检察官已经成为当地法院组织不可分割的一部分。[1]独立革命前夕，从职业化的律师中选任检察官的公诉机制成为缓解私诉带来的失效局面的制度模式。独立战争爆发后，美国社会整体上已经废弃了普通法的私诉体制，刑事犯罪的被害人等私人控诉者不再是刑事检控的中心，他们的意志不再具有主导刑事诉讼进程的决定性力量，取而代之的是代表政府当局对刑事犯罪提起刑事指控的检察官。[2] 美国独立后，各州普遍建立了州检察官公诉制度。

一般来讲，州检察官包括两部分：州检察长和州的地方检察官，州的地方检察官包括州的各郡、各市或各乡镇的检察官。在州本身设立的州检察长是州长或州政府的法律顾问，不同州的州检察长权限与地位虽然不同，有的相对广泛，有的则极为狭窄，但是，从实际的权力运作来看，除了几个面积较小的州的检察长及其助理直接进行刑事检控之外，绝大多数州的检察长实际上均不具体履行刑事公诉的职能。所以，大多数州的检察长实质上只是州长或州政府的法律顾问，而不是实质性的拥有较强刑事检察公诉权的检察长。另外，在州的郡与乡镇设立的州地方检察官是州刑事公诉的主要执行力量。[3] 当然，由于美国地方政府制度的多样化，独立后各州的地方检察官制度也不是整齐划一的一个模式，有的是通过选举，有的是法院任命，还有的是州检察长任命并授权。但是，不管采用的是哪

[1] 参见琼·雅各比：《美国检察官研究》，周叶谦等译，中国检察出版社，1990，第12页。

[2] 黎敏：《西方检察制度史研究——历史缘起与类型化差异》，清华大学出版社，2010，第358页。

[3] 黎敏：《西方检察制度史研究——历史缘起与类型化差异》，清华大学出版社，2010，第364—365页。

种模式，州的地方检察官的管辖区域都只是限于一个有限的行政区域。[1]这些郡和乡镇的政府公诉人在整体上具有相当大的权力，在美国人的社会生活中，州的地方检察官在刑事司法中的实际作用与地位都远远超过了后来设立的联邦检察官。

三、任命到民选

（一）检察官选任机制的变迁

从殖民地到独立革命，再到1789年《联邦司法法》，美国检察官的遴选模式基本上沿着任命制到选任制的轨道演变。1643年，弗吉尼亚成为第一个任命总检察长的殖民地，其他殖民地的公诉制度则借鉴了其早期移民的欧洲母国的制度。[2] 这些早期的检察官既可以由法院任命也可以由总督任命，他们没有什么独立性，在作出决定前，必须征求法院或者总督的意见。新尼德兰殖民地建立初期，司法行政官由议会任命，而非选举产生；1653年，司法行政官由市长任命，后来阿姆斯特丹议会规定由总监（director）和议会任命。1662年，康涅狄格的第一位公诉检察官是任命产生的。1685年，宾夕法尼亚会议为费城任命了一名公诉检察官。[3] 1789年，第一届国会通过的《联邦司法法》第35条规定，授权总统任命一名联邦总检察长，联邦总检察长的职权包括：在联邦最高法院审理的刑事案件提起公诉；参与联邦政府可能为一方当事人的民事诉讼；应联邦总统或各部首长的要求提供有关法律问题的咨询意见等。美国联邦地区检察官制度也是由1789年《联邦司法法》设立的，其中还可以发现，联邦地区检察官制度与殖民地时期地区检察官制度有相似之处，1789年《联邦司法法》可以说是

---

[1] Steven M. Cox, John E. Wade, *The Criminal Justice Network: An Introduction* (New York: The Mcgraw-Hill Companies Inc., 1998), p. 146.

[2] 安吉娜·J. 戴维斯：《专横的正义：美国检察官的权力》，李昌林、陈川陵译，中国法制出版社，2012，第11页。

[3] Van W. Scott, "The District Attorney-a Historical Puzzle," *Wisconsin Law Review* 1952 (1952).

与1704年第一个建立公诉检察官制度的《康涅狄格法》如出一辙。《联邦司法法》规定在每个联邦司法区任命一个有法律经验的人充当检察官，对联邦犯罪进行起诉，[1] 并规定其职责是“在每个司法区追诉有犯罪分子的属于美国司法管辖权之内的犯罪行为”。

在美国独立后的最初30年间，大部分检察官是通过任命产生。美国成立之初，由人民选举产生的官员比较少，最初只有各州的议员是由人民选举产生的。该时期，大部分州的州长由州议会选举产生，仅有少数州尝试由选民直接选举。当时能够参加选举的选民数量有限，选民要受到年龄、性别、种族、财产等条件的限制，所以普选联邦检察长和联邦地区检察官的条件还不具备。检察官的职权也受到限制，常常受到来自其任命官员的约束。这种情况直到安德鲁·杰克逊总统任职期间才得到改变。杰克逊的民主改革让更多的公民参与到选举中，由民选产生的官员数量明显增多。

从现有的法律文献来看，最初选举的官员并未直接包括地方检察官。因为，在早期，人们将地方检察官看作是司法官员，他们被认为是法院中的低级官员或者是法官的副手，在法官选举产生之前，检察官自然不通过选举产生。1818年，密西西比州首任检察官由州长任命，该州首次检察官选举发生于1821年，由各县合格选民投票选举产生，1832年，该州在其宪法中规定地方检察官由普选产生，确立了普选制度。1819年，亚拉巴马州的州检察长由州议会选举产生，1901年，该州宪法确立了检察官普选制。路易斯安那州在1812年宪法中设置了检察官一职，独立于司法部长，但没有规定选举地方检察官。1832年，密西西比州的宪法首先规定地方检察官由公民选举产生。1839年，佐治亚州修改宪法，规定每个州的检察官由州议会选举产生。随后，马萨诸塞州于1843年将地方检察官从受司法部长监督改为废除司法部长而赋予检察官很大的独立性。1846年艾奥瓦州决定对检察官实行普选。到1850年，选举制变得不可逆转了，新建立的各州宪法中大都规定了检察官的职位，即使没有制定宪法的州也用法律规定了

[1] 张鸿巍：《美国检察制度研究》，人民出版社，2009，第21页。

该职位。1912 年，新墨西哥和亚利桑那成为美国的州后，在所有 48 个州中，有 38 个州的宪法规定了检察官的职位，10 个州的检察官的职位由法律规定。其中，只有康涅狄格、新泽西、特拉华、罗得岛和佛罗里达[1] 5 个州的检察官不是由选举产生的，如新泽西州由州长任命，康涅狄格州由地方法院任命。[2]

（二）任命制对检察官独立性的重要影响

在独立之前，各殖民地效仿英国总检察长制度设置了州检察长，州检察长是州长或者议会的法律咨询机构，虽然享有刑事检控职能，但是，该职能几乎是形同虚设，州检察长基本上不参与具体的刑事公诉，只有在极少数涉及州政府利益的案件中参与刑事案件，州内其他的刑事案件全部由州地方检察官处理。在独立时，美国各州的地方检察官选任方式以任命制为主，但是他们的职位是由地方行政当局或者法院任命而非总检察长控制，州检察长长期以来在人事上对州地方检察官不具有制度化的影响力和控制力，州检察长不是地方检察官的顶头上司，从而保障了地方检察官的独立性，这也是地方检察官在刑事检控中享有巨大裁量权的制度性保障。

1789 年《联邦司法法》的颁布正式确立了联邦检察官制度。如上所述，联邦检察官采用的是任命制。根据 1789 年法律的规定，联邦设立总检察长（Attorney General）一名，由总统任命，参议院批准，联邦总检察长之下设立联邦地区检察官（United States Attorney）数名，均由总统提名任命，参议院批准。[3] 由此，联邦地区检察官的人选并不受制于联邦总检察长，而是由总统依据各州具有影响力的政治家（通常是各州上议院的两名议员）推荐来确定。从检控职能方面来看，与联邦有关的刑事案件绝大部分由联邦

---

[1] 佛罗里达州地方检察官于 20 世纪中后期也改变了产生方式，改由选举产生。

[2] 目前，只有哥伦比亚特区、特拉华、新泽西、罗得岛和康涅狄格仍然采用检察官任命制度。参见安吉娜·J. 戴维斯：《专横的正义：美国检察官的权力》，李昌林、陈川陵译，中国法制出版社，2012，第 11 页。

[3] Steven M. Cox, John E. Wade, *The Criminal Justice Network: An Introduction* (New York: The Mcgraw-Hill Companies Inc., 1998), p. 146.

地区检察官办理。因此，与州检察官制度相似，联邦检察官制度的重心也是在联邦地区检察官，联邦地区检察官的独立性也很强。即使是选举制占主导地位以后，检察官的独立性也并没有因此受到实质性影响。

四、单轨制到双轨制

（一）州地方检察官的单轨制

如前所述，在1789年以前，不管是殖民地时期还是1776年建国之后到1789年《联邦司法法》颁布期间，对刑事犯罪的检控完全由各州履行公诉职能的官员完成。

在英属北美殖民地时期，尽管13个殖民地的宗主国都是英国，但是各殖民地的属性不同，有的殖民地是自治殖民地，有的是业主殖民地，还有的是英国直辖殖民地，殖民地之间也互不隶属。当时殖民地的有些重大案件，如果当事人不服高级法院的判决，可以上诉至英国枢密院。但由于路途遥远、费用高以及政治方面存在矛盾等原因，各殖民地并不鼓励去英国上诉，如罗得岛是到英国上诉最多的地区，然而从1696年至1783年平均每年上诉的案件不到76件。[1] 枢密院代表的中央层面的管辖权在很大程度上是临时行使的，它所审理的案件并未留下什么影响。[2] 此时法院系统尚未形成制度化的中央层级的法院体制，各殖民地的检察官要么由州长任命、要么由法院任命，受到其宗主国在人事、财政、业务等方面的影响更小。

美国独立以后至1789年《联邦司法法》颁布之前，各州之间也是相互独立的。各州间没有隶属关系，也没有一个强大的中央政府存在。这一时期，美国检察官制度呈现的是单轨制特征，联邦层面的检察官体制尚未

［1］ 劳伦斯·M. 弗里德曼：《美国法律史》，苏彦新等译，中国社会科学出版社，2007，第32页。

［2］ 劳伦斯·M. 弗里德曼：《美国法律史》，苏彦新等译，中国社会科学出版社，2007，第33页。

建立。

（二）1870 年联邦司法部设立后的双轨制

1. 1870 年联邦司法部成立的背景

1789 年《联邦司法法》规定了联邦总检察长和联邦地区检察官，意味着联邦层面建立了检察官制度。在该法律通过后的初期，联邦总检察长“孤身一人”。总检察长并不能正式监督联邦地区检察官在其司法区内的刑法执行，这一监督的权力直到 1861 年才获得，在此之前，联邦地区检察官只是在自愿的基础上偶尔征求总检察长的意见。并且，联邦总检察长在 1853 年以前是兼职的，其可以从事私人法律业务。

随着案件增多、雇佣私人律师费用越发高昂，1867 年，在国会议员威廉·劳伦斯的建议下，美国众议院司法委员会着手研究创设“法务部”，以便将总检察长及联邦地区检察官纳入其中。次年 2 月 9 日，劳伦斯向国会提出设立“司法部”的建议，但因其深陷总统弹劾案而无果。直到 1870 年，参议院和众议院先后通过国会议员托马斯·詹克斯提出的《设立司法部法》提案。当年 6 月 24 日，格兰特总统签署了该法案，7 月 1 日，司法部正式运作，司法部的成立并没有减少总检察长的职责，司法部负责涉及美国利益的所有刑事案件和民事诉讼，同时增加了总检察长和司法部的联邦法律执行权。

2. 联邦检察官的组织架构及职权

（1）总检察长（Attorney General）。由总统提名，参议院通过后任命。作为联邦首席法律官员，联邦总检察长兼任美国司法部部长和内阁成员，在总统继任顺序中排名第七。其职责是监督和指导联邦地区检察官和司法部各厅、司、局等组成部门的管理和运作；依法就有关法律问题向总统和内阁及各行政部门负责人及政府机构提供正式或者非正式咨询和意见；向总统就任命联邦司法官员提出建议，包括联邦地区检察官和合众国法警；代表美国政府在联邦最高法院及其他各级法院以及国外法院出庭；执行或监督执行由法规或总统令所要求履行的其他职责。

(2)常务副总检察长(Deputy Attorney General)。该职位于1950年创设，仅次于总检察长的级别，在总检察长缺位的情况下可以代理总检察长一职，由总统在获得参议院批准后任命。其主要职责是协助总检察长制定和执行司法部政策和工作计划，对司法部的各个部门进行监督。

(3)副总检察长(Associate Attorney General)。该职位于1977年才创设，由总统提名，参议院确认。其主要职责是建议、协助联邦总检察长和常务副总检察长制定、执行司法部的政策与各项工作计划，主要内容包括负责各种民事诉讼、联邦法律和地区法律的执行以及公共安全事务，还负责监督管理司法部各部门的工作。

(4)联邦首席政府律师(Solicitor General)。该职位于1870年创设，负责监督和参加政府在联邦最高法院的诉讼行为。每年由联邦最高法院作出的实体判决中近三分之二与联邦政府有关，几乎所有的政府作为当事人的诉讼都是经由联邦首席政府律师办公室处理的。其被认为是大法官与总检察长之间的重要纽带，有权决定在最高法院是以“法庭之友”(amicus curiae)的身份介入，还是直接干预诉讼，因此也被称为“第十位大法官”。

(5)助理检察长(Assistant Attorney General)。司法部在总部民权司、刑事司等司局设置助理检察长，经参议院确定人选后由总统任命。因民刑案件的不同，助理检察长分别向常务副总检察长和副总检察长汇报工作。

(6)联邦地区检察官(United States Attorney)。联邦地区检察官由1789年《联邦司法法》创设，是所在司法区的首席联邦执法官，由总统提名并经参议院确认后任命。负责代表联邦政府处理财政税收、海关关税、罚款、没收财产等与财政收入有关的案件，并代表联邦政府在联邦地区法院出庭。

(7)联邦地区助理检察官(Assistant United States Attorney)。该职务由联邦总检察长和常务副总检察长任免。实务中，联邦地区检察官可以自行雇佣联邦地区助理检察官，但任命须提交联邦总检察长批准后才有效。联邦地区助理检察官主要负责起诉辖区内违反联邦法律的刑事和民事案件。

联邦检察官和联邦司法部官员合署办公，其任务在于依法执法和捍卫美国的利益，确保公众安全以及确保免受国内外的威胁，寻求公正惩罚非法行为以及确保所有美国公民尽享司法之公平与公正。如在2007年，联邦检察系统共有112557名雇员，经费达234亿美元。[1] 随着毒品犯罪，有组织犯罪，跨国、跨境犯罪日益增多，联邦检察官系统承担打击犯罪的任务越来越重，成为美国检察官制度双轨制的重要组成部分。

（三）联邦检察官与州地方检察官的关系

据统计，全美95%的起诉是由州及地方检察官完成的。[2] 联邦检察官主要起诉违反联邦法律的犯罪行为。由此可见，美国确立了“双重主权”原则，将国家管理和运作的主要功能赋予州及地方，检察官系统受其影响，州地方检察官承担了犯罪控制和预防的最主要责任。联邦检察系统内部基本上是上下级的领导关系，然而，在州检察官体制内，基本上不存在行政隶属关系，只有极少数的州总检察长和地方检察官存在着监督关系，但在具体案件中州总检察长无权干涉地方检察官的工作。

联邦检察官与州地方检察官首先是分权的关系。联邦检察官主要根据联邦法律行使职权，州地方检察官在州的法律基础上行使职权，联邦检察官无权干涉州地方检察官的起诉工作。由于联邦法律和各州的法律各成体系，不可避免会出现“双重危险”的情况。为此，联邦宪法第五修正案规定：任何人不得因同一犯罪行为而两次遭受生命或者身体的威胁。这种限制仅局限于同一司法区内，联邦和州不在此限。有学者指出，当一项犯罪行为既违反了联邦刑法，又违反了州刑法时，如果检察官们愿意，则该案在联邦法院和州法院都可以审理。[3] 这也是“双重主权”原则得出的合理结论。

至此，联邦检察官制度和州地方检察官制度总体上如同两条平行的

---

[1] 张鸿巍：《美国检察制度研究》，人民出版社，2009，第21页。

[2] Angela J. David, *Arbitrary Justice: The Power of the American Prosecutor* (Oxford: Oxford University Press, 2007), p. 213.

[3] 罗纳尔多·V. 戴尔卡门：《美国刑事诉讼：法律和实践》，张鸿巍译，武汉大学出版社，2006，第14页。

“铁轨”各自运行，互不干扰。[1]

第二节

检察官适用辩诉交易的犯罪类型

一、19 世纪前美国主要的犯罪类型与刑罚

辩诉交易产生于 19 世纪初期。根据现有的法庭记录，辩诉交易最早适用于酒类案件。总体来讲，殖民地时期的刑事法律更多地偏重于宗教以及道德犯罪控制与打击。酒类犯罪作为道德犯罪的一种，在 17、18 世纪的很多殖民地由制定法予以规定。商品经济的发展、教会管控的弱化、道德观念的转变以及启蒙思想的传播均对美国 19 世纪以前的刑事法律产生了影响。如何通过法律的调控维护以乡镇或者社区为基础的自治架构和社会稳定，是摆在法官、检察官面前亟须解决的课题。

（一）殖民地时期

殖民地时期的刑事法律与当时社会动荡、生存条件极差的现实是相适应的，体现出来便是刑事法律的严厉性。在殖民地时期，弗吉尼亚实体刑法的内容是其母国的翻版。[2] 其他殖民地的刑法除沿袭英国普通法外，也受到殖民地本身的物质和社会环境以及包括宗教信仰在内的意识形态的影响。表 1-2 是对 1660 年以前建立的 7 个英属北美殖民地刑事实体法来源的统计。从表中可以看出，在新英格兰殖民地[3]中，北部的殖民地普遍

[1] 当然，联邦检察官和州地方检察官有时会发生冲突，在某些重大疑难案件中也会通力合作，但必须以各自主权为限。参见张鸿巍：《美国检察制度研究》，人民出版社，2009，第 161—163 页。

[2] 何勤华、夏菲主编《西方刑法史》，北京大学出版社，2006，第 349 页。

[3] 包括 4 个殖民地：马萨诸塞、新罕布什尔、罗得岛、康涅狄格。

受到圣经的影响更大，因为当时前往这些殖民地的移民主要是基于宗教动机。殖民地时期刑法的法律渊源主要是制定法，最具代表性的是1648年的《马萨诸塞法律与自由》，这部法典内容比较全面，涉及政府组成、法院系统以及各部门法的规定。殖民地时期的刑法呈现出以下两个突出特征。

表1-2 1660年以前建立的7个英属北美殖民地刑事实体法法律来源统计[1]

单位:%

殖民地	英国	本土	圣经
罗德艾兰	86.2	12.9	0.9
弗吉尼亚	81.1	18.9	—
普利茅斯	59.0	36.7	4.3
马里兰	54.6	43.6	1.8
马萨诸塞	41.2	20.0	38.8
康涅狄格	38.8	21.2	40.0
纽黑文①	34.8	22.4	42.8

①1662年与康涅狄格合并。

1. 道德及宗教犯罪占多数

1648年《马萨诸塞法律与自由》规定的当时常见的犯罪行为多与道德有关，如饮酒、私通、私生、通奸、渎神等，而与侵犯国家及财产有关的罪名较少。在该法典中，死刑罪名有15个，其中9个是宗教或道德犯罪，包括女巫、异教、渎神、同性恋、兽奸、通奸、子女辱骂或殴打父母、成年子女不服管教、强奸。在被起诉的犯罪中，道德犯罪占了很大的比例。马萨诸塞总督法院最初十年审判的案件中，共有102件道德犯罪案件，包括酗酒62件，淫荡、猥亵、不道德行为20件，通奸4件等，占所有刑事案件277件的36.82%，而盗窃只有19件。[2] 1693年，新罕布什尔通过一项法律规定，对那些被发现在安息日从事不必要的奴隶劳动、旅行、运

[1] 韩铁：《新英格兰殖民地刑事司法重点的转移》，《史学月刊》2010年第11期。
[2] 韩铁：《新英格兰殖民地刑事司法重点的转移》，《史学月刊》2010年第11期。

动、上酒馆或者到处闲逛的人要予以惩罚。1700 年，宾夕法尼亚针对那些喧闹者制定了一项法律，授权治安法官酌情判处肇事者“闭嘴和在公共场合罚站”。马里兰查理郡法院于 17 世纪 90 年代至 18 世纪 60 年代审理的案件（见表 1-3）也主要集中在宗教、道德犯罪，侵犯财产和人身的犯罪比重较低。在 17 世纪的马萨诸塞，触犯最多的犯罪是通奸和饮酒。据统计，1760 年至 1774 年间，在马萨诸塞，38% 的起诉案件是有关违反性道德的行为，违反道德和宗教行为的案件则占到了 51%。[1]

表 1-3　17 世纪 90 年代至 18 世纪 60 年代马里兰查理郡法院审理刑事案件一览表[2]

单位：件

时间	罪名							
	违反公共正义	违反公共贸易	违反公共和平	违反公共治安	反国王和政府	反上帝和宗教	财产犯罪	侵犯身体
1690—1699	7	14	2	5	2	39	30	3
1700—1709	28	11	3	10	5	159	48	7
1710—1719	18	2	14	13	8	136	39	5
1720—1729	10	11	87	9	25	150	66	2
1730—1739	7	19	69	1	6	157	53	2
1740—1749	9	5	103	7	10	238	31	3
1750—1759	15	5	95	1	6	194	58	3
1760—1769	11	1	132	13	6	247	47	4

2. 刑罚具有羞辱性和公开性

美国殖民地时期刑罚的种类主要有：警告、罚金、枷刑、鞭刑、刻字以及死刑，且公开行刑比较普遍。《马萨诸塞法律与自由》对夜盗罪的处罚

[1] 劳伦斯·M. 弗里德曼：《美国法律史》，苏彦新等译，中国社会科学出版社，2007，第 32 页。

[2] Catherine A. Cardno, “Community, Morality and Violence: Crime and the Construction of a British-American Society in Eighteenth-Century Charles County, Maryland” (Doctor dissertation, Johns Hopkins University, 2004), pp. 18-52.

是：第一次犯罪的，在犯罪人头上刻上字母“B”；第二次犯罪的，除刻字外还加处严厉的鞭刑；第三次犯罪的，则被认定为无法改正而被判处死刑。在安息日犯夜盗罪的人要被割掉一只耳朵作为附加刑，如果再犯，另一只耳朵也要被割掉。[1] 美国有学者对1629—1650年马萨诸塞法院受理的刑事案件及处罚进行了统计分析(见表1-4)。从表中我们得出结论，马萨诸塞在殖民地早期，其刑事司法既不是强制推行宗教正统，也不是为了控制社会阶级的不满，而是为了维护政治秩序。公共秩序罪，包含酗酒在内的家庭秩序罪，宗教言论罪等这些宗教、道德犯罪的处罚实际上还是比较重的。

表1-4　1629—1650年马萨诸塞法院刑事案件惩罚分类[2]

单位：件

案件类别	惩罚类别					总计
	小罚	罚金	羞辱	肉刑	死刑	
暴力与欺诈罪	2	32	9	46	9	98
法院秩序罪	2	81	3	1	0	87
违背立法罪	5	1	0	4	0	10
公共秩序罪	22	112	18	19	0	171
违章罪	17	127	1	2	0	147
言论罪①	24	40	58	22	17	161
不端性行为罪	9	9	9	27	15	69
家庭秩序罪	19	10	4	16	1	50

①包括政治言论、宗教言论、妨碍治安言论等。

(二)独立战争后

独立战争胜利后，美国刑法保护的功能逐步发生转变，从主要保护道

[1] 劳伦斯·M. 弗里德曼：《美国法律史》，苏彦新等译，中国社会科学出版社，2007，第52页。

[2] 韩铁：《新英格兰殖民地刑事司法重点的转移》，《史学月刊》2010年第11期。

德、宗教转变为主要保护财产和公共安全。[1] 马萨诸塞州在1791年以后再也没有女性因私通而被处以刑罚。在1793年以后，离婚逐渐成为处理通奸案件最主要的方式。18世纪末，亵渎罪也逐渐被法律所忽视。到了1810年，起诉的犯罪中有50%是盗窃，只有0.5%是违反道德犯罪。[2] 在刑罚方面，财产犯罪的刑罚逐渐加重，对道德、宗教犯罪的处罚逐渐减轻。马萨诸塞在17世纪90年代初对偷盗最多处以5英镑的罚金或者不超过20下的鞭刑，另向受害者支付3倍的赔偿金，到了18世纪30年代中期，除了3倍赔偿外，还要在绞刑架下示众1小时和受不超过30下的鞭刑。到1750年，纽黑文对偶像崇拜、巫术、打骂父母等犯罪行为的处罚已不再适用死刑，仅处以鞭刑或戴枷示众。[3] 这一时期美国刑事法律呈现出以下两大特色。

1. 以宪法形式规定刑事法律

在联邦宪法诞生之前，各州通过州宪法打下了改革刑法的思想烙印。1776年《宾夕法尼亚宪法》就强调，未来立法机构的职责之一便是“改革现有刑法”，刑罚“在一些判决中更加宽容，总之罪刑应相适应”。1786年《新罕布什尔宪法》第1条第18款规定，任何明智的立法机构都不会对盗窃罪、伪造罪之类的犯罪规定与谋杀罪、叛国罪等同样的刑罚，多数残酷的法律既不审慎又不公正。刑罚的真正意图应旨在对罪犯进行改造，而不是消灭其肉体。[4]

1787年联邦宪法颁布以后，实质上划分了联邦与州之间的刑法立法权，美国刑法形成联邦犯罪与州犯罪并存的体系，同时增设了不少殖民地时期没有的罪名。联邦宪法第1条第8款第6项规定，对伪造美国证券和现行货币行为的惩罚由国会规定。第10条规定，在公海上实施的海盗罪和

---

[1] 随着殖民地的扩大、殖民地经济的发展，这种转变在独立战争前就已经开始了，独立战争后则更加明显。

[2] 何勤华、夏菲主编《西方刑法史》，北京大学出版社，2006，第354—355页。

[3] 韩铁：《新英格兰殖民地刑事司法重点的转移》，《史学月刊》2010年第11期。

[4] 参见劳伦斯·M. 弗里德曼：《美国法律史》，苏彦新等译，中国社会科学出版社，2007，第297页。

其他重罪以及违反国家法律的犯罪的定义与惩罚由国会规定。第 3 条规定了叛国罪的概念、定罪程序以及惩罚方式决定权等。联邦宪法还规定了刑法适用的一般原则。如第 1 条第 9 款第 3 项规定，不能通过剥夺公权的提案和溯及既往的法律。联邦宪法第八修正案规定，不能要求过高的保释金，不能处以过重的罚金或施加残酷的非正常的刑罚，从而确立了罪刑相适应以及刑罚人道主义原则。第十四修正案规定了各州必须平等保护美国的公民，确立了平等保护原则。联邦宪法还通过规定程序保障条款确保刑法正确适用。联邦宪法第五和第六修正案规定了不得要求自证其罪，正当程序，获得陪审团审理，快速、公开审理等程序性规定。这些条款无疑保障了被告人的人权，从另一角度来看则是检察官的指控难度增加，这也成为辩诉交易兴起发展的因素之一。

2. 出现轻刑化倾向

刑罚轻刑化最突出的表现是死刑适用的范围受到极大的限制。1794 年，宾夕法尼亚州通过了一项关于谋杀罪的法律，该法将谋杀划分为一级谋杀和二级谋杀，只有一级谋杀才会被判处死刑。这种设置谋杀罪等级的做法随后被弗吉尼亚、俄亥俄、纽约和密苏里等州采纳。有些州改革了适用死刑的罪名。如弗吉尼亚州在 1796 年通过一项刑事立法规定，之前可被判处死刑的叛国罪减为 6~12 年的苦役，强奸罪主犯减为 10~21 年监禁等。1800 年，肯塔基州只保留谋杀罪适用死刑。南卡罗来纳州 1813 年的死刑犯罪有 165 种，1825 年减至 51 种，1838 年减至 32 种，到 1850 年只有 22 种。[1] 有些州更进一步，密歇根州于 1847 年成为第一个完全废除死刑的州，威斯康星州紧随其后。

与此同时，殖民地时期普遍实行的肉刑制度在独立战争胜利后逐步得到改变。北部的一些州完全废除了肉刑的执行，取而代之的是监禁刑。马萨诸塞州于 1804 年至 1805 年间废除了鞭刑、刻字和枷刑等。1821 年，印

[1] 参见劳伦斯·M. 弗里德曼：《美国法律史》，苏彦新等译，中国社会科学出版社，2007，第 299 页。

第安纳州下令建造州监狱，监狱投入使用之际便废除了鞭刑。[1] 这种轻刑化反映了当时美国社会普遍接受了新的刑罚学观念，即刑罚的正当目的是预防犯罪和矫正罪犯。死刑、肉刑的减少意味着监禁刑及罚金刑的增多，而且，监禁刑和罚金刑的设定和量刑也更加复杂，这就可能给检察官运用辩诉交易提供了较为明确并可供裁量的手段和筹码。

二、19 世纪早期辩诉交易的案件类型

酒类案件在殖民地时期就因其违反圣经的规范而作为犯罪来处理。有学者从地方法院的法庭记录中寻找最初的辩诉交易的案例，发现酒类案件成为最初适用辩诉交易的犯罪类型。马萨诸塞于 1787 年颁布酒类许可证法，该法要求酒类零售商必须取得经营许可。1804 年，一名叫史蒂文斯的人违反上述法律面临被指控，当时处理该案的公诉人是来自米德尔塞克斯郡的检察官达纳。达纳针对史蒂文斯的行为草拟了一份包含四项罪名的起诉状，罪名一指控其为酒类“常贩”，罪名二和罪名三指控其无许可证销售酒类，罪名四指控其售酒并允许购买者在其经营场所饮酒。法庭书记官记录了达纳和史蒂文斯之间的交易的过程：史蒂文斯表示他不会与控方作对，达纳表示由于被告人作出前答辩，他将不再指控第一、三、四项罪名。最终，史蒂文斯缴纳了 6.67 美元的罚金和 47.12 美元的诉讼费便了结该案。1809 年 3 月，达纳又处理了另一件酒类案件，其对名叫科里的人提出包含四项罪名的指控：两项指控科里经常贩卖酒类；两项指控其无照经营。书记官记录的结果与上一案例不同，达纳首先提出了交易，称其不会在起诉状中对科里指控第一、二、四项罪名，科里在法庭的许可下答应其将对控方提出的第三项罪名不再争执。最终，科里缴纳了 7 美元的罚金和 19.73 美元的诉讼费。上述两个案例是目前发现的最早的明示辩诉交易案例。对 1789 年至 1849 年米德尔塞克斯郡中级法院记录进行分析统计，一

[1] See Lawrence M. Friedman, *Crime and Punishment in American History* (New York: Basic Books, 1993), p. 74.

共有49件明示辩诉交易的案件，其中有33件属于禁酒案件。在所审结的禁酒案件中，有约24%的案件存在明示辩诉交易，其他案件只有不到3%存在明示辩诉交易（见表1-5）。法庭记录没有很详细地记录被告人作有罪答辩或者无争议答辩是出于什么目的，因而无法统计出默示辩诉交易的案件数量。从表1-5中，我们可以看到，马萨诸塞州早期的辩诉交易是明示的，案件类型主要集中于禁酒案件，是明示辩诉交易案件数的约三分之二。

表1-5　1789—1849年米德尔塞克斯郡中级法院审结案件与明示辩诉交易情况[1]

单位：件

时间	审结案件总数		明示辩诉交易案件数	
	非禁酒案件	禁酒案件	非禁酒案件	禁酒案件
1789—1790	21	1	1	0
1799—1800	30	2	0	0
1805—1806	39	0	0	0
1809—1810	27	1	0	1
1814—1815	36	0	2	0
1819—1820	41	5	1	1
1824	27	12	1	3
1829	18	9	0	0
1834	58	7	0	4
1839	35	1	1	0
1843—1844	135	42	8	4
1849	167	56	2	20
总计	634	136	16	33

[1] 乔治·费希尔：《辩诉交易的胜利——美国辩诉交易史》，郭志媛译，中国政法大学出版社，2012，第8—9页。

纽约刑事法院早期适用辩诉交易的案件不是酒类案件。在19世纪之初，纽约刑事法院受理的刑事案件还比较少，按照1796年法令的规定，除了小偷小盗、诈骗他人财物和明知赃物而接受等罪外，还有应被判处死刑的谋杀、叛国、偷盗教堂财物罪以及普通法规定的一般重罪。1800年至1865年，侵犯财产罪占到了65%，约30%是破坏社会秩序与破坏生活质量的犯罪。在侵犯财产罪中以盗窃最为常见。1809年理查德·屈伤害一案应该说是早期的辩诉交易案件，当被告人理查德·屈和被害人达成和解后，检察官与被害人在法庭上承认已获得赔偿后撤诉。[1] 还有一例是1820年的一件诈骗案，被告马太·刘易斯、约翰·汤普森和约翰·特纳被指控共谋以欺骗的方式获取一些有形动产，在第一次审判时，陪审团因为不能达成一致意见而被解散，在重审时，地方检察官作了开场陈述，并传唤了一名证人后，被告对指控作了有罪答辩，因为被告和被害人达成和解，最终判处被告每人100元罚金并承担诉讼费。

纽约与马萨诸塞州在19世纪初的辩诉交易案例较少，但是不同的是，法院对辩诉交易的态度略有不同。纽约的法官很明显地反对明示或者默示的辩诉交易。如在1819年约翰·柯林斯一案中，市长反对原告人与被告人之间的交易，并坚称被害人不能因为利益或怜悯而使被告人逃避法律的制裁。[2] 当时纽约奉行平等主义的刑罚观，认为刑罚的基本目的之一是为公众树立鉴戒，任何一名罪犯，不论他在犯罪时处于什么地位或有什么样的背景都是平等的。[3] 因此，即使被告人作有罪答辩，也基本不会得到量刑折扣。

玛丽·沃格尔运用社会-阶级分析的方法对19世纪30年代至20世纪20年代辩诉交易在波士顿的兴起发展做了翔实的考证。波士顿的法官自19

[1] 麦高伟、切斯特·米尔斯基：《陪审制度与辩诉交易——一部真实的历史》，陈碧、王戈等译，中国检察出版社，2006，第201页。

[2] 麦高伟、切斯特·米尔斯基：《陪审制度与辩诉交易——一部真实的历史》，陈碧、王戈等译，中国检察出版社，2006，第204—205页。

[3] 麦高伟、切斯特·米尔斯基：《陪审制度与辩诉交易——一部真实的历史》，陈碧、王戈等译，中国检察出版社，2006，第195—196页。

世纪 30 年代起对有罪答辩不再持保留意见，转而开始承认辩诉交易中最重要的因素——有罪答辩的做法。通过对波士顿治安法院刑事案件的统计可以发现，有罪答辩率从 19 世纪 30 年代的 15% 上升至 1846 年的 28.6%，在 19 世纪 50 年代达到 52%，到 1880 年达到 88%，此后比例有所下降。沃格尔通过选取其中 19 世纪 30 年代至 60 年代的 800 个盗窃（larceny）、伤害（assault and battery）、普通醉酒（common drunkard）、醉酒（drunkenness）和夜间卖淫罪（nightwalkings）[1]的案例进行统计分析，19 世纪 40 年代，在醉酒、攻击、殴打等案件中，作有罪答辩的案件相对于无罪答辩的案件更可能被移送至都市法院，或者治安法院更可能处以监禁刑，而对盗窃罪作有罪答辩的被告人较少被移送，从 19 世纪 40 年代开始，对盗窃等案件用罚金代替监禁刑的比例越来越高。[2] 然而，1850 年以后，因道德犯罪移送至都市法院的案件锐减，这并没有带给对道德犯罪作有罪答辩的被告人什么好处，治安法院对酗酒以及夜间犯罪适用监禁刑的比例逐渐增多。

因此，纽约治安法院最初的辩诉交易不太可能出现在醉酒和夜间犯罪等犯罪类型上，且直到 20 世纪初才在酒类案件中出现类似马萨诸塞州的辩诉交易，其最初的辩诉交易极有可能发生在盗窃等案件中，出现的时间约是 19 世纪 30 年代至 40 年代早期。[3]

三、适用辩诉交易的其他案件类型

在马萨诸塞州米德尔塞克斯郡，死刑案件也可以适用辩诉交易（见表 1-6）。如 1841 年，在一起强奸案中，检察官对被告人指控强奸罪，被告人只对强奸未遂作了有罪答辩，之后，检察官不再起诉起诉书中的其他部分，只起诉了强奸未遂，最终被告人被判处 5 年监禁。1848 年，地方检察

[1] 1830、1840、1850、1860 年期间，该五种罪行的案件总量占各年全部案件量的比例分别为 62%、68%、64% 和 68%，因此，选取这五种罪行基本可以代表整个刑事司法实践。

[2] Mary E. Vogel, "The Social Origins of Plea Bargaining: Conflict and the Law in the Process of State Formation, 1830-1860," *Law & Society Review* 33, no. 1(1999).

[3] Mary E. Vogel, *Coercion to Compromise: Plea Bargaining, the Courts and the Making of Political Authority*(Oxford: Oxford University of Press, 2007), p. 93.

官特雷恩办理了一起谋杀案，被告人巴尼·古尔丁被指控用击打头部的方式谋杀了妻子，古尔丁一开始答辩无罪并主张行使获得陪审团审判的权利。按照州有关法律，谋杀罪属于死刑案件，应向被告人提供律师帮助，于是法庭指定了当地非常有名的两名律师为其辩护。律师介入后，向被告人建议最好答辩有罪，书记官记录了当时的情景，在法庭开庭期间的晚些时候，辩护律师撤回了被告人此前所做的无罪答辩，说被告人犯有过失杀人罪。检察官特雷恩表示他将不再按照之前的蓄意谋杀指控。法院也按照检察官变更后的指控罪名判处古尔丁在感化院监禁两年。

另外，偷盗案件在这一时期基本没有辩诉交易，只有在 1859 年，当时的检察长艾萨克·莫尔斯针对非法闯入或者入室盗窃所提起的 39 个案件中，有 35 个案件分别对夜间实施该犯罪和白天实施该犯罪指控了单独的罪名，但是最终只有 4 个案件达成了指控交易，即检察官撤销了两项罪名中的一项以换取被告人对另一项罪名的有罪答辩。通过比较 1809 年至 1829 年马萨诸塞州米德尔塞克斯郡普通法院在偷盗案件中不同审判模式的刑罚，就会清楚地发现，对于被告人来说有罪答辩并不能带来什么好处。有罪答辩的案件和经审判的案件平均被盗物品价值非常接近，有罪答辩的案件是 14.02 美元，而经审判的案件是 14.08 美元，不过，两种审判模式的案件判处监禁的比例是一样的——88%，但是有罪答辩的监禁刑期比经审判的案件要更重，分别为平均 2.5 个月和平均 1.8 个月。有罪名答辩的案件较经审判的案件判处罚金的比例更低，分别为 12% 和 18%。[1] 这些统计数据也印证了盗窃案中很难存在进行辩诉交易的动机。

[1] 乔治·费希尔：《辩诉交易的胜利——美国辩诉交易史》，郭志媛译，中国政法大学出版社，2012，第 44—45 页。

表 1-6　马萨诸塞州最高法院谋杀案件明示辩诉交易情况[1]

时间	被裁决的谋杀案件数/件	明示辩诉交易案件数/件	比例/%
1840—1849	41	4	10
1850—1859	42	7	17
1860—1869	53	25	47
1870—1879	77	33	43
1880—1889	51	18	35
1890—1899	67	41	61

从 1850 年至 1865 年，纽约的盗窃罪（包括严重盗窃和轻微盗窃）占全部财产犯罪[2]的一半，盗窃罪从 1850 年的 37% 逐年稳步上升，到 1865 年占到全部财产犯罪案件的 64%。这一时期，刑事法庭诉讼案件的处理方法出现转向，有罪答辩案件量超过审判和陪审团裁决的案件量。在 1845 年之前，无罪答辩占全部被告答辩状的比例是 80%～100%，1839 年，有罪答辩不超过总定罪数的 15%，到了 1865 年，有罪答辩比例超过 75%。[3] 据麦高伟的分析，1846 年轻罪答辩占全部有罪答辩的 20%。1850 年至 1855 年间，轻罪答辩剧增，占到 60%，且重大盗窃罪和入室盗窃罪中轻罪答辩尤其普遍。

玛丽·沃格尔统计了从 19 世纪 30 年代至 60 年代期间，波士顿治安法院受理的盗窃罪、伤害罪、普通醉酒罪、醉酒罪和夜间卖淫罪中有罪答辩占所有答辩的比例。其中盗窃罪这一比例在 1830、1840、1850、1860 年分别为 19.1%、27.5%、39.2% 和 50%；伤害罪这一比例分别为 10.6%、15%、35.3% 和 41.2%；普通醉酒罪这一比例分别为 9.2%、15.3%、47.8% 和 53.3%；醉酒罪这一比例分别为 75%、58.3%、57.6% 和 85.7%；

[1] 乔治·费希尔：《辩诉交易的胜利——美国辩诉交易史》，郭志媛译，中国政法大学出版社，2012，第 21 页。

[2] 财产犯罪还包括抢劫罪、伪造罪、销赃罪等。

[3] 麦高伟、切斯特·米尔斯基：《陪审制度与辩诉交易——一部真实的历史》，陈碧、王戈等译，中国检察出版社，2006，第 239—240 页。

夜间卖淫罪这一比例分别为 26.7%、10%、45.7%和 50%。[1] 从整体上看，这五种罪行的有罪答辩率是呈上升趋势的。接下来再分析对这五种罪行作有罪答辩是否会比其他答辩获得更轻的处罚。这个问题可以通过对五种罪行主要的刑罚进行对比后得出结论。分析表 1-7 可以发现，对醉酒、普通醉酒和夜间卖淫罪作有罪答辩将会导致更严厉的惩罚；只有对盗窃和伤害罪作有罪答辩会得到更轻的处罚。可以推论，在 1860 年以前，波士顿治安法院的醉酒、普通醉酒和夜间卖淫案件基本不存在辩诉交易的情况，辩诉交易应该只存在于盗窃和伤害案件中。因为，醉酒、普通醉酒和夜间卖淫案件的被告人大都是妇女，当时的思想观念是妇女应以家庭为中心，生活没有独立性，这种以等级为主导的社会必然要求对其进行严厉惩罚，道德犯罪应该限制让步和许诺。因此，这三类犯罪即使有有罪答辩，也没有减轻处罚的任何许诺。[2]

表 1-7　五种罪行的罚金和监禁期平均值一览表[3]

惩罚类型	年份	罪名									
		盗窃		伤害		醉酒		普通醉酒		夜间卖淫	
		有罪答辩	不认罪	有罪答辩	不认罪	有罪答辩	不认罪	有罪答辩	不认罪	有罪答辩	不认罪
罚金/美元	1840	3.667	4.583	3.364	3.538	2.571	2.333	无	1.667	无	无
	1850	6.25	6.333	4.706	3.625	1.944	2.077	1.000	1.000	5.000	11.50
	1860	4.667	9.714	6.200	4.462	3.091	3.000	无	2.667	无	无

[1] Mary E. Vogel, "The Social Origins of Plea Bargaining: Conflict and the Law in the Process of State Formation, 1830–1860," *Law & Society Review* 33, no. 1(1999).

[2] Mary E. Vogel, *Coercion to Compromise: Plea Bargaining, the Courts and the Making of Political Authority*(Oxford: Oxford University of Press, 2007), p. 115.

[3] See Mary E. Vogel, "The Social Origins of Plea Bargaining: Conflict and the Law in the Process of State Formation, 1830–1860," *Law & Society Review* 33, no. 1(1999).

续表

惩罚类型	年份	罪名									
		盗窃		伤害		醉酒		普通醉酒		夜间卖淫	
		有罪答辩	不认罪	有罪答辩	不认罪	有罪答辩	不认罪	有罪答辩	不认罪	有罪答辩	不认罪
监禁/月	1840	3.545	4.000	无	6.000	无	无	5.091	4.467	无	4.643
	1850	2.444	2.500	无	无	2.000	无	4.400	2.500	3.647	3.143
	1860	4.000	2.500	2.000	3.500	2.000	2.000	4.321	4.227	5.356	3.333

第三节

法官的量刑裁量权受到立法的限制

18世纪末和19世纪初的美国，普遍存在对权力保持警惕的思想。司法权为三权之一，行使司法权的法官受到的限制也较多。在1803年马伯里诉麦迪逊一案重申了1789年《联邦司法法》关于联邦最高法院司法审查的权力后，[1] 最高法院的司法审查权沉寂50余年，直到1857年，坦尼任联邦最高法院首席大法官时，就"斯科特诉桑福德"一案启动了违宪审查。[2] 而检察官作为行使行政权的主体之一，被总统、内阁等为主体的行政权力的运行所遮蔽，没有受到公众对其权力行使的关注。即使法院在三权中处于相对中立的地位，也受到各方面的限制。这在刑事诉讼领域主要表现为两个方面：一是19世纪初的法典化运动；二是立法机关颁布的强制性量刑法令。

[1] 马伯里诉麦迪逊一案之所以引发违宪的问题，笔者认为重要原因之一是该案涉及了法官任命的问题，以麦迪逊为代表的行政权严重侵犯了以马伯里为代表的法院利益。当然党派之争也是重要原因。1804年，联邦最高法院大法官蔡斯被弹劾一案的背景与此相似。

[2] 参见何勤华主编《美国法律发达史》，上海人民出版社，1998，第96页。

一、法典化运动

美国革命产生了新的观念，包括人权思想以及刑事司法改革观念。革命领导人深受启蒙运动的影响，在刑事司法方面吸收了贝卡利亚的思想，同时他们也关注边沁等人的思想。后革命时代是一个改革刑事司法的时期。美国需要的是一种更加理性、更加现代、更加公正和人性化的新制度。当时的治国精英普遍反对毫无掩饰的权威和没有边界的裁量权，折射到刑事司法领域便是不能容忍不受控制的裁量权。[1] 民众政府是法律的统治，要求所有的犯罪和刑罚通过单一、清晰和确定的法典予以表现。爱德华·利文斯顿曾说，法律如要得到遵守和执行，必须被人所知，语言必须简练、易懂，便于公众学习和查阅。[2] 法律法典化，正如清教徒执法官所发现的那样，有时是一种控制权力的手段。[3]

（一）边沁的法典化思想

功利主义法学代表人物边沁对法典化的推崇始于对普通法的猛烈抨击。其指出，“普通法是一种混乱且不确定的法律，其制定过程如同人管理狗一样，如果不想让狗犯事，只要等狗做该事时给它一击问题就解决了。”[4]边沁将普通法戏谑地称为“狗法”，普通法的问题症结在于“那些服从它的人，不知道也不能知道什么是它所要求的”。[5] 普通法带来的是丑恶和不公正，所以边沁提出最有效的解决方案是法典化，借此“使司法造

---

[1] Lawrence M. Friedman, *Crime and Punishment in American History*(New York: Basic Books, 1993), pp. 62-63.

[2] Lawrence M. Friedman, *Crime and Punishment in American History*(New York: Basic Books, 1993), p. 63.

[3] 参见劳伦斯·M. 弗里德曼:《美国法律史》，苏彦新等译，中国社会科学出版社，2007，第305页。

[4] John Bowering, *The Works of Jeremy Bentham*: *Lawerform* (*IV*) (Bristol: Thoemmes Press, 1995), pp. 52-53.

[5] 菲利普·科斯菲尔德:《邪恶利益与民主：边沁的功用主义政治宪法思想》，翟小波译，法律出版社，2010，第324页。

法及自由裁量权降低到最小限度”，法官的作用是裁定法律是否被破坏，而不是制定法律。[1] 在边沁看来，法典化是将一国某法相关的所有现存实定法进行统一整合的法律行为，通过这种法律行为剔除实定法中烦琐过时的内容，并在表述准确清楚、明白易懂之基础上使其系统化，从而最终确立该法在国家法中的统一支配地位。[2] 边沁在《政府片论》中指出了法典应满足四个条件：第一，它必须是完整的，以至于无须用注释或判例的形式加以补充；第二，叙述时必须使每一句话都达到最大可能的普遍性；第三，必须以严格的逻辑顺序叙述；第四，必须用严格一致的术语叙述。[3]

依据上述对法典化的阐述，边沁进一步精心构造了一套完整的法典化模式。边沁假定是在一个国家或者一个联邦层面，对整个法律体系进行法典化，并主张涵盖国家或者联邦内现存的所有法律领域，以制定一部广泛意义上的综合性法典。尤其在刑法领域，因为涉及人的生命、自由和财产，所以人们“应当提前知道法律要求什么，如果违背法律，其代价是什么”[4]。

边沁在提出自己的法典化模式后，便尝试将其付诸实践。边沁首先想到的是英国本土，但是其法典化的建议没有被采纳，于是他便将希望转向大西洋彼岸的美国。1811 年至 1817 年间，边沁多次给时任美国总统麦迪逊、各州州长和几位美国公民写信，毛遂自荐作为法典的起草人，在全美制定一部统一的、广泛意义上的联邦法典，并将普通法视为洪水猛兽，在信中写道，“关闭我们的口岸以抵制普通法，就像我们预防瘟疫那样”[5]。

---

[1] 哈特：《哈特论边沁——法理学与政治理论研究》，谌洪果译，法律出版社，2015，第 51 页。

[2] John Bowering, *The Works of Jeremy Bentham: Lawerform (IV)* (Bristol: Thoemmes Press, 1995), p. 54.

[3] 边沁：《政府片论》，沈叔平等译，商务印书馆，2007，第 51 页。

[4] 哈特：《哈特论边沁——法理学与政治理论研究》，谌洪果译，法律出版社，2015，第 51 页。

[5] 伯纳德·施瓦茨：《美国法律史》，王军、洪德、杨静辉译，中国政法大学出版社，1990，第 77 页。

边沁的建议并未得到美国联邦政府和绝大多数州的回应，但是却在路易斯安那、纽约等州产生了巨大影响，为美国本土法典化运动的兴起贡献了智识和内容，“成为19世纪英语世界法典化运动的滥觞”。

（二）美国独立前后的刑事法律法典化实践

1. 美国刑事法律成文化之历史

美国刑法的法典化在殖民地时期就已经出现并得到发展。如1611年的弗吉尼亚《戴尔法典》，1648年的马萨诸塞《法律与自由》以及后来的新泽西《贵格会教徒法》，其他殖民地也制定了各自的刑事法律，这些制定法尽管没有现代法典的逻辑严密和体系完备的特点，但均详细规定了适用于该殖民地的犯罪和刑罚的条款，成为法官判案的依据，是刑法法典化在殖民地的初步实践。从此，美国便走上了与英国不同的刑事法治化道路，美国在规制犯罪与刑罚方面便采取了制定法的方法，而没有完全依靠判例法。在独立战争期间，美国逐步采纳了欧陆启蒙思想家关于刑法应成文、确定的思想，在1776年，以托马斯·杰弗逊为首的委员会编纂了弗吉尼亚刑法典草案。[1] 建国后，在通过1789年《联邦司法法》之后第二年，国会便通过了《治罪法》，对叛国、叛国渎职、海盗、公海上谋杀及抢劫等重罪，以及谋杀罪、过失杀人罪、暴乱罪、盗窃罪、重罪渎职罪、伪造罪、破坏司法程序完整罪等进行了规定，而关于刑罚方面，该法对于叛国罪、伪造罪、谋杀罪、帮助死刑犯逃逸罪以及海盗罪、公海上的谋杀罪与抢劫罪规定了死刑，对于伪证罪规定了耻辱柱刑。后来，国会于1797年将联邦官员贿赂行为纳入到1790年《治罪法》中。[2] 1825年的《治罪法》可视为1790年《治罪法》的延伸和补充。该法取消了先前不一致的法律，取代1790年《治罪法》的第12节、1819年《盗版法》的一部分、1820年《盗版法》以及

[1] Kathryn Preyer, “Crime, the Criminal Law and Reform in Post-revolutionary Virginia,” *Law and History Review*(1983).

[2] Kermit L. Hall, *The Magic Mirror*: *Law of American History*(Oxford: Oxford University Press, 1989), pp. 84-85.

1816年《银行法》的全部，该法最大的特点是增加了联邦专属管辖的犯罪，扩大了公海的范围，在刑罚方面，增加了苦役刑。但是，所规定的罪名较少，无法适应独立后美国经济社会发展带来的治安状况的变化。

在司法实践中也出现了法官判案是适用“英国普通法”还是“美国制定法”之争。1812年“United States v. Hudson & Goodwin”一案确定了“法无明文规定不处罚”原则。在该案中，被告胡德逊和古德温被指控在康涅狄格新闻报上诽谤总统及国会，被告指称总统和国会私下给予拿破仑200万美元，以使其与西班牙签约。巡回法庭在该案中就能否行使普通法审判权的问题产生了分歧。联邦最高法院认定，联邦政府是一个授权政府，宪法未授权联邦机构行使普通法管辖权，各级联邦法院在刑事案件中不能行使该权力，只能行使国会授予的权力，一项行为在作为侵犯联邦利益的犯罪而受到刑罚之前，国会必须事先确定犯罪及刑罚，并宣告法院有这种司法管辖权。该案判决终结了美国联邦法院依据普通法定罪[1]的历史，真正确立了国会必须通过立法确定犯罪及刑罚的制度。

2. 19世纪初的法典化运动

作为一个富于开拓和创新精神的国度，美国尽管在建国后沿袭了普通法的判例传统和司法技术，却未照搬英国的“祖宗之法”，在很多方面与英国还是存在非常明显的差异的。在19世纪初，美国经历了一次由法律实务界掀起的大规模法典化运动。

1804年《法国民法典》的颁布给美国法典化运动的兴起打了一针强心剂。奥尔良地区（即后来的路易斯安那州）的立法机关于1808年率先颁布了民法典，该法典以法文起草，在结构和内容上全面效仿法国，篇幅达2160条，但是当地的最高法院拒绝将其作为适用法律的唯一渊源。到了1820年，路易斯安那州通过一项法令，呼吁起草一部基于预防原则的综合性刑法典，清晰、详尽地规定各类犯罪行为并配置相应刑罚，该州律师利

[1] 普通法罪（common law crime），是指法官创立的罪名，由于早期英国议会很少制定法律，法官遇到法律没有规定的危害行为，可根据习惯法及法理认定犯罪并科处刑罚。法官所认定的犯罪的定义在司法实践中逐渐精确和固定，便形成了普通法罪。

文斯顿被委任负责组织起草刑法典的工作。1824 年，利文斯顿提交了刑法典草案，但没有得到州议会的通过，1826 年，利文斯顿向国会提交以该刑法典草案为基础制定的刑法典，但该法典未获通过。尽管利文斯顿的法典之梦屡遭破灭，但其赢得了广泛赞誉，被称为“美国法典化运动之父”。[1]

马萨诸塞州也是法典化运动的主战场。19 世纪初期，美国大法官约瑟夫·斯托里在其论文中支持法典化。1811 年，斯托里被麦迪逊总统任命为最高法院的法官，主要任务是对美国法律文件细化，使其适应激烈变革的社会环境，而其关注的中心是“在解决层出不穷的社会问题时，进一步发展司法审判解释美国联邦法这一有效程序，并保证其得到推广运用。”[2]因此，斯托里努力寻求一种适当的解决之道。1821 年，斯托里支持先在美国推行州层面的法典化。1831 年，马萨诸塞州任命了一个由斯托里主导的委员会，“以便考虑把马萨诸塞州的普通法或其某一部分精减为一部成文的和系统化的法典是否可行和是否有利”[3]。该委员会达成共识，虽然不可能将一国现存所有法律制定为一部包罗万象的法典，但是可以在某些具体法律领域实行法典化。

更为彻底的法典化尝试发生在纽约州。当地著名律师菲尔德从 1837 年开始就投身于法典化运动事业当中。菲尔德认为，实施法典化的终极目标是让我们拥有一部自己的法律文献——美国法典，至于具体操作，还应该从州层面做起，在州范围内对我们的普通法法典化。1846 年，菲尔德在州宪法会议上提出成立改革及法典化委员会。1848 年，菲尔德负责起草的民事诉讼法典在纽约州获得通过。随后，他又主导了刑法典、政治法典、民法典、刑事诉讼法典的编纂，这些法典统称为“菲尔德法典”。其中，只有刑法典在其起草完成 17 年后才被采纳。菲尔德的法典化进展并不顺畅，纽

[1] John L. McClellan, “Codification, Reform, and Revision: The Challenge of a Modern Federal Criminal Code,” *Duke Law Journal* 663, no. 4(1971).

[2] G. Edward White, *The American Judicial Tradition*(Oxford: Oxford University Press, 1988), pp. 36-37.

[3] 伯纳德·施瓦茨:《美国法律史》，王军、洪德、杨静辉译，中国政法大学出版社，1990，第 84 页。

约州议会两次审议通过民法典草案，均遭到州长否决。尽管未能如愿，但是“菲尔德法典”影响甚大，加利福尼亚等4个州全部采用了“菲尔德法典”，其他17个州采纳了法典的某些部分。可以这样说，“法律史会公正地对待菲尔德强大的、有用的、高尚的职业生涯。”[1]

除了立法机关对此抱有兴趣以外，绝大多数州的州长、法官和律师对法典化运动都表示强烈反对或者不予应和。当时，著名律师卡特便宣称，“法律是将其基础置于习惯，并由习惯决定的社会规范。因此，要改变习惯并进而改变法律的实质内容是不可能的，是我们能力所未及的事情。”[2]到19世纪末，法律实证主义指导下的法典化运动，在强大的实用主义法律传统面前正式以失败告终。

3. 法典化运动的遗产

尽管法典化运动失败，但其所宣扬的科学、理性以及制衡等法治思想却深深影响了后世法律尤其是刑事司法的运作。

(1)法典化运动促使人们认识到法律是科学，进一步推动了刑事制定法的发展。前哈佛大学法学院院长兰代尔曾说，法是由一定的原则和原理构成的科学，掌握这些原则和原理并将其自如地、正确地适用于世间发生的各种错综复杂的事件之中，是成为一个真正法律家的要件。[3] 受其影响，1892年美国统一州法全国委员会成立，旨在向各州推荐具有示范意义的法律文本。在刑事法律领域，制定法地位更加显赫，国会多次主导单行及附属刑法的起草，甚至试图编纂刑法典。1877年，国会将分散的刑法条款汇编成册，将联邦刑法划分为侵害政府实体罪、侵害政府运行罪、妨害司法罪、官员不当行为罪、破坏选举权及侵犯公民权利罪等，首次对谋杀和过失杀人罪进行定义，删除了一些过时和相互矛盾的规定，在刑罚方面增加了共犯的处罚，也区分了重罪和轻罪的刑罚。1878年，国会颁布《联邦修正法律》。1909年，国会再次修订刑法，通过了《编纂、修正、改订联

---

[1] 李仲民：《美国联邦刑法法典化述评》，《西南政法大学学报》2014年第4期。

[2] 何勤华：《西方法学史》，中国政法大学出版社，2009，第367页。

[3] 高仰光：《美国19世纪法典化运动的兴衰》，《中国人大》2017年第2期。

邦刑事法规的法律》，该法增加了破坏邮政业务的犯罪、侵害国际及州际贸易的犯罪等。1926年，国会制定《联邦法典》，这是一部包含联邦全部法律的汇编。1948年，国会创制《联邦法典》第18主题——犯罪及刑事程序，随后，该法典历经上百次修改。1962年，美国法学会通过《模范刑法典》，该法典创制了法典的一般性规定，之后，大约有三分之二的州以《模范刑法典》为蓝本对本州的刑法典进行重新编纂，被誉为“无与伦比、最美国化的刑法典”。[1] 1971年，联邦刑法改革委员会向总统和国会提交了《联邦刑法典草案》，但1980年众议院未通过该草案，最后，刑法典草案被摘出部分内容并入其他的小法案。1984年，《综合犯罪控制法》出台，根据其中的《量刑改革法》规定成立了联邦量刑委员会，该委员会于1987年制定了《联邦量刑指南》，对联邦刑罚领域做了重大的变革。通过制定法确立罪刑法定原则，刑事制定法所体现出来的罪名和刑罚的可预见性，为正在成长的美国提供了法律的边界，成为控制社会经济各领域的最有利工具。另外，刑事法律的成文化对法官、检察官、被告人、被害人及辩护人等刑事诉讼参与人均提供了指导标准和细则，有利于节约社会成本。

(2)制衡思想得到进一步宣扬。法典化运动之所以会失败的一个重要原因在于法官的极力反对，他们认为，法典化“将会侵夺法官在疑难案件中实现必要的公平结果所需要的自由裁量权”。[2] 在18世纪的英国，刑事法律领域充满了混乱和矛盾，法官享有太大的自由裁量权，如对于破坏布兰特福特桥或黑修士桥是重罪，但是对于伦敦桥或者威斯敏斯特桥的同样破坏将面临死刑判决。偷羊或者马便是死刑罪名，而企图谋害父亲却是轻罪。[3] 根据英国普通法，大多数侵犯财产犯罪的审理常常使用简易定罪程序，地方治安法官可以独立决定何时应严格执行法律的处罚，何时能

[1] Paul H. Robinson, “The American Model Penal Code: A Brief Overview,” *New Criminal Law Review* 10(2007).

[2] 李晓辉：《“水中之石”：普通法传统中的美国法典化》，《人大法律评论》2009年卷。

[3] 参见杰拉德·波斯特玛：《边沁与普通法传统》，徐同远译，法律出版社，2014，第291页注释8。

展示“仁慈”。[1] 法官的自由裁量权过大招致了当时以边沁为代表的法律学者的抨击。在边沁看来，法官是一种在其法庭中被孤立的君主，没有任何法定形式作出判决，而且除了公共舆论施加于他的纯粹的道德控制外，没有任何真实有效的控制以防止权力的最终滥用。[2] 尽管边沁的此种论调是出于论证审判公开的目的，但却也反映了当时社会对法官裁量权的一种看法。同时，边沁也希望通过法典化重塑普通法，法官必须在制定法的框架内进行定罪量刑，一定程度上制约了法官的裁量权。在美国，通过法典化运动，宣扬了制定法公开罪与罚，在保护个体的同时也限制了法官的权力，在建国初期，美国首先是以宪法的形式确认了刑法基本原则和诉讼程序，各州再以制定法的方式对普通法的罪名进行确认，以后新增的罪名都是通过制定法来确定。在 18 世纪和 19 世纪初期，检察官在美国的地位也是模糊不清的，不管是学者还是公众对于检察官的了解知之甚少，对检察官裁量权的限制和制约还没有提上日程。究其原因，首先，法庭是公民感受法律运作情况的最主要场所，美国建国初期，正处于国家建构的过程，缺乏强有力的中央行政权，相对宽泛的司法权力限制了立法机构和政治组织的权力，法官的权力造成了法治与自治的紧张关系。[3] 人们更容易看到的是法官在法庭中所起的作用，而对代表公共利益追诉犯罪的检察官应该有一种契合感，因此，19 世纪初，鲜有对检察官裁量权的激烈抨击。其次，从 1789 年《联邦司法法》来看，该法重点在于构建联邦法院系统，对于联邦检察官的规定只有该法最后一条有所涉及。从中至少可以得出两点结论，一是既然联邦检察官与法官一起被规定在《联邦司法法》中，可以看出立法机关将联邦检察官看作是司法人员的立法意图；二是检察官相对于法官来说处于次之的地位，对检察官的权力运行和构建尚未得到立

[1] 参见杰拉德·波斯特玛：《边沁与普通法传统》，徐同远译，法律出版社，2014，第 291—292 页。

[2] 埃利·哈列维：《哲学激进主义的兴起——从苏格兰启蒙运动到功利主义》，曹海军等译，吉林人民出版社，2011，第 410 页。

[3] Mary E. Vogel, *Coercion to Compromise: Plea Bargaining, the Courts and the Making of Political Authority* (Oxford: Oxford University of Press, 2007), p. 20.

法机关以及其所代表的选民的重点关注。[1] 上述两点为检察官在某些案件中探索适用辩诉交易提供了制度和环境保障，检察官可以在不被那么多人“盯防”的情况下“从容”与被告人达成交易，不至于带来过多的非议。

(3)法典化运动促进刑罚观的改变。法典化运动是以贝卡利亚、边沁等功利主义法学思想为指导的。贝卡利亚称，刑罚的目的既不是要摧残折磨一个感知者，也不是要消除业已犯下的罪行。刑罚的目的仅仅在于阻止罪犯再重新侵害公民，并规诫其他人不要重蹈覆辙。这种注重预防的刑罚观在美国18世纪下半叶和19世纪占据主流并影响了刑事立法。在此背景下，18世纪90年代期间，美国重构了诸如监禁、肉刑和死刑等刑罚制度。在18世纪末，传统的刑罚所起的实际效果较小，随着人口增长、人口流动性的增加，大量贫困人口的出现使得传统的罚金刑、鞭刑以及枷刑执行效果不如以前。宾夕法尼亚州在18世纪80年代和90年代，废除了所有的肉刑，如“烧手”“割耳朵”等，除了谋杀罪，对其他的罪行不再适用死刑，并用以罚款和监禁为主的刑罚代替肉刑和死刑。[2] 到1805年，马萨诸塞州也禁止鞭刑，1828年，康涅狄格州禁止对轻微盗窃犯适用鞭打刑。随着监禁刑日益得到接受，到19世纪30年代，公开的肉刑已经从制定法中消失。[3] 关于死刑，随着权利法案的通过，美国进入一个更加保障权利的时代，出现了一场废除死刑和改革监狱的运动。1780年，英国的死刑罪名大约有240个，在美国，死刑罪名只包括谋杀、叛国、放火和强奸。死刑执行率从殖民地时代的每10万人有35人下降到后革命时代的每10万人只有3~4人。尽管死刑在19世纪上半叶还时有出现，但是在19世纪20年代至19世纪30年代，一些州开始不再公开执行死刑。[4] 在19世纪初期，一些从事兼职的地方检察官从中嗅到了与被告人进行辩诉交易的机会。权

[1] 参见琼·雅各比：《美国检察官研究》，周叶谦等译，中国检察出版社，1990，第6页。

[2] 戈登·伍德：《美国革命的激进主义》，傅国英译，商务印书馆，2011，第210页。

[3] Mitchel P. Roth, *Crime and Punishment: a History of the Criminal Justice System*(Boston: Cengage Learning, 2010), pp. 110-111.

[4] Mitchel P. Roth, *Crime and Punishment: a History of the Criminal Justice System*(Boston: Cengage Learning, 2010), p. 111.

利法案不仅使得刑事实体法对被告人实施宽容的刑罚，而且，在刑事程序方面，将被告人的刑事诉讼权利上升到宪法高度，检察官在对抗制审判中显得力不从心，还要担负指控犯罪失败的风险。此外，检察官大都是律师出身，《独立宣言》上签名的50多人中，有30人做过律师。其中，马萨诸塞著名律师约翰·亚当斯在其《关于政府的构想》中便提出，建立政府的目的在于让最多数人获得最大程度的幸福。[1] 这些美国建国的功臣大都在其著作中引用了贝卡利亚、休谟等人的著作，表明其接受了功利主义哲学，既赞成权利制衡，也赞成刑罚的轻缓化。19世纪初的律师继承了前辈的思想衣钵，试图通过辩诉交易这种机制在诉讼过程中实现刑罚的预防目的。因此，一定程度上可以说，地方检察官的辩诉交易迎合了当时相对轻缓的刑罚观。

二、强制性量刑法令

法典化运动深刻影响了人们的思想，随之而来的就是刑事制定法的变化。在整个刑事诉讼过程中，法官的职能是裁决有矛盾的双方之间的纷争，法官在刑事审判中具有决定性力量，他享有对被告人定罪量刑的权力。辩诉交易这种在法官看来侵夺其自由裁量权的新做法率先在禁酒等特定类型案件中采用，即使没有得到法官的默认许可，至少也没有遭到法官的强烈抵制。辩诉交易制度能够生存下来，离不开特定的制度安排，这种制度让法官不会有太大意见或者无法提出意见。这种制度主要就是19世纪初立法机关颁布的针对某些犯罪的强制性量刑法令。

在马萨诸塞州，禁酒法的刑罚设置就赋予了法官一定的自由裁量权。根据1786年的一项法令，对经常贩卖粮食、开旅馆、开酒店的人和售货商判处的罚金为12英镑；对让顾客无节制地饮酒，向未成年人、雇员或者那些被镇行政官员认定为对家庭不负责任的人提供烈性酒的人判处的罚金为

---

[1] 胡晓进：《自由的天性——十九世纪美国的律师与法学院》，中国政法大学出版社，2014，代前言。

1英镑；对于向那些被镇行政官员认定为一般酒鬼的人提供烈性酒的人判处的罚金为1.5英镑；对于惯常贩卖酒类的人判处的罚金为20英镑。这种刑罚结构给检察官进行答辩协商提供了巨大的优势。如果被告人拒绝辩诉交易而选择接受审判，法院就有可能直接判处法定的罚金，如果被告人接受有罪答辩而使检察官不起诉某罪状，法院则没有权力判处该罪状相应的罚金。立法机关就是通过剥夺法官在禁酒案件中近乎全部的量刑裁量权而使检察官能够通过辩诉交易决定被告人的量刑，检察官基本无须担心法官会不予配合而使辩诉交易无法进行。

与之相应的是，一般的犯罪均不存在确定的刑罚，如对于轻微盗窃罪的刑罚是0~1年的监禁或者0~30美元的罚金；重大盗窃罪，为0~5年的监禁或者0~600美元的罚金；夜间闯入商店盗窃，为0~20年监禁；伪造银行票据或者非法持械抢劫，为0年至终身监禁。根据1805年的一项法令，抢劫罪的刑罚是终身监禁，但是，检察官往往在起诉书中只能提起一项指控，直到1838年，检察官才能通过对起诉书中的部分内容不起诉而减轻被告人的刑罚，同一年，检察官还取得利用部分不起诉将重大盗窃罪降格为轻微盗窃罪并保证答辩有罪的被告人最多被判处1年监禁的权力。因此，在19世纪初，明示辩诉交易主要发生在禁酒案件中，其他案件偶有发生。

19世纪初，美国联邦及各州死刑罪名只有谋杀、叛国、纵火和强奸，之后，总的趋势是死刑罪名逐渐减少。宾夕法尼亚州在1804年将谋杀分为两级，第一级是重罪，有可能被判死刑，第二级不会被判死刑。[1] 密歇根州于1847年废除死刑，罗得岛和威斯康星州均于19世纪50年代废除死刑。[2] 马萨诸塞州于1852年将强奸罪从死刑罪名中剔除，1858年，立法机关将谋杀罪分成一级谋杀和二级谋杀，一级谋杀才有可能被判处死刑。

[1] Kermit L. Hall, *The Magic Mirror: Law in American History* (Oxford: Oxford University Press, 1989), p. 169.

[2] Mitchel P. Roth, *Crime and Punishment: a History of the Criminal Justice System* (Boston: Cengage Learning, 2010), p. 133.

检察官可以对量刑进行更为精准的控制，在指控交易中享有更多的选择，到1858年之前，检察官都是通过将谋杀罪名降格为过失杀人来换取被告人的有罪答辩，检察官可以使被告人避免法律规定的谋杀罪必须被判处死刑，并确保其监禁刑量刑在0~20年之间。1858年以后，由于立法机关将谋杀罪分为一级和二级，检察官多了一种指控交易的选择，即将一级谋杀指控降为二级谋杀指控，使得被告人获得终身监禁从而代替死刑判决。[1] 19世纪60年代，二级谋杀罪的认罪率在适用辩诉交易的谋杀罪中达到了32%，过失杀人罪占了68%，之后，二级谋杀罪的认罪率超过了过失杀人罪。正因为如此，乔治·费希尔在其《辩诉交易的胜利——美国辩诉交易史》一书中才会得出结论："每一个死刑案件的指控交易都涉及谋杀。"[2]

第四节

检察官进行辩诉交易的主要模式

一、普通法文化下的检察官裁量权

（一）美国检察官的定位

尽管美国检察官这个职位的来源还存有争议，但是对于检察官的定位和职权，学界的观点基本还是一致的。正如艾伦·德肖维茨指出，"检察官代表着正义，代表的是法律与秩序，代表受害者与人民或州政府，追诉罪人，他们站在真理与天使的那一边。"[3] 在雅各比看来，检察官的权力

[1] 乔治·费希尔：《辩诉交易的胜利——美国辩诉交易史》，郭志媛译，中国政法大学出版社，2012，第25页。

[2] 乔治·费希尔：《辩诉交易的胜利——美国辩诉交易史》，郭志媛译，中国政法大学出版社，2012，第20页。

[3] 张建伟：《司法竞技主义——英美诉讼传统与中国庭审方式》，北京大学出版社，2005，第125页。

及其重要性，来自其在执法过程中所担任的许多角色。他是政府在法庭上的主要代表，负有维护法律和宪法的责任。[1] 除此之外，美国各级法院也通过判例阐述法官对检察官职权的认识。1889 年，宾夕法尼亚州的法官在“纳斯里上诉案”中认为，“地方检察官系准司法官，代表着宾夕法尼亚而非被害人，他只追求公正平等和不偏不倚，地方检察官的职责除了不能让无辜者遭罪外，还不能让有罪人逃脱法网。”[2]在 1935 年，时任联邦最高法院大法官的乔治·苏哲兰在“Berger v. United States”一案中指出，“检察官非冲突一方的代言人，而是象征公正不偏私的主权代表。因此，刑事检控的目的不是赢得有罪判决，而是实现司法的目的。”[3]综上，美国检察官的刑事诉讼定位主要集中在两点：一是法律的守护者，其作为刑事诉讼一方，维护法律和宪法的实施；二是追求司法正义，其在刑事诉讼中应做到不偏不倚，而不是单纯获得有罪判决。

（二）英国普通法文化下总检察长的裁量权

美国检察官制度来源之一是英国的总检察长制度。英国总检察长制度的历史可以溯源至 13 世纪，当初是作为国王诉讼代理人或者国王法律顾问的角色出现的。到爱德华一世统治时期，这种任命专门代表在巡回法院和王座法院中“替国王发言”的做法基本予以固定。到了 1461 年，爱德华四世在对新任国王代理人约翰·哈伯特的委任状中，正式称之为总检察长，该称呼沿用至后世。[4]

在普通法文化背景下，英国的总检察长在刑事诉讼中的裁量权与其国王代理人的身份相匹配，主要体现在提出或者不提出刑事起诉和撤回起诉。

1. 提出或者不提出刑事起诉

早在“国王诉威尔克斯”一案的判决中，法官对国王代理人的职责和裁

---

[1] 参见琼·雅各比：《美国检察官研究》，周叶谦等译，中国检察出版社，1990，第 1 页。

[2] 张鸿巍：《美国检察制度研究》，人民出版社，2009，第 37 页。

[3] Berger v. United States，295 U. S. 78(1935).

[4] 程汉大、李培锋：《英国司法制度史》，清华大学出版社，2007，第 279—280 页。

量权就作了说明。“根据英国宪法，国王受托对一切扰乱社会秩序和治安的犯罪行为进行起诉。国王是整个民众的主宰，厌恶并惩治一切影响民众的违法行为。由此一切依据惩罚的诉讼案件在法律上都叫作国王的诉讼或者国王的诉案。……由于王座法院批准的起诉和控告均为国王的诉案，并在国王的监督下进行，则国王的总代理人所提出的控告是最明显的国王诉案，因为这些诉案都是以国王的意志和意愿直接提出的。”[1] 英国总检察长的刑事裁量权不是法律授予的，而是国王授权的。在刑事诉讼的启动方面，英国传统是奉行私诉主义。在一般的侵犯公民财产、人身等犯罪中，总检察长没有被授予起诉专属管辖权。在19世纪中叶之前，总检察长在提起诉讼前，可以视具体情况，同意公民个人有权提起刑事诉讼的要求。[2] 在英属殖民地时期，英国向13个殖民地派驻检察官，并设有总检察长一职。1643年，弗吉尼亚总督任命理查德·李为总检察长，其成为英属殖民地第一位总检察长，在刑事诉讼领域的职责仅是在被指控的不法行为直接危及王室利益的情况下才参与案件的调查、起诉状起草及参与大陪审团对案件的调查等。[3] 之后，其他殖民地纷纷效仿而设立总检察长一职，职权也大同小异。

2. 撤回起诉

英国总检察长既然以王室政府的名义提起刑事诉讼，那么，王室政府自然保有终止刑事诉讼之权，被称为“提起撤回起诉”(nolle prosequi)程序，最早行使该权力的时间是1555年。当时，英国下议院39名议员被指控违背国王禁令，在议会开始时未经许可就擅自离开。对其中两名议员，总检察长爱德华·格里芬以提起撤回起诉的方式终止了诉讼。[4] 关于撤回起

[1] 李约翰·J. 爱德华兹：《皇家检察官》，周美德等译，中国检察出版社，1991，第13页。

[2] 李约翰·J. 爱德华兹：《皇家检察官》，周美德等译，中国检察出版社，1991，第214页。

[3] 何家弘主编《外国刑事司法制度》，中国人民大学出版社，2006，第253页。

[4] 李约翰·J. 爱德华兹：《皇家检察官》，周美德等译，中国检察出版社，1991，第206页。

诉的效力问题，在“戈达德诉史密斯”一案中，首席法官霍尔特说：“提出撤回诉讼只是将被告无定期地放下，远不是开脱他的犯罪行为，而且，提出撤回诉讼，也不免除诉讼状上所指控的其他罪行，这不过是使该诉讼进展到一个新的诉讼程序。”[1]总检察长享有撤回起诉的绝对权力，其意义在于，法官承认了总检察长在刑事起诉领域具有的至高无上的权威，这已是被公认的习惯证明了的原则。正如王座法院首席法官科克伯恩在1862年“王室诉艾伦”案中所指出的那样，提出撤回起诉，进而中止任何公诉的程序或刑事诉讼的程序，乃是总检察长这位王室政府代表不容置疑的权力。[2] 总而言之，总检察长提起撤回起诉后，还有权决定再次就同一指控起诉，可以之前法院记录在案的起诉书重新提出审理要求，或者递交新的起诉书开始新的诉讼程序。

（三）美国检察官本土化的裁量权

如前所述，美国的检察官吸收英国总检察长、法国的公诉人和荷兰的司法行政官的相关职权，享有决定是否提起刑事诉讼的权力，包括有权决定在何种程度上进行指控，即以重罪还是轻罪起诉，以一罪还是数罪起诉以及就犯罪行为选择以联邦法律还是州法律规定的罪名起诉（该种情形指的是联邦检察官）。他也可以像英国总检察长一样，享有终止刑事诉讼的权力，包括不起诉和撤回起诉。[3] 在奉行普通法的州，法院对于检察官以重罪提起的诉讼不得判决轻罪。[4] 一定程度上而言，检察官行使裁量权决定了刑事诉讼的进程。

以撤回起诉为例，从美国一般的司法实践来看，撤回起诉提起的时间

---

[1] 李约翰·J. 爱德华兹：《皇家检察官》，周美德等译，中国检察出版社，1991，第206—207页。

[2] 李约翰·J. 爱德华兹：《皇家检察官》，周美德等译，中国检察出版社，1991，第208页。

[3] 严格地说，撤回起诉不具有终止刑事诉讼的效力，但是实践中，不管是联邦层面，还是州层面，检察官撤回起诉后就同一指控再次起诉的例子很少，因此，从实质意义上讲，撤回起诉相当于刑事诉讼的终止。

[4] Joel P. Bishop, “Nolle Prosequi,” *Southern Law Review*, *new series* 2(1876).

点主要有三个，分别为陪审团选任和宣誓之前的任何时候、陪审团审理阶段以及陪审团裁决后量刑前。[1] 当然，各个州规定各有不同，康涅狄格州就规定在审理前的任何时候均可提起撤回起诉。撤回起诉的对象既包括不再起诉所有罪状或者部分罪状，也包括不再起诉所有被告或者部分被告。[2] 根据美国相关案例，在下列情形下，除了被告有权获得裁决外，检察官可以选择提起撤回起诉，一是起诉状丢失或者有缺陷；二是在证据和指控之间发生根本性变化；三是继续指控不符合司法利益；四是案件本身继续下去没有任何价值；等等。[3] 在19世纪，检察官提起的撤回起诉的效力是绝对的，几乎没有制定法予以限制，但必须遵循案例法的规则，即检察官不能因对被告享有的法律权利存有偏见而提起撤回起诉。在美国的刑事司法实践中，检察官还可以通过提起撤回起诉变更被告的量刑。检察官如果认为法律规定的量刑过于严厉，可以通过在量刑前撤回部分罪状的方式减轻对被告的量刑。联邦最高法院大法官罗伯特·杰克逊就检察长裁量权评论道："美国检察官在涉及犯罪嫌疑人生命、自由和声誉上有无与伦比的影响力。"[4]综上，美国检察官在整个刑事诉讼中享有的裁量权甚至大过法官。其最主要的特点就是美国检察官裁量权几乎不受司法审查。

（四）几乎不受司法审查是19世纪美国检察官裁量权行使的突出特点

在美国，不管是联邦检察官还是各州的检察官都是法律的执行者。美国刑事诉讼体系十分复杂，不仅联邦和州自成体系，各州之间还存在差异，在这样复杂的司法系统内，警察、辩护律师、法官各司其职，而检察

[1] Wesley A. Cann, "Nolle Prosequi in Connecticut," *Connecticut Law Review* 4(1971).

[2] See Wesley A. Cann, "Nolle Prosequi in Connecticut," *Connecticut Law Review* 4(1971).

[3] Wesley A. Cann, "Nolle Prosequi in Connecticut," *Connecticut Law Review* 4(1971).

[4] 张鸿巍：《美国检察制度研究》，人民出版社，2009，第44页。

官的职责便是联系这些诉讼参与者。[1] 尽管从19世纪末开始，学术界和实务界对检察官所享有的几乎无限制的裁量权，以及有可能导致的滥用表示担忧，并试图通过立法和司法案例确立检察裁量权行使的限制性规则。但在19世纪的大部分时间里，检察官都是在自己的“一亩三分地”里“默默地耕耘”。

在联邦层面，自1789年《联邦司法法》确立，并由首席大法官马歇尔发扬光大的司法审查制度却不适用于这块领域。分权理论成为解释检察裁量权不受司法审查的理论依据。司法审查本身就是分权体系中的重要组成部分，法官在“马伯里诉麦迪逊案”中阐述了司法机关的职责，即既要审查行政和立法领域的权力，也要说明法律是什么。但遗憾的是，联邦法院并没有发展出一套防止联邦检察官滥用权力的理论来。[2] 这与建国者并没有专门将刑事起诉制度纳入行政权观念有关。[3] 根据联邦分权的原则，行政机关在作出决定时必须评估其是否存在合理法律依据，而联邦检察官并没有此义务。1789年《联邦司法法》中设置了联邦总检察长和联邦地区检察官，将其与联邦法官规定在一部法律中。可见，当时的立法者还是将联邦检察官与联邦法官并列作为司法机关的一部分，认为联邦检察官行使的职权属于司法权。因此，法院对于同属司法权性质的检察官裁量权就显得没有司法审查的立法根据了。

在州的层面，大多数时候法官也认为，地方检察官在行使裁量权时是对州的人民负责而非对法院或立法机关负责。早在1806年就有州法院宣称检察官在使用撤回起诉时免受司法审查。如法院在“马萨诸塞州诉惠勒案”(Commonwealth v. Wheeler)中坚称，先前的撤回起诉不能阻止后面的起诉。法官也评论道，法庭在撤回起诉的问题上向检察官提出建议没有法律依

[1] 张鸿巍:《美国检察制度研究》，人民出版社，2009，第44页。

[2] Rebecca Krauss, "The Theory of Prosecutorial Discretion in Federal Law: Origins and Development," *Seton Hall Circuit Review* 6(2009).

[3] Lawrence Lessig and Cass R. Sunstein, "The President and the Administration," *Columbia Law Review* 94(1994).

据。[1] 从19世纪中叶开始，越来越多的州规定州地方检察官的选任采用选举制，这种选任机制的变化促进了一种完全不同于联邦分权原则的检察官裁量权的解释的形成，比起行政监督的联邦检察官，选民直接控制解释了地方检察官享有的更加广泛的一系列裁量权。[2] 如康涅狄格州早已承认检察官拥有提起撤回起诉的裁量权，对于检察官的撤回起诉不存在立法审查，法院也拒绝干涉检察官。[3] 尽管有些州法院要求检察官需经其同意才能提起撤回起诉，有些州要求检察官只能在陪审团宣誓之后才能提起，但实践中，很少发生法官拒绝检察官提出的撤回起诉动议的情况，且后一情形也不能实质性地影响检察官作出决定。

由于检察官在行使裁量权时存在腐败、恶意起诉等问题，从20世纪开始，案例法发展出限制检察官裁量权行使的理论。其主要表现在：当检察官行使自由裁量权时侵犯了被告享有的迅速审判或者涉及正当程序、避免双重危险、平等保障等的宪法权利时，法院有权对检察官裁量权予以纠正。“曼恩诉美国”一案中发展出了“基于剥夺被告接受迅速审判的权利的撤回起诉禁止以同一罪行再行指控”的理论。[4] 宪法第五修正案确立了被告免受双重危险的宪法权利。各州也基本确立了该原则。如果在审判时，提出撤回起诉没有被告的同意或者被告放弃该权利，则禁止双重危险原则成为该案唯一考虑的因素。[5] 上述司法审查具有被动性，若被告不提出相关提议，法院不会主动审查检察官行使某项裁量权是否违宪。即使法院启动审查程序，也需要被告人提供初步的证据证明检察官的起诉存在恶意或者侵犯了其宪法权利。

---

[1] Commonwealth v. Wheeler, 2 Mass. 172 (1806).

[2] Rebecca Krauss, “The Theory of Prosecutorial Discretion in Federal Law: Origins and Development,” *Seton Hall Circuit Review* 6(2009).

[3] Wesley A. Cann, “Nolle Prosequi in Connecticut,” *Connecticut Law Review* 4(1971).

[4] Mann v. United States, 304 F. 2d 394, 396, 397(1962).

[5] State v. Main, 31 Conn. 572, 576(1863).

二、检察官进行交易的主要筹码

美国南北战争之前，检察官可以通过决定诉讼费用、运用过度指控等作为交易筹码和被告人进行谈判。很显然，检察官一般在交易过程中占据上风。

1. 决定诉讼费用

在19世纪的美国，有的州法律规定，刑事诉讼费用一般由被告人承担，确定费用的依据主要是诉讼进行的时间长短。1836年，马萨诸塞州一项制定法规定："来源于刑事诉讼的所有费用，……须由检察长或者地方检察官或郡的检察官来征收，并且由此产生的津贴须由法庭的书记官认证。"[1]这一法律赋予了检察官确定诉讼费用的权力。而且，诉讼费用相对于罚金来说高出好几倍。在这一时期，康涅狄格州的法律也规定，只要某人进入法庭审判就应该以某种方式支付诉讼费用。[2] 支付费用的责任在于被告人，即使是因为检察官导致不必要的诉讼成本，被告人也有责任偿还因此而增加的费用。精明的被告人有时为了避免因增加审判时间使得法官愤怒，便会接受检察官提出的辩诉交易的建议。在19世纪早期的酒类案件中，这种通过决定诉讼费用而促成辩诉交易的例子较多，这是因为19世纪上半叶的酒类法律不提倡监禁刑，除非被告人是第二次或者第三次犯罪。如1805年在马萨诸塞州米德尔塞克斯郡，该郡地方检察官指控被告人布朗犯有无证经营酒馆的罪名，当布朗支付了诉讼费用后，检察官就撤销了指控。更为典型的通过诉讼费这种交易筹码进行协商的案例在1808年出现。在前面提到的史蒂文斯案中，达纳检察官对史蒂文斯草拟了一份包括四项涉及酒类罪名的起诉状，史蒂文斯答应会配合检察官，达纳便撤销了其中三项罪名，对于剩下的罪名，史蒂文斯缴纳了罚金和诉讼费。1809年，达纳检察官处理的科里案也是这种情况。之后，这种情况在禁酒案件

---

[1] 乔治·费希尔：《辩诉交易的胜利——美国辩诉交易史》，郭志媛译，中国政法大学出版社，2012，第7页。

[2] Wesley A. Cann, "Nolle Prosequi in Connecticut," *Connecticut Law Review* 4(1971).

中时常出现，达纳的继任者斯特恩斯在1824年有3个案件是按照史蒂文斯、科里的模式适用了辩诉交易。1824年，斯特恩斯以这种方式处理了9名被告人。1829年，斯特恩斯以这种方式处理了9个禁酒案件中的8名被告人。除了酒类案件，这种处理方式也会出现在其他类型的犯罪中。1814年，由斯特恩斯检察官处理的一件伤害案件就显示出决定诉讼费用可以作为辩诉交易的工具。[1] 该案的共同被告是麦金泰尔和弗莱彻，其中麦金泰尔作了有罪答辩，而弗莱彻接受审判但最后被定罪，检察官最后要求麦金泰尔缴纳4.76美元的诉讼费，而要求弗莱彻缴纳39.53美元的诉讼费，后者缴纳的数额是前者的8倍多。[2] 对斯特恩斯于1824年和1829年通过决定诉讼费用的方式处理的禁酒犯罪案件进行研究可以发现，所有17名被告人被检察官要求缴纳的诉讼费用均没有超过弗莱彻的数额，其中最少的是11.49美元，最多的是18.14美元。[3] 诉讼费用的悬殊显然成为刺激被告人与检察官达成辩诉交易的因素之一。

2. 运用过度指控

检察官有权决定提起哪一项指控以及提起多少项指控，这种自由裁量权是司法制度中最不受限制的裁量权。[4] 过度指控与美国刑法的理论和实践有关，美国刑法理论没有牵连犯、竞合犯等概念，任何一项行为可能不止适用一部制定法，也就是说，检察官对于一个相当简单的犯罪事实可以提出几个不同的指控，比如，一个蒙着脸的人走进一家商店，从衣服口袋中拿出一把枪对着收银员，索要收银柜里的钱。当收银员把钱交给他后，这个人告诉她卧倒在地，慢慢数一百下后再移动，罪犯待被害人答应后扬长而去。这一犯罪经过并不复杂。然而根据不同的刑事立法，该行为

---

[1] 乔治·费希尔：《辩诉交易的胜利——美国辩诉交易史》，郭志媛译，中国政法大学出版社，2012，第10页。

[2] 39.53美元比1800年一名熟练工一个月的工资都要多。美国学者方纳在《美国工人运动史(第一卷)》中引述了一名熟练鞋工的自述："每周的收入只有八块五毛钱。"参见方纳：《美国工人运动史(第一卷)》，黄雨石等译，三联出版社，1956，第111页。

[3] See George Fisher, "Plea Bargaining's Triumph," *Yale Law Journal* 109, no. 5 (2000).

[4] 爱伦·豪切斯泰勒·斯黛丽、南希·弗兰克：《美国刑事法院诉讼程序》，陈卫东、徐美君译，中国人民大学出版社，2002，第251页。

不仅构成持枪抢劫，还可能以抢劫罪和盗窃罪等被指控。检察官可以指控其中任何一项或者几项罪名。如果检察官对被告人提起持枪抢劫、抢劫和盗窃三项罪名，被告人会“吃不消”，被告人选择对盗窃罪作有罪答辩，检察官可以撤销持枪抢劫和抢劫两项罪名，从而达成辩诉交易。在禁酒案件中，马萨诸塞州米德尔塞克斯郡首席检察官亨廷顿在1834年设计出一种事先打印好并包含多项罪名的禁酒案件起诉书表格，这种表格类似于当今社会普遍存在的“格式合同”，其中一种版本便是对一次性无照出售酒类的行为设计了指控四项罪名的格式起诉书，检察官只需在格式起诉书上填入被告人的姓名、相应的时间和地点以及其他被告人信息。[1] 如果被告人对其中部分指控作有罪答辩或者无争议答辩，检察官和被告人达成交易，检察官便会撤销其他指控。检察官以这种过度指控罪数和罪名的方式作为辩诉交易筹码，并将其制度化。

三、辩诉交易的基本模式

美国早期的辩诉交易源自检察官的自由裁量权。英国总检察长按照国王的利益和指令而享有的撤回起诉的权力被独立后的美国沿袭下来，并将享有该权力的主体范围扩大，不仅联邦总检察长享有此权力，而且其他的联邦检察官和各州地方检察官都有撤回起诉的权力。因此，在早期的辩诉交易中，检察官很自然地想到运用撤回起诉进行辩诉交易。以撤回起诉为基础的指控交易得以形成，包括撤回罪名、降格指控等。

（一）主要模式——指控交易

美国南北战争之前，检察官与被告人之间辩诉交易的模式主要是指控交易，通过指控交易，被告人获得较轻刑罚，检察官取得被告人的有罪答辩。指控交易，包括两种具体的类型，即罪名的交易、罪数的交易。罪名的交易是指检察官允诺以轻于本应指控的罪名的另一罪名换得被告人的认

[1] See George Fisher, “Plea Bargaining's Triumph,” *Yale Law Journal* 109, no. 5 (2000).

罪。罪数的交易是指被告人犯有数罪时，检察官为争取被告人认罪，许诺将本应指控的数项罪名改为指控其中一项或几项罪名。检察官进行指控交易的法律工具是撤回起诉制度。撤回起诉制度是普通法中检察官的既有裁量权。在前面论述中已经较多涉及撤回罪名的指控交易，在此不再赘述。接下来，主要考察降格指控。该阶段，降格指控主要出现在死刑罪名案件中，如谋杀和强奸。从表 1-6 中可以得知，19 世纪 40 年代谋杀案件中明示辩诉交易案件的数量占比为 10%，而到了 19 世纪 60 年代，谋杀案件指控交易的数量猛增。这一现象与刑事立法密切相关，1858 年，马萨诸塞州立法机关将谋杀罪分为一级谋杀和二级谋杀，在此之前的谋杀案件，检察官只能以将谋杀罪降为过失杀人罪来换取被告人的有罪答辩，然而，过失杀人的量刑为 0~20 年，且检察官不得要求法官在量刑幅度内判处具体的刑期，很多检察官不愿意通过这种预期刑罚不定的降格指控模式处理谋杀案件。一级谋杀罪的刑罚为死刑，二级谋杀罪的刑罚为终身监禁。这种刑罚设定给检察官吃了“定心丸”，因为两者都是确定刑，检察官可以明确向被告人允诺其可能招致的刑罚，从而更愿意采用这种降格指控的方式。

（二）新辩诉交易模式的出现——中止诉讼

1852 年，马萨诸塞州立法机关规定取消检察官自行不起诉制度，使得禁酒案件中的指控交易消亡。[1] 抛除其他因素，这一法律规定本应导致更多的禁酒案件交付审判。然而，事实并非如此，到 1859 年，米德尔塞克斯郡只有约 40% 的禁酒案件接受了审判，虽然审判率比 1849 年的 23% 要高一些，但这一比例仍处于较低水平。究其原因，有不少案件采用了一种新型的辩诉交易模式——中止诉讼。中止诉讼的源头可追溯至英国法中的

[1] 乔治·费希尔：《辩诉交易的胜利——美国辩诉交易史》，郭志媛译，中国政法大学出版社，2012，第 54 页。

"教士的特权"[1]。最早采用中止诉讼进行辩诉交易的案例是波士顿的杰露莎·蔡斯案。蔡斯被起诉至都市法院后，对入室盗窃的指控作了有罪答辩，并且由两名案外人缴纳200美元作为担保，保证将来随传随到、遵纪守法，检察官同意且没有建议法庭判处刑罚后，法庭将蔡斯释放。[2] 该案被记载为"中止诉讼"。检察官发现"中止诉讼"实际上可以起到阻止法官量刑的效果，就逐渐加以使用。在米德尔塞克斯郡，地方检察官在1849年6月开庭期内，对32个案件的被告人作有罪答辩或者无争议答辩后中止诉讼，其中有27个案件属于非禁酒案件，涉及轻微犯罪，有盗窃案、轻伤害案、骚扰案、妨害警察执法案等等。[3] "中止诉讼"交易的效力不同于"指控交易"。中止诉讼只是让案件不再进入量刑程序，使得案件无限期延迟，如果被告人被释放后不遵纪守法，检察官有权恢复对案件的指控。而指控的效力在于，对于那些不予起诉、撤销起诉的指控交易，使得不起诉的罪状相当于无罪裁决的效力，降格指控最终影响的是量刑。

---

[1] "教士的特权"是对中世纪英国死刑犯罪过多的一种矫正，牧师或者教士可以向国王申请免除接受世俗法院的刑事审判，后申请主体范围扩大至能够阅读的贵族和其他平民。See Frank W. Grinnell, "The Common Law History of Probation: An Illustration of the Equitable Growth of Criminal Law," *Journal of Criminal Law and Criminology* 32, no. 1(1941).

[2] See Frank W. Grinnell, "Probation as an Orthodox Common Law Practice in Massachusetts Prior to the Statutory System," *Massachusetts Law Quarterly* 2(1917).

[3] See George Fisher, "Plea Bargaining's Triumph," *Yale Law Journal* 109, no. 5(2000).

第二章

美国检察官在辩诉交易广泛实践中的作用

美国从1776年宣告成立之时领土面积不过约80万平方千米，到1867年领土面积超900万平方千米，到1896年，加入联邦的州增加至45个。在领土疆域不断扩大的同时，美国的经济、政治、社会等各方面发生了翻天覆地的变化。其间，美国经历了工业化、南北分裂危机、进步主义运动等对美国历史影响重大的事件，美国南北战争及其结果导致“几乎在美国社会所有可以想到的领域里都带来了重大变化。”[1]这些变革必然产生政治法律思想的变化，刑事领域也随之发生诸多变革。起源于19世纪初的辩诉交易因其具有效率和社会效果的优势，在19世纪60年代以后得到较大发展，日益成为刑事诉讼案件的主要处理模式。

第一节

不能承受之重——案件量的不断增长

一、美国工业社会的繁荣与困境

美国独立后，政治归属问题暂告一段落，美国经济的发展是独立后取得的最大成就，整个19世纪，美国经历了两个高速发展时期。1812年美英战争使得英国在北美恢复殖民体系的梦想宣告破灭，运河、公路、银行、关税等事关美国经济发展的问题受到重视，工业革命也已经初步展开，西进运动形成热潮，美国实现了早期的工业化。南北战争后，美国工业化进程加速，19世纪末，美国最终完成工业化，进入工业社会[2]。在

[1] 斯蒂芬·M. 菲尔德曼：《从前现代主义到后现代主义的美国法律思想——一次思想航行》，李国庆译，中国政法大学出版社，2005，第147页。

[2] 工业化和工业社会是两个不同的概念，工业化完成的标志：(1)制造业在工业中的比重达50%；(2)工厂制企业主导工业生产；(3)非农业劳动力超过农业劳动力；(4)工业在国民经济中的比重超过一半。由于工业化的完成，形成了现代社会面貌，其基本特征为：(1)工业生产成为国民生活的决定性力量；(2)政治民主化；(3)社会整体化；(4)文化观念与社会利益多元化。参见李剑鸣：《大转折的年代——美国进步主义运动研究》，天津教育出版社，1992，第10—11页。

工业化的同时，美国政治、社会和法律等方面已有的一些制度、惯例无法适应工业社会的要求，产生了一些负面的现象，这些问题反过来又阻碍了美国经济的发展，社会迫切需要改革。

（一）美国工业社会的形成

19 世纪以前，美国是一个以农村和农业占主导的国家，绝大多数美国人靠农耕生活。美国的工业化开始于 18 世纪 70 年代。1776 年，蒸汽机在美国工业中投入使用，水力机也在新英格兰得到广泛使用。1790 年，罗得岛的一家新式机器织布厂成为美国工厂制企业的开端。[1] 1890 年，美国非农业劳动力首次超过农业劳动力。[2] 到了 19 世纪末，美国基本完成了工业化。

1. 工业化

技术的革新加速了工业化的进程。在美国，鼓励个人发扬创新精神是建国以来的国策。铁路、电力的普及以及各种科技发明的出现极大地提高了生产力和生产效率。据统计，1860 年至 1900 年间，美国制造业产品价值由 19 亿美元增至 114 亿美元，铁路里程由约 4. 8 万千米增至约 40 万千米，煤产量由 1000 万吨增至 2. 12 亿吨，钢产量由不足 100 万吨增至 1100 万吨。[3] 联邦专利局在设立的第一个十年里，记录在案的发明只有 276 项，而 1893 年一年就发布了 22000 项专利。[4] 技术的变革对个人的影响远远大于政治和哲学，1867 年打字机的发明，使得办公机械化，一些不需太多技术的文书工作改由妇女来完成。电车的普及缩短了城市与郊区的通行时间。铁路网的扩大，推动了城市之间、城乡之间的生产要素流动，进一步促进北美大陆分散孤立的各区域转变为一个统一的国内市场。工业的

---

[1] 詹姆斯·柯比·马丁等：《美国史》，范道丰等译，商务印书馆，2014，第 332 页。

[2] 李剑鸣：《大转折的年代——美国进步主义运动研究》，天津教育出版社，1992，第 12 页。

[3] 李剑鸣：《大转折的年代——美国进步主义运动研究》，天津教育出版社，1992，第 13 页。

[4] 詹姆斯·柯比·马丁等：《美国史》，范道丰等译，商务印书馆，2014，第 694 页。

壮大带动国民经济飞速发展，1870 年国民生产总值为 62 亿美元，1910 年增至 301 亿美元，年均增长率保持在 4%，比同期的德国快 1/3，比英国快近一倍，比法国快一倍多。[1]

除了经济总量的快速增长外，生产日益集中也成为美国工业化的一大特点。根据表 2-1，1870 年至 1900 年间，美国制造业的生产规模有了很大的扩展，据有关资料，1900 年雇佣人数在 1000 人以上的工厂达 443 家。这一时期，生产技术的变革和生产规模的扩大，要求对原料到产品及销售的整个过程进行控制，于是发生了企业合并运动，如表 2-2，19 世纪末 20 世纪初，美国出现了企业兼并潮，1895 年被吞并的企业为 43 家，1898 年为 303 家，1899 年为 120 家，1900 年为 340 家，1901 年为 432 家，1902 年为 397 家。如美孚石油公司于 1882 年至 1891 年间平均资产为 1485 万美元，一家名为全国制绳公司的企业在 1892 年大致控制了制绳业 90% 的生产，美国钢铁公司在 1901 年成立时控制了钢铁业 61.6% 的生产。1900 年，雇佣人数在 500～1000 人之间的工厂有 1063 家，1000 人以上的达到 443 家，其中如坎布里亚钢铁厂、卡内基钢铁厂等特大企业雇佣工人达 8000 人。

表 2-1　美国制造业工厂平均雇佣人数情况[2]

单位：人

行业	1870 年	1900 年
棉制品业	142	287
钢铁业	103	333
玻璃业	79	149
制鞋业	57	89
木器业	28	69

[1] 李剑鸣：《大转折的年代——美国进步主义运动研究》，天津教育出版社，1992，第 15 页。

[2] 李剑鸣：《大转折的年代——美国进步主义运动研究》，天津教育出版社，1992，第 17 页。

续表

行业	1870 年	1900 年
造纸业	27	65
造船业	14	42

表 2-2　1891—1902 年注册的主要大公司情况[1]

公司名称	注册年份	注册地点	控制厂家/家	资本/万美元
混合钢业公司	1899	新泽西	11	17500
美国熔炼公司	1899	新泽西	121	20155. 04
美国糖业公司	1891	新泽西	55	14500
联合烟草公司	1901	新泽西	150	50291. 57
国际商船公司	1902	新泽西	6	17078. 6
美孚石油公司	1899	新泽西	400	9750
美国钢铁公司	1901	新泽西	785	137000

2. 移民潮

在推进工业化的同时，美国人口数量和人口结构发生了巨大变化。在人口数量上，1870 年，美国的人口不到四千万，到了 1917 年已经接近一亿。美国的人口往大城市中心聚集的情况较之其他工业国家来说更为突出。1870 年，美国城市人口占全国人口的 21%，到了 1917 年，有将近 50% 的人口居住在城市中心。具体到州而言，有许多州超过总人口的一半是城市人口，比如在 1910 年，罗得岛的城市人口比例为 96. 7%；马萨诸塞州为 92. 8%；康涅狄格州为 89. 7%；纽约州为 78. 8%；新泽西州为 75. 2%；伊利诺伊州为 62. 7%；宾夕法尼亚州为 64%。[2] 在南北战争后，美国从农业民主国演变成半农村、半城市的共和国，社会结构以及生活方式等都发生巨大变化，在这种新形势下，政治思想和法律体系也发生了巨

[1] 李剑鸣：《大转折的年代——美国进步主义运动研究》，天津教育出版社，1992，第 19 页。

[2] 梅里亚姆：《美国政治思想：1865—1917》，朱曾汶译，商务印书馆，1984，第 8 页。

大的变化。

南北战争后，美国人口最为显著的不同在于移民潮的出现。尽管移民美国在南北战争前就已经开始，1840 年爱尔兰发生土豆荒、1848 年德国革命爆发都引发了一部分当地的居民走向美国大陆。但移民的高潮发生在南北战争以后。1851 年至 1860 年，移民总数约为 260 万；1861 年至 1870 年，约为 231 万；1871 年至 1880 年，约为 281 万；1881 年至 1890 年，约为 525 万；1891 年至 1900 年，约为 369 万；1901 年至 1910 年，约为 880 万。据统计，从 1820 年至 1910 年，总移民数有 2792 万人。[1] 在这一时期的初期，移民主要来自英格兰、爱尔兰、德国和斯堪的纳维亚各国；后期，移民大部分来自意大利、奥地利和俄国。大多数移民保留着自己的文化元素，很多移民通过寻找与他们有着共同的文化背景和宗教信仰的人，逐渐在拥有大量移民的地区形成了同族群社区，并逐渐形成了组织，比如美国劳工联合会的许多领导人都是来自欧洲的移民。一方面，大量的移民给正在进行工业化的美国提供了充足的劳动力，另一方面，美国国内反对移民的呼声强烈，双方不可避免会产生冲突。

3. 西进运动

在 19 世纪以前，美国人和欧洲人对北美的大部分西部地区并不了解，18 世纪末，西班牙人在加利福尼亚建立了势力范围，但不鼓励向该地区移民，到了 1821 年，西班牙人也只是在美国西部的亚利桑那的南部、加利福尼亚的沿岸、新墨西哥和得克萨斯等地，且人数都不多。据统计，1840 年，有来自 200 多个民族的至少 30 万居民住在加利福尼亚大平原的西南部和西北部的太平洋沿岸，其中最为主要的是印第安人。在南北战争前，有一批开拓者和农民前往西部，早在 1803 年，杰弗逊总统便派人到密苏里和哥伦比亚河考察，发现落基山脉北部有很多动物，皮毛贸易由此兴起。在南北战争前，美国政府通过购买、谈判、战争等方式相继在西部取得俄勒冈、得克萨斯、华盛顿、加利福尼亚、科罗拉多、爱达荷、内华达、新墨

[1] 梅里亚姆：《美国政治思想：1865—1917》，朱曾汶译，商务印书馆，1984，第 9 页。

西哥、犹他和怀俄明等地。在这一过程中，“天定命运论”的思想激发了很多人移民到西部去冒险，在1865年前，有35万人沿着陆上通道来到西部进行开发。1848年，加利福尼亚发现了金矿，旧金山的报刊《加利福尼亚人》首先刊登了发现金矿的消息，于是涌起一股“淘金热”，1849年，有8万人来到加利福尼亚，一半是美国人，一半来自欧洲、拉丁美洲和中国，加利福尼亚的人口在一年内从1.4万增加到10万人。

南北战争结束后，西部的开发开辟了联邦政府介入的一种模式，即通过制定土地法律引导西部移民，对土地和资源进行重新安排。从1860年到1917年，美国政府先后颁布7部比较重要的土地法令（详见表2-3），这些土地政策刺激了人口向西迁徙。尤其是1862年的《宅地法》颁布后，19世纪70年代，平均每年申请免费土地的人数有2万多人，19世纪80年代，人数翻了一番，到1910年有9.8万多人，截至1913年，共有250万人申请免费土地。[1] 这些政策带来了几方面的影响，第一，西部农场大量增加，定居人口随之增加。在1810年，仅有不到4%的美国人居住在中西部地区，1840年，这一比例上升至17%，1860年的比例又上升至25%。到了1900年，中北部和西部各州的人口超过3000万，约占全国总人口的40%。第二，西部大都市不断增加。1870年，全国有25座城市的人口达到5万，到了1890年，有58个城市达到了这种人口规模。在19世纪末，旧金山的人口近30万，与东部的辛辛那提、克利夫兰等城市相当。

[1] 斯坦利·L. 恩格尔曼、罗伯特·E. 高尔曼主编《剑桥美国经济史：漫长的19世纪》，王珏、李淑清译，中国人民大学出版社，2008，第218页。

表 2-3　1860—1917 年美国重要的联邦土地法令[1]

年份	立法动议	每英亩最低价/美元	最小售地数/英亩	最大售地数/英亩	售地条件及方式
1862	《宅地法》	免费	40	160	交 10 美元登记费，住满 5 年就可以拥有土地的全部所有权，6 个月后可以以每英亩 1.25 美元的价格交易
1873	《木材培育法》	免费	160	160	在该地 1/4 面积上种树就可获得土地所有权。1878 年该法被修订，要求只要在该地 1/16 面积上种树就可获得土地所有权
1877	《荒地法》	1.25	无	640	灌溉 3 年，刚开始按每英亩 25 美分分款，余额视是否遵从规定来确定支付期
1878	《木材石料法》	2.5	40	160	规定土地上的树木和石头只能因私人用途而被取走，不能为投机或为其他地方而取走这些树木和石头
1909	扩大版《宅地法》	免费	无	320	要在该地上住满 5 年并连续耕作
1912	《3 年宅地法》	免费	无	160	3 年中每年在该地上住满 7 个月，遇到坏天气等日期还要延长
1916	《畜牧业宅地法》	免费	无	160	对只适于放牧的土地适用

[1] 斯坦利·L. 恩格尔曼、罗伯特·E. 高尔曼主编《剑桥美国经济史：漫长的 19 世纪》，王珏、李淑清译，中国人民大学出版社，2008，第 214 页。

（二）美国工业社会面临的困境

美国在进入工业社会之初，与曾经经历过工业化的英、法、德等国家一样，社会结构发生重大调整，社会成员对工业社会普遍表现出不适应，社会贫富分化严重、物质主义弥漫、政治腐败、各社会阶层对抗加剧，美国工业社会面临诸多困境，最为极端的表现方式便是犯罪率上升，反过来又影响了工业社会的稳定和发展。因此，工业化是一把双刃剑，一方面极大凸显出人的价值，另一方面又使得人和自然付出沉重代价。

1. 经济危机和社会动乱

（1）经济运行环境遭到破坏。

在19世纪，经济领域普遍奉行自由主义和不干涉主义，即政府尽量不要管企业的生产，关于政府的普遍想法是对政府保持警惕的态度，无意建立一个有实力的政府，害怕政府的权力会带来麻烦。由此，垄断便出现，托拉斯和垄断企业实力雄厚，几乎独占了原料和市场，使得市场规则发生扭曲。首先，这些企业往往不受竞争规则的制约和规范，在不同地区、不同买主之间实行歧视价格，利用关税维护其在国内的垄断地位，保证自己的定价权。对中小企业来说，显然不存在平等、公平竞争的机会。其次，大企业控制之下的自然资源，破坏性开发和浪费性使用更趋严重，为了尽可能获取利润，大企业往往只利用最优质、最方便获取的资源，对其他的则废弃不用，使得自然资源的利用处于无政府状态，导致森林减少、水土流失和矿藏浪费。最后，出现坑害消费者的现象。由于缺少政府的监管，以次充好、假冒伪劣商品充斥市场，严重危害消费者的利益。由此，经济的混乱导致危机不断，自1870年以后，美国经济就不断有大大小小的恐慌伴随而来，其频率和危害均超过了以往。

（2）社会贫困现象加剧。

工业化最直接的经济结果是财富呈几何级增长。1860年，美国人均银行存款仅为9.84美元，到了1880年增至44.20美元，1900年则达到117.27美元。1912年美国的国民财富达到了1654亿美元，成为资本主义国家中名副其实的首富国家，但是财富的增加并没有实现社会的普遍富裕，相反却加剧了社会贫富分化，贫困问题更加突出。1890年，财富的两极分化已经非常严重，占美国家庭总数0.016%的最富家庭拥有9.6%的全国财富，另国情普查局于1893年统计的数据显示，当时9%的家庭占有全国财富的71%。工业时代贫困现象主要特点在于：一是贫困人口主要集中在城市。在每座大城市中，大量的穷人从各类慈善机构那里获得微薄的救济，他们住在贫民窟或者大公寓，部分无处可住，流落街头，居住环境恶劣；二是贫困人口以工资劳动者为主体。1860年以后，战争和经济危机导致工资劳动者极易成为贫困者，南北战争导致工人实际工资下降了28%，19世纪70年代的经济大萧条使得工人的实际工资几乎在整个70年代都在下降，19世纪90年代出现的经济危机导致工人的实际工资没有增长。[1]在经济危机时期，大量中小企业破产倒闭，很多劳动者丧失工作，加剧了贫困的转化。

(3)劳资关系恶化。

工业化导致社会阶级关系和利益结构发生巨大的变化，最为突出的表现是劳资关系恶化。企业所有者和经营者追求利润最大化，对工人的安全、工作环境、身心健康均予以漠视。就工时而言，1890年至1900年制造业工人平均每周工作时间为60~65小时；就工作环境而论，大部分工厂通风差，空气污染严重，在烟草行业，公寓住宅生产比较流行，对工人的身体健康造成极大危害。由于缺乏安全防护措施，19世纪末20世纪初美国工厂因事故而死亡者每年达35000人，致残者高达50万人。除此之外，很多企业和工厂还拒绝对事故承担责任和提供赔偿，不少企业还将事故的责任完全推给工人，正如匹兹堡的一位工厂经理所言："我们95%的事故都是由那些受伤者的粗心大意造成的。"

对工人利益最为直接的影响便是工资。在南北战争结束后，很多工人

[1] 斯坦利·L. 恩格尔曼、罗伯特·E. 高尔曼主编《剑桥美国经济史：漫长的19世纪》，王珏、李淑清译，中国人民大学出版社，2008，第161页。

所挣的工资难以养家糊口。以20世纪初马萨诸塞州的物价为基准，中等以上城市的五口之家每年的基本生活开支在600~800美元，然而每年至少有60%的成年工人工资不到600美元。[1] 国会工业委员会的听证材料披露，南部铁轨制造工人的年收入不足150美元，北部的则不足375美元。随着企业的合并潮出现，工人们也开始组织起来争取正当权益，他们组成政党、举行罢工、发起抵制、建立工会等，通过"抱团"的方式改善自身的处境，这使得劳资关系日趋紧张。

2. 政治低效和腐败

根据1787年联邦宪法的精神，美国确立了一个权力较为有限的代议制民主政府。为了限制政府权力，宪法根据自然法原则，创设了一些具体的制度和机制：分权、制衡、定期选举和司法审查等。19世纪上半叶宪法所确认的政治体制实际上是确立议会主导的政府运行机制，国家的政治生活主要是围绕代议制政府的产生和运行展开的，因此，选举制度在此中具有巨大作用，但是美国宪法并没有关于如何确定选民范围、如何投票等问题的具体规定。要保证选举的顺利进行必须借助政党的组织活动。为了扩大政党的影响力，政党领袖必须想方设法保证政党的理念为民众所接纳。在政党的组织活动中，普通成员对政党政策的制定没有决定性作用，只拥有修改或否定领袖提议的权利。由于这种政党的特点，美国政党和党魁不需要承担任何政治责任，然而他们又控制着政党的选举活动，逐步形成了"政党分赃制"，由此带来政治的低效和腐败。

(1)政党分赃制。

19世纪以来，为了适应大众民主选举的需要，美国出现政党政治。城市中的政党领袖通过在社区中建立职业政治组织去争取选票，或者"购买"选票。"久而久之，这些组织对选举的控制越来越牢固，美国的政治事务

---

[1] Robert H. Bremner, *From the Depths: The Discovery of Poverty in the United States*(New York: New York University Press, 1956), pp. 153-154.

也就逐渐被它们操控在手中。”[1]政府便成为政党的“囊中之物”，而政党的权力则高度集中于政党高层的党魁手中。政党政治产生了政党分赃，即在竞选中获胜的总统将政府职位分配给竞选的支持者。在政党分赃制下，官员任用不以能力为基础，而是任人唯亲，以至于有些人称“政府供职者是具有如下三种品性之一者，即冒险家、无能者或无赖汉”[2]。政府安置党徒亲信使联邦政府机构急剧膨胀，政府官员更迭频繁，从而严重妨碍了政府管理的稳定性和一致性。党魁希望通过提供政治恩惠换取选民的支持，而垄断企业则希望通过捐助政党及其候选人实现更大的经济利益，二者一拍即合，使“19 世纪末 20 世纪初成为了美国历史上政治腐败最为猖獗的时期”[3]。

(2)效率低下。

工业化带来城市的发展，南北战争后，美国的国家管理越来越不能满足城市发展的需要。西奥多·罗斯福曾指出，近 40 年来，立法、司法、行政三个部门的管理都跟不上极为复杂的工业发展，最为突出的表现是运行效率极为低下。政府功能单一，政府不过是一个警察的角色，起着维护社会秩序的作用，工业化带来经济社会生活等方面的巨大变化，日趋复杂，政府传统的“守夜人”角色无法适应新的国家管理变化，1893 年美国的经济危机，政府一度束手无策。国会成员来自地方选区，缺乏个人权威，为了谋求当选，需要极力取悦当地选民或者政党党魁，以地方利益为首，在联邦利益上难以达成一致意见，工作效率大受影响。同时，国会立法周期长，没完没了地辩论、修改，难以及时对经济、社会进行有效管理和调节。

---

[1] 桑巴特：《为什么美国没有社会主义》，赖海榕译，社会科学文献出版社，2003，第 54—55 页。

[2] Ari Hoogenboom, *Outlawing the Spoils: A History of the Civil Service Reform Movement*, 1865-1883 (Urbana: University of Illinois Press, 1961), p. 108.

[3] 阿密泰·艾乔尼：《美国首府政治腐败内幕》，陈银科等译，河南人民出版社，1992，第 110 页。

3. 法院的保守主义

到南北战争前夕，法院已从立法机关取得了独立地位，以及对立法的否决权。南北战争后，法院的注意力主要集中在经济迅速发展以及由此带来的各种新的形势上。联邦宪法第十四修正案本意是要保护黑人的公民权，却又牵涉到有关公司和财产权的案件中。禁止各州未经正当法律程序剥夺任何人的生命、自由或财产，一方面使得法院能够行使极为广泛的裁量权，另一方面，联邦法院以及各州法院也为少数人的经济利益服务，全然不顾工业化所带来的各种困境和危机。尽管联邦最高法院也产生了“国家可以管理影响公众利益企业”理论，以削弱垄断企业对普通公众的不利影响，但是总体来说，法院在南北战争后的数十年间，日益脱离发生巨变的社会，越发保守，直到实用主义成为法院审案的主导思想才有所改观。

法院的保守主义在处理垄断以及劳资纠纷等案件时表现很明显。法院往往运用“自由”的学说来反对立法机关制定的各类社会立法。宾夕法尼亚州最高法院认为州立法机关拟制定禁止以购货券代替现金支付工人工资的立法超出了其权力范围，侵犯了某些固有的权利，称该法案既侵犯了雇主的权利，又侵犯了工人的权利。纽约州议会企图限制在住宅中生产雪茄烟时，法院就认为，选择在哪里生产是雪茄烟生产者的“天赋人权”，是宪法予以保证的，立法机关不得剥夺，其否决的理由之一便是：“在任何房子里制造雪茄烟对公众的健康会有什么关系呢?”[1]在有关限制工人工作时间的立法中，法院也显示出对“契约自由”“经济自由”等传统做法的迷恋。科罗拉多州议会通过一项旨在要求冶炼行业实行八小时工作制的制定法，州法院认为这干涉了工人不可分割的权利，“如果我们也照立法机关那样推理，那么，强迫人们一天工作十四小时到十六小时，使他们免于酗酒和懒惰，也就是合法的了。”法院以干涉契约自由予以否决，在伊利诺伊、西弗吉尼亚等州规定工人工作时间和工作条件的法案均被法院认定侵犯“自由”而否定。

---

[1] 梅里亚姆：《美国政治思想：1865—1917》，朱曾汶译，商务印书馆，1984，第98页。

保守主义的理论基础是自由放任的经济学理论和斯宾塞的社会进化理论，其基本的假定是：个人对自己的利益最为了解，国家除非在万不得已的情况下，不得干涉个人的行为。这种理论在法院似乎得到发扬光大，19世纪下半叶著名的律师詹姆斯·卡特在《法律及其起源、发展和作用》一书中提出，“司法权的唯一权责是维持社会的和平，让社会的成员自由运用自己的能力去创造自己的幸福和同样的幸福。”[1]到了19世纪末20世纪初，法院的保守主义与美国的社会、经济、政治形势格格不入，引来了社会各方面的猛烈抨击，以霍姆斯为代表的司法实务界和以庞德为代表的理论界联合批评法院所持的哲学立场和方针，法院司法哲学被实用主义所取代，保守主义有所缓和。

二、检察官刑事指控职能在增加——制定法的膨胀和刑法的扩张

如前所述，人口的大量增长导致犯罪的增加。19世纪下半叶，犯罪类型的显著特点是暴力犯罪在降低，轻罪案件在增加，主要原因在于：传统的谋杀、抢劫等暴力犯罪在城市越来越难以接受，再加上文化的普及，使得暴力犯罪在19世纪末明显减少了；关于轻罪，联邦和各州将很多新出现的反社会行为规定为犯罪予以惩罚，很多以前没有的罪名大量出现在制定法中。且制定法对已有的罪名规定得更为详细，例如刑法对盗窃的规定更加具体了，堪萨斯州的刑法典规定了诸多盗窃的具体情形，第746条涉及“偷马、驴和骡”，第747条涉及“偷牛”，第748条涉及“偷绵羊、猪和山羊”，盗窃对象不同，刑罚也不一样。偷马将被处以5年以上15年以下监禁，偷牛将被处以2年以上5年以下监禁。[2] 我们从联邦监狱关押的犯人数量也能印证南北战争后美国犯罪发生的情况，1890年，联邦囚犯不到2000人，到了1915年，增加至3000人，增幅达50%。

[1] 梅里亚姆：《美国政治思想：1865—1917》，朱曾汶译，商务印书馆，1984，第102页。

[2] Lawrence M. Friedman, *Crime and Punishment in American History*(New York: Basic Books, 1993), p. 110.

（一）经济刑法的发展

1. 反托拉斯法中新增罪名

反托拉斯法的出台源于美国中西部地区对工业资本抗议的反托拉斯运动。南北战争之后大企业得到惊人的发展，1880 年以后，很多行业都出现了托拉斯，许多农场主、工人及中小企业对此极为恐惧。1882 年，美国标准石油公司第一个使用托拉斯形式。1884 年组建了棉油托拉斯。次年，亚麻籽油托拉斯成立。1887 年，食糖托拉斯成立，同时成立了纽约肉品、绳索、威士忌、信封、芝加哥炼气等托拉斯。19 世纪 80 年代末，托拉斯已经成为可怕的妖魔：瓜分市场、控制价格，导致出现金融市场不稳定等影响经济社会秩序正常运作的不利后果。联邦层面和州层面对这些垄断行为均出手予以控制和打击。

州在反托拉斯立法和执法方面走在联邦的前面。在 1890 年《谢尔曼法》通过以前，华盛顿、艾奥瓦、蒙大拿、怀俄明、南达科他、北达科他、内布拉斯加、得克萨斯、田纳西等 17 个州和领地制定了反托拉斯法案，其中有 6 个州是在州宪法中予以规定的。到了 1900 年，又有犹他、新墨西哥、阿肯色、路易斯安那、佐治亚、明尼苏达等 13 个州制定了类似的法律。如内布拉斯加的法律规定，对一种产品确定统一价格或者限制该产品生产和销售数量，或者通过共同基金形式分享利润，从而达成的任何协议或者结成的任何联盟都是违法的。关于各州反托拉斯法的执行，主要是由各州总检察长和州下辖郡的检察官单独或者配合完成。各州立法机关在落实本州反托拉斯法律法规的过程中，均赋予了总检察长重要的权力，主要包括检控违法和提起诉讼。阿肯色州 1897 年《禁止托拉斯联合和公司联合法案》第 2 条第 2 款规定，本州总检察长依法律程序执行本法，应当向有管辖权的法院提起诉讼。有类似规定的州还有佛罗里达州、佐治亚州、印第安纳州、堪萨斯州、路易斯安那州、密歇根州、密苏里州、内布拉斯加州、纽约州等。有些州还赋予总检察长调查取证的职权。如堪萨斯州 1897 年《界定和禁止托拉斯法案，及执行该法案之程序和违反该法案之处罚规定》第 10 条规定，州总检察长根据案件需要，可以向有管辖权之法院申请传票，传唤相关证人出庭作证，该被传唤之证人必须到庭接受质证，证人拒绝履行作证义务的，将被认定为藐视法庭罪。还有些州通过制定法规定州总检察长应积极检控违法的勤勉义务，南达科他州 1890 年的《宣布联合、协议或者托拉斯违法，并给予这类违法托拉斯和垄断限制以处罚的法案》第 4 条规定了总检察长应该基于正当理由，积极勤勉地对违法托拉斯行为提起检控；堪萨斯州 1897 年的《界定和禁止托拉斯法案，及执行该法案之程序和违反该法案之处罚规定》第 9 条就规定州总检察长没有积极履行检控职责会受到行政制裁。州下辖郡的检察官的有关职权与州总检察长基本一致，郡检察官在履职时受州总检察长指导、监督和协助。

关于联邦层面的反托拉斯立法，较为有名的是 1890 年通过的《谢尔曼法》。《谢尔曼法》被称为现代反垄断法的起点。该法只有短短八条，明确了禁止垄断的原则，其核心条款有两条，第一条规定：“任何以托拉斯或其他形式出现的契约与联合或阴谋，对各州之间或与外国的贸易与商务加以限制，均被宣布为非法。任何订立此类契约或参与此种联合或阴谋的人，应被定为犯有轻罪，应通过判决处以不超过 5 千美元的罚款或不超过 1 年的监禁，或依法院之决定两罚并处。”第二条规定：“任何垄断，或企图垄断，或与其他个人或一些人联合，或密谋垄断各州之间或与外国的贸易与商务的任何部分的人，则犯有轻罪，应采取第一条所规定的处罚。”该法将托拉斯和垄断纳入刑法考量，同时也赋予联邦司法部提起反垄断和反托拉斯诉讼的权力。如表 2-4、2-5 所示，随着《谢尔曼法》的生效，联邦司法部提起的反托拉斯诉讼不断增多，在法院的胜诉率也有所提高。下述两表清楚地表明联邦政府执行反托拉斯法的情况。司法部提起的刑事诉讼案件数量呈现上升趋势，从哈里森时期的 3 件增长到威尔逊时期的 45 件，增幅达 14 倍。1903 年，联邦司法部设立了反托拉斯局，有 5 名检察官，从此反托拉斯有了专门的机构负责刑事诉讼，而在此之前主要由司法部长（总检察长）负责。反托拉斯案件复杂，牵涉面也较广，耗时耗力，办理这类案件需要占用检察官大量时间和精力，从 1902 年北方证券公司案[1]就可见一斑。该案历时两年多，罗斯福视为其任期内的最大胜利之一。不可否认，联邦司法部的检察官在整个诉讼过程中的工作量也是巨大的。

表 2-4　1890—1919 年反托拉斯法的执行情况[2]

单位：件

	衡平法案件	起诉案	蔑视诉讼	没收诉讼	总计
哈里森任内	4	3	2	0	7
克利夫兰第二任期内	4	2	0	0	8
麦金莱任内	3	0	0	0	3
罗斯福任内	18	25	0	1	44
塔夫脱任内	46	43	1	0	90
威尔逊任内	35	45	0	0	80

表 2-5　1890—1919 年联邦司法部反托拉斯案件在法院的胜败情况[3]

时间	胜诉案/件	败诉案/件	胜诉率/%	在最高法院胜诉案/件	在最高法院败诉案/件	在最高法院的胜诉率/%
1890—1894	3	5	38	1	1	50
1895—1899	4	3	57	2	2	50

[1] 1902 年，摩根、希尔、哈里曼等铁路大亨和金融巨头联合组成北方证券公司。时任司法部长诺克斯估计，该公司的 4 亿美元股份中，有 30% 是水分。总统罗斯福觉得此事大有文章可做，表示要在法庭上检验该公司的合法性，便指示诺克斯秘密收集证据，不得向外界透露任何风声。1902 年 2 月 19 日下午，诺克斯宣布政府对北方证券公司起诉的消息，立即在全国引起轰动。该案最初在圣保罗的联邦巡回上诉法院审理，1903 年 4 月 9 日作出有利于政府的判决，被告不服上诉至联邦最高法院。1904 年 3 月 14 日，最高法院以 5 比 4 判决北方证券公司违反反托拉斯法，应予解散。

[2] 李剑鸣：《大转折的年代——美国进步主义运动研究》，天津教育出版社，1992，第 140 页。

[3] 李剑鸣：《大转折的年代——美国进步主义运动研究》，天津教育出版社，1992，第 141 页。

续表

时间	胜诉案/件	败诉案/件	胜诉率/%	在最高法院胜诉案/件	在最高法院败诉案/件	在最高法院的胜诉率/%
1900—1904	5	1	83	2	0	100
1905—1909	21	17	55	6	1	86
1910—1914	61	32	67	8	8	50
1915—1919	31	12	72	2	2	50

2. 经济管制中的刑事立法

随着经济的飞速发展，完全的自由经济模式无法抵御市场经济固有的弊病。因此，有关经济管制的立法应运而生，其中最严厉的规制莫过于刑法了。南北战争后，美国在商业欺诈、公司犯罪等领域开始使用刑事制裁的方式予以规制。

(1)商业欺诈。自由市场建立在贸易双方自愿协议的基础之上，因此，贸易双方都反对欺诈，因为欺诈破坏了预期，最终损害了经济。刑法规定卖假货、缺斤少两等属于违法行为。如田纳西州，就建立了度量标准，该州的一项制定法规定，一蒲式耳等于2150.42立方英寸[1]，所有商店和批发商每年都要在其度量衡上封印，否则将被处以罚款，并规定使用假的度量衡构成轻罪。又如，在罗得岛，作为肥料的鱼出售时其标准度量衡是“桶”，一桶等于28加仑[2]，该度量衡还要封印，违者处以罚款。另外，有些州对合伙欺诈进行刑法规制，如马里兰州在1878年通过的法典中规定，合伙一方在管理合伙事务时实施欺诈构成轻罪。

(2)公司犯罪。公司系“虚拟的实体”，在19世纪中叶以前，当时的理论界并不承认公司具有犯罪能力。但是，随着企业经营规模的扩大和实力的增加，其实施严重损害市场和经济的行为时有发生，因此，美国将公司

[1] 约为35.239升。
[2] 约为105.992升。

实施的某些行为纳入刑法予以规制。伊利诺伊州于1891年制定的一项法律规定，任何从事采矿业和制造业的个人、企业、公司或者机构经营企业内部商店均属违法。堪萨斯州一部特别法规定，域内的所有私营企业均以一周为限支付工资，不得超过星期五支付。关于公司犯罪，“目的”“意图”等不是重要条件。1875年，马萨诸塞州通过的一项法律规定，以任何名义出售、保存或者以出售为目的提供石脑油的行为是犯罪行为。如果嫌疑人提出其出售时不知道是石脑油的辩解，那么法官会告知，“对所犯罪行的明知不是犯罪的本质特征”，法律规定的是禁止出售，而没有要求其主观意图，最主要的原因在于这种行为危害公共安全。

（二）社会刑法罪名大量出现

1. 保护消费者利益的立法

在工业化早期，企业普遍漠视消费者权利，社会大众也没有“消费者权利”的观念，但是伪劣商品、以次充好的产品、不符合卫生标准的食品等大量充斥市场，对消费者的身心健康带来极大危害。1906年发表的小说《屠场》描述了芝加哥肉类加工企业在加工过程中存在许多不卫生的生产制作情节，引起了社会对食品卫生标准的关注。罗斯福总统看完该书后大为震惊，派农业部长到芝加哥进行秘密调查，结果发现书中所写基本属实，罗斯福便要求国会加快通过《肉类检查法》和《食品与药物法》，否则就对外公布农业部的调查报告，并威胁由国会承担危及美国肉类出口的责任。于是，国会很快就通过了上述两部法律。

早在1891年，国会就通过了第一部《肉类检查法》，规定对出口的牲畜进行检疫和检查，凡有出口业务的肉类加工企业必须驻有联邦农业部的检查员，对违者处以1000美元的罚款或者1年以下的监禁，或者两罚并处。1906年《纯净食品和药品法》的出台反映了当时社会对食品安全问题的关注，规制的范围集中在两类，即食品错误标签和有害掺假问题。该法详细列举了食品错误标签和掺假的情形，并赋予政府两种执法权力：刑事起诉和没收非法产品。根据法律规定，初次违法者将被处以200美元以下的罚款，再犯者则被处以300美元以下的罚款或者1年以下的监禁，或者法院根据情况予以并罚。该法由财政部、农业部和商务部联合执行，农业部负责日常行政管理。从1906年至1940年，提起的刑事诉讼共计9233件，作出有罪判决6699件，[1] 有罪判决率达72.55%。联邦政府在农业部专门设立了食品和药品管理署。1912年和1913年国会又分别制定了《谢利修正案》和《古尔德修正案》，对食品和药品的生产销售方面增补完善了相关规定。

各州也紧随联邦之后制定或修改各自的食品和药品法，许多州还制定了相关的保护公众健康的法律。如奥克兰等地方法律规定，传染病必须报告，财产所有者不得将污染的水或者令人生厌、冒犯性的物质添加到其财物上。同时还规定，任何出售坏肉以及任何经稀释、不纯、掺假或不卫生的牛奶均属犯罪。新泽西州在1895年制定的一部法律规定，医生必须报告新生儿的肿胀、炎症和红眼病，还制定了一些有关食品、药品的法律，法律规定，食品、药品的标签上必须注明生产原料，非法添加法律禁止的化学成分均属违法。

2. 环境资源刑法

1870年，美国完成了以电力技术革命为代表的第二次工业革命，从此，能源需求日益增大。美国国内，尤其是西部蕴藏着丰富的矿产资源，吸引了大量国外投资者，一方面极大促进了美国经济的增长，另一方面，自然环境也遭到严重破坏。在一些有识之士的推动下，联邦制定了一系列环境保护法，其中涉及不少刑事条款，无疑也是检察官追诉的对象。

(1)国家公园立法。1872年，国会通过《将接近黄石和源头水域的确定地块作为国家公园的法律》(简称黄石国家公园法)。根据该法在所确定地区设立了国家公园。为了保护国家公园的自然环境，该法还授权内政部部长有权制定条例，禁止在黄石国家公园内实施会导致毁坏或破坏国家公

[1] James Harvey Young, "Food and Drug Regulation Under the USDA, 1906 - 1940," Agricultural History 64, no. 2, The United States Department of Agriculture in Historical Perspective (1990): pp. 134-142.

园的砍伐、采矿等行为，并对狩猎和滥捕鱼类等行为也予以限制，黄石国家公园法首开美国联邦环境立法的先河。随后，美国相继设立红杉巨树林国家公园、冰河国家公园等国家公园，为了更好地管理多个国家公园，1916年，国会通过了《国家公园管理处法》，新设立国家公园管理处，作为内政部的下属机构。

（2）森林保护立法。1873年，为了惩治非法砍伐的行为，国会通过《关于在政府保留地内及美国所购买土地内保护观赏树木及其他树木，以及其他目的的法律》。该部法律规定，任何人在政府保留地内和联邦为公共用途购买的土地内非法砍伐树木，或帮助，或为其提供帮助的人都会受到法律的制裁，或处以500美元以下的罚款，或者处以12个月以下的监禁。1905年，国会又通过了《保护公共森林保留地和国家公园法》，该法还授权森林保留地和国家公园的管理人员逮捕违反森林保留地和国家公园法律和条例的人，1906年，国会还将破坏公共土地上的树木以获得松脂和松节油的行为定为轻罪。[1]

（3）野生动物保护立法。1889年，国会通过《关于保护阿拉斯加鲑鱼的法律》，该法规定，在阿拉斯加设立的任何大坝或者其他工程，如果有意图或事实上妨碍了鲑鱼或者其他逆流产卵的鱼类往返产卵地，均属违法。1897年，国会通过《禁止在北太平洋捕杀海豹法》，禁止在任何时间，以任何方式捕杀、捕获、捕猎海豹。1900年，国会通过美国联邦有史以来第一部保护野生动物的法律《扩大农业部权力及禁止违反地方法律所杀死的猎物州际运输法》，该法禁止州际运输违反地方法律杀死的野生动物及鸟类，确认此类州际贸易违反了联邦法律。州走在联邦的前面，康涅狄格、马萨诸塞、新罕布什尔、北卡罗来纳、宾夕法尼亚、罗得岛、南科罗拉多、佛蒙特、弗吉尼亚等9个州早在1791年就制定了关于保护鱼类迁徙的法律。[2]

---

[1] 尹志军：《美国环境法史论》，博士学位论文，中国政法大学，2005，第65—66页。

[2] John F. Hart, "Fish, Dams, James Madison: Eighteenth-Century Species Protection and the Original Understanding of the Takings Clause," *Maryland Law Review* 63(2004).

3. 职业许可法

工业革命使得美国从农业国跻身于工业大国，随之带来科学、技术的进步，社会结构发生巨大变化，涌现出诸多之前所没有的职业，传统的职业也朝着职业化、专业化方向发展，到了19世纪下半叶，职业许可制度成为“绝对兴盛”的时期。[1] 其中医疗行业走在前列。伊利诺伊州在1877年颁布的一项法律要求行医必须取得许可证，到了1899年，先后制定了有关助产士、煤矿工人、兽医、按摩技师和接骨医生的职业许可法，许可法规定无证执业属于轻罪。奥克兰、加利福尼亚等州在19世纪末制定了诸多类似的许可证法。

(三)科学技术的发展导致新犯罪入刑

1. 知识产权立法

经济的发展导致很多企业生产同一或者近似的商品。为了区分商品的来源，产生了早期的商标法。明尼苏达州在1866年通过的法律规定，伐树公司必须在各自的树木上使用不同的标记，并进行记录，任何毁坏标记或者提供模糊标记的行为均属犯罪行为。未贴标记的屠宰行为，将自己的品牌贴到他人的牲畜上，或者丑化某一品牌及标记的行为均属于犯罪行为。1909年，国会通过了《版权法》，规定以营利为目的而侵犯版权的行为是犯罪行为。

2. 各类事故的刑法

自从汽车和火车发明以来，没有哪种工具造成如此大规模的生命损失。有学者认为，交通犯罪是唯一一种一般人一生中极易犯下的罪行。[2] 成千上万的汽车、出租车在路上行驶，也就有成千上万的驾驶员。1885

---

[1] 劳伦斯·M. 弗里德曼：《美国法律史》，苏彦新等译，中国社会科学出版社，2007，第494页。

[2] Lawrence M. Friedman, *Crime and Punishment in American History*(New York: Basic Books, 1993), p. 123.

年，内布拉斯加州的一项法律规定，承运人如果雇佣正处于醉酒状态的人作为司机将被处以罚款。

（四）道德入刑有增无减

工业化使得权力的社会基础扩大，尤其是中产阶级，人数众多，联系更加紧密。同时，工业化过程中存在着道德滑坡的问题。中产阶级在道德方面具有很强的力量，他们对于不道德的行为越来越感到厌倦和难以忍受，并希望有一部万能的道德法典能够规制不道德行为，因此，在南北战争后，有关道德的刑事法律越来越多。

1. 有关性的犯罪

康涅狄格州在1873年颁布的《康斯托克法》规定，通过邮件出售淫秽书籍是一种犯罪行为，俄勒冈州也规定，向青少年提供或者出售有关暴力、色情的书籍、小册子、杂志、报纸是一种犯罪行为。

通奸在殖民地时期是一种严重的道德和宗教犯罪。到了南北战争后，通奸仍然是犯罪行为，但是有些州通过巧妙解释通奸的特征而重新定义通奸罪，如加利福尼亚州规定，只有当通奸“公然进行并且声名狼藉”才是非法的。[1] 违法并非因为罪孽，而是因为行为违反了公共道德。

卖淫的行为是非法的。随着医学的发展，到了19世纪中叶，人们认识到卖淫不仅仅是道德问题，而且危害公众健康。1909年，很多州通过了“消除红灯区”的法律，旨在关闭妓院。1910年，国会通过《曼恩法案》，将为了不道德目的而将一名妇女带过州境线的行为定为违法。

随着社会流动性的增加，重婚的现象日益突出。到19世纪末，几乎每个州的州法典均将重婚规定为犯罪。田纳西州法律规定，重婚者要被处以2年至21年监禁。在19世纪末20世纪初，对重婚的指控出现爆发式增长，不过逮捕的数量并不多，费城1897年有12人，纽约1913年有60人，

[1] 劳伦斯·M. 弗里德曼：《美国法律史》，苏彦新等译，中国社会科学出版社，2007，第649页。

洛杉矶在1914—1915年有17人。

2. 禁酒

酗酒总是受到谴责。如前文所述，早在18世纪之前，绝大部分殖民地均禁止酗酒。由于酗酒行为的不断增加，美国地方法院处理的与饮酒有关的案件从1840年的595起猛升至1869年的1869起。[1] 这些变化首先引起了很多牧师的极大关注，他们认为，酗酒是一种罪恶，担忧“酒精消费量的增加正说明个人道德在下降，会对基督教文明构成极大的威胁”。[2] 饮酒最终可能会导致贫困加剧、疾病流行、恶人猖獗、家庭悲剧、犯罪率上升以及整个社会道德标准显著下降。19世纪下半叶，在教会等社会各界的大力推动下，全社会掀起一场禁酒运动。1881年，堪萨斯州通过州宪法修正案，要求在州范围内禁止生产和销售有害于人体健康的酒精饮料，艾奥瓦州紧随其后，也成功通过类似的禁酒修正案，到1890年，美国有16个州相继举行禁酒修正案的投票，缅因、俄亥俄、南达科他、北达科他等州成为新的禁酒州。到了20世纪初，南方各州也相继通过一系列禁酒法律，俄克拉荷马州、亚拉巴马州、北卡罗来纳州、田纳西州、弗吉尼亚州、阿肯色州、南卡罗来纳州、得克萨斯州和佛罗里达州均制定了禁酒法律。如新罕布什尔州规定，如果某人在其营业场所的橱窗或货架上陈列任何贴有烈性标记的酒瓶或者其商店被发现有关酒的招牌、招贴或其他广告均属非法；明尼苏达州于1894年制定的禁酒法律规定，任何人没有许可证不得销售酒类，不得向青少年和习惯性饮酒者售酒。威斯康星州奇珀瓦县在1871年起诉违反禁酒法令的案件有50起。美国因酗酒而被逮捕的人数从1860年到1900年有所上升。

3. 赌博

赌博早在殖民地时期就被列为犯罪，19世纪的美国继续禁止赌博活

[1] 陶培根：《美国历史上的禁酒运动》，《美国研究参考资料》1991年第9期。

[2] Robert T. Handy, *A Christian America*(New York: Oxford University Press, 1984), p. 46.

动，每个州均有制定法禁止赌博。尽管有法律规制，但赌博的现象一直以来都存在，且19世纪下半叶有增加趋势，一位作家曾这样表述1872年的纽约，城里有200处赌场，350~400家彩票点、抽彩商店或者其他赌博行为的地点。联邦和各州都对赌博的行为进行规制，1895年，国会颁布法令禁止跨州或者通过邮件或者从海外入境出售彩票。

4. 禁毒

毒品犯罪在19世纪末日益猖獗，严重影响人们的身体健康，第一批反毒品法律得以通过。爱达荷州在1887年通过一项法律，规定任何白人为他人提供场所容留吸毒的行为是犯罪。加利福尼亚州在1881年刑法修正案中增加了一项轻罪，即经营鸦片或者提供吸食鸦片场地的行为构成轻罪。1890年，奥克兰市颁布一项法令，禁止出售鸦片、吗啡及其他麻醉品，除非是有医生的处方或者出于治病的目的。1897年，伊利诺伊州一部法律规定，没有处方出售可卡因是犯罪。1909年，美国国会通过《鸦片杜绝法案》，规定除非出于医疗目的，进口鸦片或鸦片派生物均属于违法行为，1914年，国会制定《哈里森麻醉药品法案》，其中规定了销售登记、注册、支付税金等义务，同时还规定，未经医师的处方，不得购买麻醉药品。[1] 1925年之前，因违反联邦麻醉药法，已有10297人被捕，5600人被定罪。

[1] 劳伦斯·弗里德曼：《二十世纪美国法律史》，周大伟等译，北京大学出版社，2016，第129—130页。

第二节

联邦检察官职权的扩大与司法部的设立

一、南北战争后联邦权力的扩大

1787 年联邦宪法不是对原有邦联条款的小修小补，而是从根本上解决了政府体制设计的问题，主要目标是通过宪法的制定将松散的邦联转化为使各州服从中央政府的强大联邦。因此，实际上，美国在建国后，联邦的权力呈现出扩大的趋势，主要体现在中央对州权的控制。美国南北战争将联邦与州的斗争转化为统一与分裂的角逐，最终联邦取得胜利，维护了美国的统一。南北战争结束后到工业化时期，联邦的行政权力得到进一步扩张，联邦政府不断介入经济社会事务。

（一）文官改革法扩大了总统的权力

如前文所述，在 1883 年以前，美国的官员选拔方式一直沿用“分赃制”。客观地讲，“分赃制”在建国初期对国家的稳定和治理起到一定作用，但是，随着“分赃制”与腐败交织在一起，其弊端就日益突出，一是几乎所有官员都卷入政党斗争，使得政党容易将国家权力视为政党私有之物；二是各级政府官员任期随政党的更迭而变化，大大降低政府的工作效率。社会各界对改革文官选举制度的呼声日益高涨。于是，1883 年，国会通过文官改革法，确立了官员职位晋升依据其工作能力和任职期间的工作成绩的原则，废除了根据党派来选任官员的制度。这一法案也扩大了总统的权力，总统可以通过行政命令来延长某些类别的文官的任职时间，从国会手中取得了一部分控制文职官员的权力。文官制度的改革不仅推动普通公务员的非政党化，而且提高了联邦官员的专业化水平，避免了来自不同政治势力的干扰和影响，行政管理质量也得到显著改善，为进一步扩大行政权力奠定了基础。

（二）联邦政府不断介入经济社会事务

分裂的危机暴露出行政权弱化的弊端，从南北战争爆发开始，宪法条款成为行政权扩张的法律基础。宪法中有一条可以为总统扩权辩护的万能条款，即总统应负责使法律切实执行。在南北战争中，林肯针对有些人指责的搁置人身保护令违宪，就借助该条款指出，在将近三分之一的州，宪法和法律都处于无法执行的状态，在林肯看来，如果总统只是为了避免违反这一条文而最终导致政府的溃散，那么他同样违反了切实执行法律条款和宪法所规定的总统的誓言。[1] 尽管林肯是针对战争等紧急状态下扩张行政权的解释，但是，南北战争结束后，美国联邦政府的行政权依然不断扩大，突出表现为联邦行政机构的设置，介入经济社会领域的范围随之扩大。尤其是工业化和放任主义不断带来自身无法解决的问题，行政权相较立法权和司法权更具效率的优势日益显现。1870 年，设立司法部，进一步加强联邦检察官的管理。1889 年，国会赋予设立于 1862 年并隶属于一个委员会的农业部独立的地位。联邦财政部在设立之初的职能主要是征税、审计、管理国债和发行货币。随着 1862 年国家银行体系的建立，财政部又增加了管理纸币流通和监督银行的职能。[2]

进步主义运动开始以后，国家管理的职能受到空前的重视，政府的作用成为改革的重心之一。罗斯福认为："好的政府必须依赖良好的行政管理"。一方面，联邦政府承担起大量社会管理任务。1887 年《州际商务法》通过后，联邦政府制定了一系列管理与监督经济的措施，设立了不少新的机构来执行管理职责，劳资关系也不再成为单纯的私人契约的关系。1901

[1] 丁晓东：《法律能规制紧急状态吗？——美国行政权扩张与自由主义法学的病理》，《华东政法大学学报》2014 年第 3 期。

[2] Leonard D. White, *The Republican Era*: 1869-1901, *A Study in Administrative History*(New York: Macmillan, 1958), pp. 114-115.

年设立了商务与劳工部，1913 年，设立独立的劳工部。与此同时，设立了大量独立或半独立的行政机构，比如州际商务委员会、联邦贸易委员会、联邦土地开发署、联邦储备局、童工局等。以总统为代表的联邦行政部门积极介入经济社会事务，出台大量干预经济社会的政策，完成了工业社会提出的时代课题。自由放任的传统思想不再是唯一主流思想。

二、联邦检察官的扩容和地位的提高

1. 总检察长一人承担职责

第一任联邦总检察长埃德蒙德·伦道夫于 1790 年 2 月到任，那时最高法院最早的两个开庭期，法院没有什么事情。但是总检察长却是公务缠身，从一开始就职责艰巨也劳心劳神。总检察长负责提供法律意见，还要为国务卿解答有关国际法的问题。刚设立时，总检察长需要一人承担如此多的工作，国会并没有为其设置文书助理以及单独的书记官。1791 年 12 月，伦道夫写信给总统建议授权总检察长作为政府代表在联邦低级法院出庭，并建议对联邦地区检察官享有控制和监督权，同时在信中指出急需配备一名书记官。华盛顿总统将信件转给国会，提交给负责调查相关问题的委员会，委员会也同意了总检察长建议的报告，但没有获得国会通过。27 年后，国会才同意总检察长雇佣书记官。从阿伦·伯尔案可以看出总检察长基本上是亲力亲为，伯尔自 1801 年至 1805 年担任美国第三届副总统，1804 年竞选纽约州州长失败，便向汉密尔顿提出决斗并将对方杀死，后与詹姆斯·威尔金森将军图谋在俄亥俄河流域至墨西哥的广大西部地区建立一个帝国，1806 年因他人告密而事发被捕，受到叛国罪指控，时任总检察长凯撒·罗德尼负责指导起诉的所有准备，在乔治·海(时任弗吉尼亚地区检察官)、威廉·沃特和其他律师的协助下出席巡回法庭支持起诉并进行答辩。

2. 其他联邦检察官人数的艰难扩充

麦迪逊总统曾多次向国会建议设置书记官、助理等，国会未予以回应，以至于总检察长沃特需要亲自制作检察意见的编号和索引。1818 年，国会终于同意拨款 1000 美元雇佣一名书记官。到了 1830 年，国会应杰克逊总统的提议设置了财政部律师办公室，负责有关政府的民事诉讼，从而分担了总检察长的一部分职能，司法部成立后将其划入司法部管辖。1859 年 3 月，国会设立了助理总检察长办公室，设一名助理总检察长。1861 年，国会授予总检察长对联邦地区检察官的控制权。1866 年 7 月 13 日的一项法案创设了国内税收律师，主要为国内税收委员会提供法律建议，1870 年，该职位被归入新成立的司法部，作为国内税收委员会的法律官员为其提供法律意见。1868 年 6 月 25 日的一项法案规定，总检察长及其助理负责行政法院涉及联邦的案件，安排七名助理检察官予以协助。1870 年，设立司法部的同时创设联邦首席政府律师一职，协助总检察长准备在最高法院诉讼的所有案件的答辩材料，并在总检察长缺位时代行总检察长的职责，所有最高法院和上诉法院审理的涉及联邦利益的案件均需要经过联邦首席政府律师的筛选，一部分分给总检察长，一部分分给助理总检察长和助理检察官，一部分分给联邦地区检察官，还有一部分留给自己。同一年，设立两名助理总检察长。1871 年 2 月 25 日通过的一项法案增加了一名助理总检察长，安排在内务部，并有 20 名助理检察官协助工作。1872 年 6 月 8 日的一项法案任命了一名助理总检察长服务于邮政部。1891 年的一项法案为司法部增加了一名助理总检察长，负责联邦上诉巡回法院、私人土地申诉法院的应诉工作。1891 年 3 月 3 日的一项法案设立一名负责赦免的检察官，其接收赦免申请后从地区检察官、审判法官以及其他与案件有关的人员那里获得报告，之后整理出一份摘要提交给总检察长和总统。1899 年，为了应付日益增加的诉讼及由此带来的诸多案件摘要事务，立法机关创设负责案件摘要的助理检察官，完整记录所有涉及联邦利益的民事和刑事案件的时间、对象、审理法院、答辩内容以及采取的诉讼行为，还要记录影响司法部或者涉及司法部利益的立法过程。1903 年 3 月 3 日通过的法案创设了总检察长助理一职，在总检察长的指导下负责有关州际贸易和反托拉斯法律的所有诉讼，同时还增加了一名助理总检察长，一般负责刑事、国内税收和州际贸易案件。1903 年，在华盛顿工作的联邦司法部工作人员共有 260 人，分散于各州及各部门的检察官及雇员有 1300 人，其中，有一名联邦首席政府律师、一名总检察长助理、八名助理总检察长以及一名特别助理总检察长。

3. 联邦检察官(司法部)地位的缓慢提高

1789 年通过的《联邦司法法》设立的总检察长一职，设立时间名列各内阁成员第四。尽管在总检察长设立之后，还有邮政部长、海军部长、内政部长、农业部长和商务和劳工部长等内阁成员相继设立。在司法部成立之前，总检察长不是该部的首脑，因此，总检察长的地位低于其他内阁成员。1886 年 1 月 19 日的一项法案恢复了总检察长在九名内阁成员中排名第四的地位，说明司法部以及总检察长的地位在上升。

(1)从总检察长的薪水变化上看。总检察长一职的薪水长期低于其他内阁成员。联邦宪法刚通过时，国会确定国务卿和财政部长的平均年薪为 3500 美元，战争部长为 3000 美元，而 1789 年 9 月 23 日的一项法令规定，总检察长的年薪为 1500 美元，1791 年 3 月，国会将总检察长年薪增加至 1900 美元，该薪水一直到 1797 年才增加至 2000 美元，随后，1799 年增加至 3000 美元；1819 年增加至 3500 美元，1830 年增加至 4000 美元；1851 年增加至 6000 美元；1853 年增加至 8000 美元，与其他内阁官员年薪一样，至此联邦总检察长才与其他内阁成员平起平坐。

(2)从总检察长办公室场地设置来看。其历史变迁也足见司法部的地位演变。1790 年 12 月，联邦政府驻地从纽约迁至费城，最高法院迁至费城，其开庭所在地位于旧市政厅的楼上，但是没有给总检察长提供任何办公室。1800 年，联邦政府迁至华盛顿，此时，总检察长依然没有单独的办公场所。时任总检察长查理斯·李没有搬至华盛顿，而是通过邮件提交其法律建议和意见，只有在最高法院出庭时才会前往华盛顿。到了 1818 年，国会才同意支付 500 美元用于租赁办公场地。1822 年，才给总检察长配备了专门的办公场所，位于战争部旧办公楼二楼的一间房。1839 年才迁至财政大楼的中心位置。司法部成立之时，司法部的工作人员分散于不同的地点办公，总检察长及其直接下属在财政部的南翼办公；联邦首席政府律师和一名助理总检察长及其书记官的办公地点位于靠近 14 大街的 F 街区 Hooe 大厦内；另一名助理总检察长和行政法院位于国会大厦地下室的房间内；司法部其他官员分散于经常联系的各部门。1871 年，总检察长租用弗里德曼银行大厦二、三、四层楼，将除了负责行政诉讼的助理总检察长以外的其他所有工作人员搬至该地，但十年的租约到期后，司法部又一次面临场地之困，1882 年，司法部的场地问题引起了国会的重视，其通过的一部法律规定将为司法部购买一栋建筑作为其办公地，随后，包括行政法院及助理总检察长也搬至此处，至此，总检察长以及政府专门的法律部门终于拥有了属于自己的办公场所。

（3）从总检察长（司法部）职权变化来看。总检察长以及随后成立的司法部的权力不断增加，意味着司法部日益受到重视。早在 1841 年 9 月 11 日，国会的一项共同决议案规定，将联邦或者为政府管理目的而购买的土地或地皮的产权证书进行核查的权力赋予总检察长。1871 年 1 月 10 日的法案授权总检察长管理和监督联邦的监狱及囚犯的权力。1883 年 3 月 3 日通过的《鲍曼法案》规定，国会和各部门受理的部分申诉转至行政法院管辖，1887 年 3 月 3 日通过的《塔克法案》规定，涉案金额在 1 万美元以上的案件由联邦行政法院管辖，涉案金额在 1 万美元以下的案件，联邦行政法院以及联邦巡回法院和地区法院同时享有管辖权，这三个法案大大增加了司法部的工作量和扩大了司法部的权力。随后，制定的《谢尔曼法》等法律赋予司法部调查和指控的权力。

从 1789 年《联邦司法法》创设联邦法院体系以来，对其的监督可以说相对较弱，之后，司法部在整个司法体制中占据越来越重要的地位，司法部可从三方面进行监督：一是官员账目；二是对法官薪水的分配权；三是人事推荐权。1850 年之前，所有联邦法官、地区检察官、司法行政官及其他司法官员的任命申请及文件都由国务卿收集，有关推荐和向参议院提名的准备工作也由其办理，1850 年后上述事务均转至总检察长以及之后成立的司法部。1894 年 7 月 31 日国会通过《多克里法案》，该法规定司法部对联邦法院（除领事法院外）司法行政官、书记官等官员的账目享有核查权，该法为此还专门设立了司法部账目局。1903 年，国会授权司法部负责分配联邦法院法官、联邦地区检察官以及联邦司法行政官等联邦法院和司法部所有官员的薪水。1909 年，联邦调查局成立。其分部遍布于美国主要城市，负责对违反联邦法律行为的调查和侦查。截至 1914 年，联邦调查局已经深入调查了几千件各类案件，这些案件包括违反《谢尔曼法》和《国家银行法》的行为，平均一个月 50 件。[1] 其职能范围极为广大。司法部的常规工作繁重，总检察长不可能事事精通，因此，在作决定前往往先咨询专家意见，在庭审和听证时需要作证据综述。

三、联邦司法部的设立

设立司法部颇费周折。根据现有的材料，设立司法部的设想早在麦迪逊总统时期就提出来了，其在给国会的咨文中提到了扩大总检察长的权力和职责以及建立新的部门的建议。[2] 然而国会并未同意。后来，波尔克总统在其第一份年度咨文中向国会强烈建议设立一个总检察长为首脑的新法律部门，让总检察长与其他行政部门首脑平起平坐，国会审读其建议后并无后续工作，设立司法部的建议又一次被搁置。1854 年，联邦总检察长库欣提交了一份关于政府法律部门的报告，总统将该报告提交至国会。国会于 1870 年 6 月 22 日通过《关于建立司法部的法案》，成立司法部，并确立了总检察长的职责、薪水和任期，司法部除了行使刑事调查和指控权力外，还有一项特别的权力，即国会每年拨付联邦法官、检察官和司法行政

[1] Joseph R. *Darling*, *Darling on Trusts*（New York：Neale Publishing Company, 1915）, p. 20.

[2] James S. Easby-Smith, *The Department of Justice*：*Its History and Functions*（Washington, D. C.：W. H. Lowdermilk & Company, 1904）, p. 9.

官的薪水1000万美元，由司法部支配管理。助理检察长在总检察长安排下履行职责，其中一部分受托处理反托拉斯案件的指控，一名助理检察长负责违反海关法律的案件，一名助理检察长负责联邦为被告的行政案件的答辩，一名助理检察长负责印第安人掠夺诉讼，一名助理检察长负责公共土地局。司法部的检察官还担任国家部门的政府律师，如一名政府律师负责财政部，一名助理检察长负责邮政部和内政部，一名政府律师负责商务和劳工部。司法部大概有六十名律师和二百七十五名雇员。总检察长还负责联邦法官、联邦地区检察官、司法行政官和其他官员的任命，向总统报告候选人的资格条件以供总统选择，后提交名单给参议院批准。这些职位的任命必须盖有司法部的印章，经总统签署、总检察长会签后才能予以登记。总检察长是总统九名内阁成员之一，不仅要为联邦各主要行政部门提出的法律问题提供意见，还要参与行政政策的制定。任何联邦一般法令或者修正案的否决法案通常要提交至司法部。除此之外，根据宪法的规定，总统享有赦免罪犯的权力，但是所有赦免的申请必须提交至负责赦免的一名检察官，该检察官将该申请交至负责指控该罪犯的联邦地区检察官和法官。如果检察官和法官不予答复，该赦免便搁置，除非总统特别命令予以重新启动程序，如果同意申请，负责赦免的检察官必须审核所有的文件，并准备一份事实简述，向总检察长提交一份处理建议书，后由总检察长向总统提交一份案件报告，建议总统应采取什么行动。如果赦免得以准许或者量刑予以免除的话，赦免文书由司法部准备，由总统和总检察长签署后交给申请人，再将其予以释放。

司法部的行政职责不断增加，包括监督指导联邦地区检察官办公室、联邦司法行政官和联邦法院的书记官，司法部派出特别代表和检查人员定期到联邦法院进行检查。司法部还监督亚特兰大监狱、堪萨斯的莱文沃斯、位于华盛顿州麦克尼尔岛的国家男童教化学校和女童改造学校以及关押在州监狱机构的联邦罪犯。

第三节

进步主义运动对刑事司法运行的影响

19世纪90年代，美国基本完成工业化，社会进入转型期，也暴露出诸多政治、经济、社会等领域的问题，由此引发了一场进步主义运动。学界一般把1880年至1920年的一段时间认定为进步主义运动时期。[1] 在此期间，政治、法学等领域从原来遵从自然法原理向实用主义转向。实用主义法律思想的兴起也必然影响到检察官裁量权的行使和辩诉交易实践赖以存在的刑事司法运行环境。

一、进步时代法学思潮的兴起

美国在工业化接近尾声的时候，一片欣欣向荣，社会各阶层都认为生活充满希望，并且深信他们有能力纠正19世纪遗留下来的社会和经济等方面的问题，在全社会开展了一场实质性的改革运动，史称“进步主义运动”。政治哲学和法律思想也都经历了重大转型，为辩诉交易的大范围适用提供了思想基础。

（一）进步主义运动

进步主义运动不是统一的行动，而是在联邦和各州发生的集中于一段时期内的改革运动。影响较大的改革实践有社会正义运动、市政改革运动等。

社会正义运动的目标是减少美国社会阴暗面，包括城市大众的悲惨生活、对女工和童工的剥削以及其他工人的屈辱生活。社会正义运动的显著特点之一是有组织地进行推动。19世纪80年代晚期，对这些问题关注的

---

[1] 参见曹茂君：《美国崛起的制度基础——美国进步时代法制变革》，法律出版社，2015，第3页。

人们聚集在一起，组成一个叫作公共会堂的团体，随后，他们就分道扬镳，有的关心移民，有的关注劳工，还有的关心少年犯罪问题。1904 年，全国童工委员会成立。1900 年，美国有 24 个州和哥伦比亚特区没有规定工人最低工作年龄。到了 1914 年，在该组织的努力下，除一州外每个州都制定了最低工作年龄的立法。社会正义运动还促成了全国范围内限制劳动时间的立法。妇女组织消费者联盟扛起了斗争的大旗，1909 年至 1917 年间，39 个州制定或者完善了工作时间的立法。关于工业事故保险制度的建立，1909 年至 1913 年，官方对事故保险制度进行了调查，所有的委员会均建议颁布事故保险法。1911 年，有 10 个州建立保险制度，到 1916 年，有 20 个州、3 个地区以及联邦都进行了保险立法。

市政改革运动针对的是市政的腐败和混乱。一是反特权运动，克利夫兰市长约翰逊首先对税收不平等开刀，1903 年至 1904 年，州议会同意加倍征收铁路税，对公用事业加一倍征税。二是市政机构的改革，建立直接预选制提名候选人和选举少数主要官员，减少选任官员的人数，改革文官制度，制定反贿赂立法，借此控制和限制政党竞选捐款和开销；提倡委员会制度和城市管理者计划，借此提高市政管理的效率，1900 年，得克萨斯州加尔维斯顿在遭遇飓风和海啸后，当地的市政会议在灾后重建问题上束手无策，于是州长任命五位企业家管理该城市，该城市的秩序很快得以恢复，此后的两年内，约有 200 个社区采纳了委员会制度，其他城市也纷纷效仿。[1]

（二）进步主义时代政治哲学的转向

1. 立国的思想基础——自然法原则

从 1776 年《独立宣言》中可以明显看出，自然法原则是美国独立和建国的思想基础。宣言中提到："我们认为这些真理不言自明：所有人生来

[1] 卡罗尔·帕金、克里斯托弗·米勒等：《美国史》，葛腾飞、张金兰译，东方出版中心，2013，第 453—454 页。

平等，他们被造物主授予了某些无法剥夺的权利，这些权利包括生命、自由以及对幸福的追求。”宣言的签署者通过自然法的推理，试图建立一种反抗不公正统治者的普遍权利，在此基础上，宣言描绘了对英国种种具体的不满，并揭示了独立的原因。上述由自然法推演出来的基本权利也被大多数州的新宪法所采纳。建国者基本秉持自然法思想，给初生的美国提供了社会价值和法律体系，如詹姆斯·威尔逊在1790年称道：“自然，或者更为正确地说是自然的造物主，为我们做了很多；但是，按照他仁慈的安排和意志，我们也应该为自己做很多事情。事实上，我们所做的，必须基于他所做的事情；而我们的法律的缺陷一定要由他的完美来补充。人类的法律必须基于其权威，而最终，必须要基于那种神圣的法律的权威。”[1]美国之所以接受自然法的倾向，主要基于三个方面的因素：一是美国独立后依然采取英国普通法，美国人继承了布莱克斯通关于普通法来自于自然法的普遍原则以及由上帝神启或者通过人类理性发现的观点，那么普通法在美国就具有了合法性。[2] 二是采纳自然法适合于美国18世纪晚期和19世纪早期的社会环境。当时的美国社会分层非常明显，因此，美国人很容易接受“普通法所施加的社会义务是按照自然或习惯产生于一个人在社会中的地位”这样的观念。[3] 三是美国人大多忠诚于新教和基督教，以至于他们也容易接受以宗教为基础的自然法原则。美国的建国者也把自然法原则嵌入到政府的构建中。首先，政府应当是为了公共善意。《弗吉尼亚权利法案》确立了“建立政府就是或者应该就是为了人们、国家或社区的公共利益、保护和安全”的原则。《独立宣言》也有类似的提法。其次，秉持精英治国理念。“政府应当是为了公共善意”暗示着，最具美德的公民自然而然地成为政府官员，也会为公共利益行事，独立战争所引发的平等主义因素

[1] 斯蒂芬·M. 菲尔德曼：《从前现代主义到后现代主义的美国法律思想——一次思想航行》，李国庆译，中国政法大学出版社，2005，第86—87页。

[2] Stephen N. Subrin, “*How Equity Conquered Common Law: The Federal Rules of Civil Procedure in Historical Perspective*,” U. Penn. L. Rev. 1987.

[3] 参见斯蒂芬·M. 菲尔德曼：《从前现代主义到后现代主义的美国法律思想——一次思想航行》，李国庆译，中国政法大学出版社，2005，第91页。

被注入精英主义，美国人通过选举的方式选出具有美德的精英组成政府的核心。最后，构建限权政府。1787年宪法就有很多规定试图限制国家政府行使其权力，如分权、制衡、两院制、联邦主义等的制度设计也传达出制宪者希望通过限制政府权力来保护业已存在的个人权利不受政府侵犯的“自由观”。

2. 实用主义的转向

政治哲学的转向始于本土文化意识的崛起和成熟。在美国还是小国家的时候，社会上以欧洲文化为圭臬，以模仿欧洲为时尚。随着美国工业化的推进，成为世界强国之后，美国人日益强调美国文化的独特性。美国历史学家特纳认为，美国的地理位置决定其与欧洲是相对隔离的，在移民和西进过程中产生了民主主义、个人主义和平等观念，“在美国开拓中我们看到欧洲生活方式如何打进这个大陆，也看到美国如何改变和发展了这种生活方式，反过来影响欧洲。”[1]实用主义哲学便是对本土文化意识在哲学上的概括。实用主义最早是由查尔斯·皮尔斯阐述的，其认为，“一个字或词语的合理含义，完全存在它给予生活的行为的可以设想的影响上”。威廉·詹姆斯发展了皮尔斯的思想，明确提出：“使眼离开那些最初的东西，原则、‘范畴’、被假定的必然，而把眼朝向那些最后的东西、结果、后果、事实。”[2]约翰·杜威更强调了真理和命题的有用性，他认为，实用主义“它不坚持在先的现象，而坚持随后的现象；不坚持先例而坚持行动的可能性……”[3]作为哲学的实用主义，其特点主要有两个：一是十分强调知识的实验性质和目的有用性，不过多谈论抽象的观念、概念和必然性；二是关注事物发展的未来可能性与实际后果，而不看重预设的现象或者概念。美国人向来注重工作、奋斗和成功，对后果的重视就是对行动的崇拜，意味着对成功的渴望，任何的抽象观念都无助于开发和建设。

[1] 杨生茂编《美国历史学家特纳及其学派》，商务印书馆，1984，第5页。
[2] 《资产阶级哲学资料选辑》(第二辑)，上海人民出版社，1965，第3页。
[3] 《资产阶级哲学资料选辑》(第二辑)，上海人民出版社，1965，第4页。

二、实用主义在司法领域的兴起和发展

19 世纪下半叶，实用主义哲学思想在美国开始兴起，到了 19 世纪末 20 世纪初，实用主义已成为美国进步时代社会转型的主导思想。在这样的背景下，美国的法学家和法律实践者开始将实用主义运用到法学研究和司法活动中，实用主义法学得以发展。我国学者认为，美国联邦法院大法官霍姆斯的实用主义法学标志着美国本土法学理论的诞生。实用主义法学思想影响了美国法律的方方面面，也对 19 世纪末开始的刑事司法改革产生了积极影响，从检察官采用辩诉交易，法院、被告人、律师逐步接受辩诉交易也能看到实用主义法学的深刻影响，为“进步时代的法制变革充当理论上的护航者”[1]。

（一）实用主义法学的奠基人——霍姆斯

1. 法律的生命在于经验

霍姆斯在其《普通法》一书中指出：“本书旨在阐明普通法的基本观点——法律的生命不在逻辑而在于经验。”[2]霍姆斯于 1881 年在哈佛大学发表演讲时将上述观点作了进一步阐释，其说道：“被感受到的时代需要、盛行的道德与政治理论、公共政策的直觉（公开的或者无意识的），甚至法官之间达成共识的偏见，对于决定人们应当被如何统治的规则都比演绎推理具有更多的意义。法律体现着一个国家数个世纪的发展历程，而不能被当作一本仅仅包含公理和推论的社会教科书。”[3]霍姆斯并非一概否定逻辑在法律尤其是司法中的作用，他所强调的是，法律要与时代的道德观念保持一致，法律的功能应该从实现理想主义的价值目标转变为满足现实的人类社会的实际需要，法律不是一个封闭的体系，其是不断发展的社会的

[1] 罗斯科·庞德：《法律与道德》，陈林林译，中国政法大学出版社，2003。

[2] Oliver W. Holmes, *The Common Law* (Cambridge: Harvard University Press, 1963), p. 5.

[3] 小奥利弗·温德尔·霍姆斯：《霍姆斯读本：论文与公共演讲集》，刘思达译，上海三联书店，2009，第 23—24 页。

产物，法律本身也不断推动着社会的进步，这使得法学不仅仅服务于司法审判，还要承担重构社会关系和秩序的使命。

2. 法律预测论

在《法律的道德》一文中，霍姆斯指出，法律若是从一位“坏人”的视角，不会被限定为指向一个从伦理原则或受到承认的公理中演绎而来的理性体系。在这里“坏人”的形象更接近于一个具有一般智识和能力的“理性人”，一个更加关心根据法院判决、法律预测而获知后果行为的实践者。在法律的语境中，法律预测不仅仅是法官的事情，案件当事人也是法律的预测者。“他们(坏人)只是遵守法律以避免不利的法律后果，而不是出于对道德正当性的认可，或者他们会出于对不遵守法律会导致强制道德制裁的害怕而被迫遵守法律。”[1]霍姆斯的法律预测论立足法官可能会做什么，法院实际会做什么，“法律不过是对法院将做些什么的预测而已——我们的研究的对象就是预测，预测法院这一公共力量的影响所及”[2]，完成从形式规则寻求法律向法官司法中心主义的转变。

(二)实用主义在刑事司法领域的运用

实用主义法学思潮影响到立法和司法的方方面面，就刑事司法领域来讲，很多刑事司法制度最终确立都是从实践需要出发，先行试点或者局部探索，如果效果良好便加以普及。本书以刑罚制度的变化和少年刑事司法的兴起进行分析。

1. 刑罚制度的变化

19 世纪下半叶，尽管监禁依然是惩罚严重犯罪的主要手段，但是人们日益发现，监禁并不能阻止和终结犯罪，也不能完全挽救罪犯。纽约某一

[1] 明辉：《法律与道德关系的法理辨析——以霍姆斯“法律预测理论”为视角》，《清华法治论衡》2009 年第 2 期。

[2] 吕世伦主编《西方法律思潮源流论》，中国人民大学出版社，2008，第 278 页。

监狱的管教指出，该监狱60%的罪犯刑满释放后会再次犯罪。[1] 监禁刑的执行效果并非很理想，19世纪70年代起，美国掀起了一场刑罚改革的运动，该运动的目标是给罪犯回归社会的机会。不定期刑制度的兴起、缓刑制度的兴起和假释制度的确立便是这场改革运动的结果。

(1)不定期刑制度的兴起。

传统的刑法典对某一犯罪行为确定最高刑和最低刑，法官根据罪犯应得惩罚在量刑幅度范围内确定刑期。这种量刑观建立在这样的观念之上，即国家应该对罪行进行报应分配。[2] 但是刑事法官完全做不到，从而在适用刑法时导致不平等。因此，在19世纪70年代，有学者指出，确定的量刑不能改造罪犯，传统的量刑制度也未能达到刑法保卫社会的目的。美国国家监狱协会成为不定期刑的代言人，行刑的方法是该协会的主要关注点。所谓不定期刑，是指某人被定罪后，法官不再确定量刑刑期，监狱管理人员视罪犯的改造效果提出释放的意见，至于具体要服刑多长时间取决于罪犯被释放后是否会威胁他人。正如一名罪犯在1911年所写到的，罪犯像生病一样要在监狱里改造直至治愈。[3] 由此可以看出，传统的行刑方式面对的是过去，审视业已发生的罪行，而真正的矫正型行刑方式面向的是未来，"聆听"不久的将来会变得更好的"声音"。

在美国，不定期刑的萌芽在18世纪末就开始了，如密歇根州于1796年制定的《三年法》规定，对妓女可以判处3年以下的不定期拘禁。不定期刑在美国大规模兴起却是在19世纪下半叶，纽约州于1876年通过《埃尔米拉教养院法令》，对16岁至30岁的青少年犯适用不定期刑，此后适用范围扩大至一般的成年人。随后，不定期刑制度被其他州效仿。到1900年，有11个州规定了不定期刑，到1910年，采用不定期刑的州达到21个。[4]

[1] Lawrence M. Friedman, *Crime and Punishment in American History*(New York: Basic Books, 1993), p. 159.

[2] Charlton T. Lewis, "Indeterminate Sentence," *Yale Law Journal* 9(1899).

[3] Lawrence M. Friedman, *Crime and Punishment in American History*(New York: Basic Books, 1993), p. 160.

[4] 张明楷：《外国刑法纲要》，清华大学出版社，1999，第385页。

甚至有些州规定对特定罪犯必须判处不定期刑，如纽约州在1901年颁布的一项法案中规定对于所有初犯均要判处不定期刑。为了让监狱管理人员更加全面地掌握服刑人员的品格和表现，伊利诺伊州规定，州检察官和审判法官需要向监狱委员会提供罪犯的习惯、社会关系、性格和职业情况。另外，不定期刑制度对于惯犯影响巨大，对于犯罪三次以上的罪犯，法律规定要增加刑期。1885年，俄亥俄州的一部法律规定，对于被判处三次以上重罪的罪犯，应称为惯犯，可能要被判处终身监禁。

(2)缓刑制度的兴起。

缓刑是指罪犯被定罪后，在获得缓刑时将附条件地被释放，不再送去监狱或者劳教所服刑；如果没有满足条件的话，做出判决的法官可以撤销缓刑。缓刑制度的目的在于：为未成年罪犯或初犯或者犯有非攻击性犯罪的人提供改造新生的更大可能性。[1] 缓刑是用来代替监禁的。1878年，马萨诸塞州的法律就规定波士顿刑事法院应雇请一名缓刑官。在1897年至1900年间，密苏里、佛蒙特、罗得岛和新泽西等州也颁布了有关缓刑的法律，伊利诺伊和明尼苏达州规定了青少年罪犯适用缓刑的制度。联邦法院的实践也证明了缓刑制度所追求的效果基本达到，联邦法院作出的缓刑决定中，大约95%的罪犯没有再犯，只有不到5%的罪犯再次犯罪。[2] 这也是缓刑制度兴起的原因之一。

(3)假释制度的确立。

美国学者在讨论假释的起源时，将麦克诺基作为假释的创始人。麦克诺基于1839年被英国政府任命为诺福克岛监狱主管，并授权他可实践自己的监狱改革计划。麦克诺基提出了分级制和点数制的改革方案。分级制是将罪犯的刑期分为两个部分，刑期的前二分之一确定为刑罚阶段，刑期的后二分之一又分为三个等级阶梯，自后二分之一开始，对罪犯的服刑表现

[1] 彼得·伦斯特洛姆编《美国法律辞典》，贺卫方等译，中国政法大学出版社，1998，第200页。

[2] Carl C. Donaugh, "A Federal District Attorney Look at Probation and Parole," *Federal Probation* 2 (1938).

情况进行考核计分，并根据得分情况进入第一或者第二阶梯，最后可根据得分达到第三阶梯，获得假释资格。[1] 点数制其实是对罪犯日常表现的考核机制，以分数记录罪犯在劳动和行为方面的表现情况，以此决定罪犯在刑罚执行中所处的等级。[2] 随后，假释制度经过了19世纪英国著名监狱改革家沃尔特·克罗夫顿的完善，其提出爱尔兰累进制，标志着现代假释制度最终确立。

美国的假释制度起源于纽约的埃尔米拉教养院。该教养院于1869年由埃尔米拉教授建造。该教养院建成后，纽约州议会于1876年制定通过了《埃尔米拉教养院法令》，它既是第一个不定期刑的立法，也是假释制度的第一部立法。该法的分级制是以麦克诺基和克罗夫顿的改革方案为基础进行吸收完善而创立的。教养院的所有罪犯，根据其表现被划分为三个等级，第一级最好，第二级次之，第三级最差。新进入教养院的罪犯被列为第二级，如果罪犯能较好地完成教养院规定的工作并遵守监规纪律，连续6个月表现良好并且每个月都得9分以上，便可以进入第一级；如果罪犯在第二级中缺乏自制力，违反监规纪律或有其他不良行为记录时，将被降为第三级。罪犯在第三级中必须依靠自己的努力来获得再次进入第二级的资格，在他连续保持3个月的良好行为表现时，便可重新进入第二级。在第一级中继续保持良好行为的犯人将会被附条件释放，被假释的罪犯在释放之后的前6个月内仍处于教养院的司法管辖之下，其在每个月的第一天必须向为其指定的监护人(假释官的前身)报告其个人状况和行为。[3]

埃尔米拉教养院的假释制度改革引发了其他州的热衷效仿。1900年，全美有20个州通过了假释立法，[4] 到1922年，共有44个州采用假释制度，到1939年，只剩下佛罗里达、密西西比和弗吉尼亚3个州没有制定假释法令，而到了1944年，全美所有的州和联邦都确立了假释制度。

[1] 王泰：《现代监狱制度》，法律出版社，2003，第132—133页。

[2] See James A. Inciardi, *Criminal Justice*(New York: Harcourt Brace, 1993), p. 511.

[3] 柳忠卫：《假释制度比较研究》，博士学位论文，中国人民大学，2004，第43页。

[4] 刘强编《美国刑事执行法的理念与实践》，法律出版社，2000，第214页。

2. 少年刑事司法的兴起

1899年美国伊利诺伊州少年法院的诞生，被美国著名法学家庞德称为自1215年英国大宪章签署以来，英美法制度最重大之进展。到20世纪前期，少年法院的模式被推广至全美，而且其他国家也纷纷建立少年法院。但美国少年法院的普及却是从点到面，不断实践的结果，其中蕴含着实用主义精神。进步主义时代，美国社会经历了重大转型和变革，在这一过程中，一些社会活动家推动了一场“拯救儿童运动”，旨在建立专门的制度和措施解决少年问题。当时，仍有很多犯罪少年被关在成人拘留所或者监狱。据芝加哥律师协会的调查，在1898年11月1日的前20个月内，有575名10岁至16岁的孩子被关押在城市拘留所中，有1983名男孩被关押在城市监狱中。[1] 建立独立的犯罪少年羁押场所和审判法院成为改革的目标。早在1861年，伊利诺伊州就在芝加哥试点专人审理6岁至16岁之间犯有轻微罪的孩子，在19世纪70年代，马萨诸塞州建立了少年和成人分开审判的制度，这些探索都为少年法院的诞生奠定了实践基础。1899年，伊利诺伊州议会通过了《少年法院法》，该法确立了少年审判与普通刑事审判组织形式的分立，也明确了少年法院的管辖范围和特殊的司法程序。芝加哥市库克郡依据该法建立了第一个少年法院，其目的在于矫正，而非惩罚。同时，缓刑制度被引进到少年司法程序中并加以完善，为追求矫正的目标，不定期刑和假释制度在少年司法程序中得到普遍适用。少年法院不断获得认可，到1912年，已有21个州制定了少年法院法，1938年，联邦国会通过了《少年法院法案》，到1945年，各州均建立了少年法院。辩诉交易制度与少年司法所要求的快速处理、不公开审理以及有利矫正的目标具有同一价值体认。

[1] 姚建龙：《超越刑事司法：美国少年司法史纲》，法律出版社，2009，第74页。

三、进步主义时代刑事司法领域的变革

(一)正当程序的勃兴

美国正当程序的观念是由英国殖民者带去的。早在1641年,《马萨诸塞湾自由宪章》第1条开宗明义地提到,“除非根据本团体经由大会依照公平、正义,明白制定而已公布之法律的权力,对任何人,均不得剥夺其声明,污损其名誉,逮捕、限制、放逐、危害其身体。夺取其妻室子女,剥夺其动产及不动产。”[1]联邦宪法第5条正式采用“正当法律程序”的提法,之后各州宪法纷纷效仿。在1791年权利法案通过后的60年间,正当程序只能约束联邦政府,而不能适用于各州。联邦最高法院首席大法官马歇尔曾在一案中指出,权利法案是用来防范联邦政府蚕食人民权利,而不是防范地方政府。[2] 南北战争后,联邦权力扩大,州权受到限制,联邦宪法第十四条修正案确立了三个重要原则:(1)州不得制定或实施限制联邦公民的特权或豁免权的法律;(2)州不经正当法律程序,不得剥夺任何人的生命、自由或财产;(3)州在其管辖的范围内,不得拒绝给予任何人以法律的平等保护。该修正案使得各州法院不得不接受正当程序的约束,联邦法院和各州法院用正当程序条款来保障被告人的权利的情况日益增多,形成了正当程序的第一次勃兴。联邦法官阐明了刑事上的正当程序的含义以及由权利法案提供的宪法保护。

在正当程序宪法原则的影响下,法庭审理的规则和证据规则变得越来越复杂。刑事审判中交叉询问日益受到重视[3],证据规则也日益复杂。供述自愿性原则也在部分法院适用,早在1816年,纽约市刑事法院法官采纳了被告人索恩的律师提出的被告人受到恐吓、引诱或者欺骗而得到的供

---

[1] 魏晓娜:《刑事正当程序研究》,博士学位论文,中国政法大学,2003,第31—32页。

[2] 魏晓娜:《刑事正当程序研究》,博士学位论文,中国政法大学,2003,第34页。

[3] 英国学者麦高伟和切斯特·米尔斯基在《陪审制度与辩诉交易——一部真实的历史》一书中引用相关案例详细说明交叉询问的过程。参见麦高伟、切斯特·米尔斯基:《陪审制度与辩诉交易——一部真实的历史》,陈碧、王戈等译,中国检察出版社,2006,第133—138页。

述没有可采性的辩护意见，最后法官没有采纳该份证据，供述自愿性原则也逐渐被其他法院所认可。[1] 1914 年在“Weeks v. United States”一案中确立了非法搜查获得的证据的排除规则。证明标准也朝着“排除合理怀疑”的方向发展，1850 年，马萨诸塞州最高法院首席大法官肖创造了“合理怀疑”的概念，作为法官对陪审团作出的许多合理怀疑方面的指示的基本模式。[2] 其在“Commonwealth v. Webster”一案中进一步指出：“案件应该在陪审员脑中留下了这样的状态：他们不能说他们对指控的真实性感到的持久确信，已经到了道德上的确定性的程度。”[3] 合理怀疑的概念和内涵日益被其他法院所接受。

由此，正当程序的勃兴导致的庭审的复杂化，使得庭审耗时，如表 2-6 中，纽约刑事法庭在 1865 年以前，每个开庭案件平均所用天数在 15 天以内，在 1865 年之后，除了 1870 年下降至 11.3 天外，其他年份均超过 15 天，1895 年达到高峰——19.5 天。除此以外，诉讼的最终结局难定，这对提起指控的检察官和被告人的辩护律师来说都是“诉累”；对于被告人来说，参与审判不仅耗时，而且还极有可能败诉而给自己带来牢狱之灾，尤其是无力聘请律师的被告人。从成本—收益的角度看，正当程序的勃兴必然会刺激辩诉交易的不断壮大。

表 2-6　1800—1895 年纽约刑事法庭一个部门的开庭数量和开庭时间[4]

年份	开庭数量/个	每个开庭案件平均所用天数/天
1800	6	9.0
1805	7	5.1

[1] 麦高伟、切斯特·米尔斯基：《陪审制度与辩诉交易——一部真实的历史》，陈碧、王戈等译，中国检察出版社，2006，第 124—125 页。

[2] 约书亚·德雷斯勒、艾伦·C. 迈克尔斯：《美国刑事诉讼法精解》，魏晓娜译，北京大学出版社，2009，第 268 页。

[3] 约书亚·德雷斯勒、艾伦·C. 迈克尔斯：《美国刑事诉讼法精解》，魏晓娜译，北京大学出版社，2009，第 268 页。

[4] 麦高伟、切斯特·米尔斯基：《陪审制度与辩诉交易——一部真实的历史》，陈碧、王戈等译，中国检察出版社，2006，第 259 页。

续表

年份	开庭数量/个	每个开庭案件平均所用天数/天
1810	7	11.6
1815	12	11.3
1820	12	11.5
1825	12	11.3
1830	12	11.3
1835	12	10.7
1839	12	14.5
1844(9个月)	9	12.8
1849(6个月)	6	11.5
1860(7个月)	7	13.7
1865(7个月)	7	16.0
1870(8个月)	8	11.3
1875(9个月)	9	16.6
1878(5个月)	5	15.8
1885(9个月)	9	19.1
1890(10个月)	10	16.3
1892(5个月)	5	16.4
1895(4个月)	4	19.5

注：从1844年开始只能考察括号里标注的几个月份。

(二)法律职业共同体的职业化、专业化

警察、律师、检察官和法官都是刑事诉讼程序的重要参与者，都需要通过提供专业知识完成侦查、辩护、指控以及审判。19世纪末至20世纪初，警察、律师基本完成职业化进程，法学教育得到长足发展，警察、律师、检察官和法官在诉讼中经过长时间的相互影响和学习，形成了较为统一的法学思维和法律意识。

1. 法学教育的正规化和科学化

南北战争前，大多数的律师是通过在律师事务所实习学习法律，而不是在法学院学习。此时，美国的大学很少开设法学专业，也很少设立法学院，法学教授通常是兼职法官或者执业律师。美国最初的13个州中，只有1个州没有就律所见习做出硬性规定。[1] 1828年，当地报纸还刊登有律师事务所招收法律学子的广告。[2] 威廉玛丽学院最早设立法学教授，任命杰斐逊和乔治·威思[3]为“社会治安”教授，随后，尽管美国大学中的法学教授数量不断增加，但是，依然屈指可数。[4] 南北战争后，很多新的大学出现，法学院也如雨后春笋般增长，科学主义的发展促使很多学术学科都主张自己具有科学所具有的权威性，法学教育朝着高度专业化和正规化的方向发展。

美国律师协会成立后，要求申请律师资格的人要在律师协会指定的法学院进行学习，也制定了一系列律师资格考试制度。1879年法律教育与律师资格委员会报告中提到，各州和地方律师协会应分别采取措施，实现上述法学院要求，并以三年制课程作为申请加入律师协会的资格考试条件。[5] 律师的职业化趋势必然导致对法学院的需求增加和传统学徒制的衰落，相关统计数据也印证了上述推断。表2-7显示，从1880年开始，美国法学院数量和学生数量不断增加。到1917年，只有7个州还没有法学院。包

[1] 罗伯特·史蒂文斯：《美国法学教育百年史：19世纪50年代至20世纪80年代》，李立丰译，北京大学出版社，2017，第2页。

[2] 劳伦斯·M. 弗里德曼：《美国法律史》，苏彦新等译，中国社会科学出版社，2007，第338页。

[3] 乔治·威思（1726—1806），律师，美国《独立宣言》签署人之一，杰斐逊、约翰·马歇尔等人的法学导师。

[4] 较著名的有：詹姆斯·威尔逊于1790年被宾夕法尼亚大学聘为法学教授；大卫·霍威尔于1793年成为布朗大学的法理学教授；伊莱泽·古德里奇于1801年出任耶鲁大学法学教授等。参见罗伯特·史蒂文斯：《美国法学教育百年史：19世纪50年代至20世纪80年代》，李立丰译，北京大学出版社，2017，第17页。

[5] 胡晓进：《自由的天性——十九世纪美国的律师与法学院》，中国政法大学出版社，2014，第262页。

括律师、法官、检察官[1]在内的法律职业共同体受过系统法学教育，形成了较为统一的思维模式和职业素能，进一步促进了该共同体的职业化。

表 2-7　1860—1910 年美国法学院及学生数量[2]

法学院及学生数量	1860 年	1870 年	1880 年	1890 年	1900 年	1910 年
法学院/万所	21	31	51	61	102	124
法学院学生/万人	1200	1653	3134	4513	12516	19567

从法学院开设的课程来看。南北战争前，法学院流行的是通识教育和兼容并包式的教学理念。如 1812 年大卫·霍夫曼在马里兰州大学设置的课程包括 13 门必修课以及 4 门(之后增加到 9 门)选修课，内容涵盖伦理学、政治哲学、政治经济学、历史及地理，其向学生推荐的书目中包括了《圣经》及亚里士多德、培根、边沁等的著作，他认为只有这样，才能“赋予最广大受众以最强大的理解力”，同时将所有人类行为与关注重点都包括其中。南北战争后，法学教授集中研究法律，教导学生如何学习、理解法律，法学研究日益变成高度专业化的学科。耶鲁大学的法学课程设置与哈佛大学法学院第一任院长兰代尔的课程设置是当时美国法学院的主要代表。

耶鲁大学的法学教育显示出学科交叉的特点，非法学院的教授也经常被邀请到法学院开设相关课程，耶鲁大学法学院将法学课程分成大学课程和研究生课程，学制均为两年，1889 年耶鲁大学法学院的课程设置如下：大学课程第一年有证据、英国宪法、国际法、法律基础、上诉程序、商法、美国法律的特性与历史、遗嘱、普通法理学、侵权、法理学、合同、法庭辩论；大学课程第二年有不动产、刑法、不动产转让、法庭演说、商法、公司、美国宪法、公共事业法、遗嘱、罗马法、衡平法、契约、国际

[1] 实际上，美国的联邦和各州的法官和检察官大部分都是律师出身。

[2] 胡晓进：《自由的天性——十九世纪美国的律师与法学院》，中国政法大学出版社，2014，第 288 页。

法、私人公司法、专利法、财产保全与执行、公司信托、货币债券转让、联邦司法理论和保险；研究生课程第一年有专利法、铁路法、美国法院实务、美国宪法、市政公司法、海事法、拍卖、国际法、政治史与政治学、英国宪政史、铁路管理、罗马法；研究生课程第二年有教会法、比较法、拿破仑法典、冲突法、普通法理学、英国宪法、政治学和社会科学、罗马法和运输经济学。[1]

兰代尔在哈佛大学法学院推行案例教学法，法学院规定，申请法律学位者必须经过两年的法律学习。哈佛大学法学院开设的课程远没有耶鲁大学法学院多，从1876—1877年法学院必修和选修课程来看，必修课包括不动产、合同、侵权、刑法与刑事诉讼、证据法和衡平法；选修课程有不动产、普通法民事程序、纽约州民事程序、信托抵押等问题、个人财产买卖、公司与合伙和代理与货运。[2]

哈佛的模式和耶鲁的模式相比较，前者侧重于法律实务和英美普通法，更有利于法学学科的专业化和职业化。科学性和实用性是案例教学法追求的两大目标，是为学生毕业后从事律师职业作准备的。案例教学法也得到其他法学院的效仿，如哥伦比亚大学法学院、西北大学法学院、芝加哥大学法学院、辛辛那提大学法学院、斯坦福大学法学院等均采用了哈佛的模式。1920年，各主要法学院接受了哈佛法学院的课程模式，标准课程有代理、委托和运输、破产、证券和票据、冲突、宪法、合同、公司损害、家庭关系、衡平法、证据、保险、抵押、合伙、诉讼、财产、准合同、销售、担保、侵权、信托、遗嘱与管理，[3] 这些基本是哈佛模式的翻版，全国各法学院基本采用了统一的教学模式和课程安排，进一步促进了法学教育的规范化和专业化。

---

[1] 参见胡晓进：《自由的天性——十九世纪美国的律师与法学院》，中国政法大学出版社，2014，第110—112页。

[2] 胡晓进：《自由的天性——十九世纪美国的律师与法学院》，中国政法大学出版社，2014，第186—187页。

[3] 罗伯特·斯蒂文斯：《法学院：19世纪50年代至20世纪80年代的美国法学教育》，阎亚林等译，中国政法大学出版社，2003，第65页。

2. 警察的专业化

在殖民地时期和美国建国后的近半个世纪，美国各地采用的基本上是警官加夜巡人制度，而且基本是兼职的和义务的。这种治安维护的模式在以社区、村镇为基础的殖民地时期和建国早期起到了保卫“熟人社会”的作用，随着大城市的发展和移民的不断涌入，在大城市中，人与人之间日益变得陌生，社会冲突和违法犯罪不断增加，原有的警官加夜巡人的模式无法胜任维持治安和控制犯罪的重任。1838 年，波士顿建立美国第一个警察局。1844 年，纽约警察局成立。1854 年，费城也成立了警察局。到了 19 世纪下半叶，几乎所有大城市都相继建立了自己的制服警察和专职警察，警察的数量也在不断增加。一项调查显示，1880 年，纽约市的人口约 120 万，其拥有 202 名警官和 2336 名巡警。[1] 在 19 世纪 90 年代以前，警务政治化非常严重，各城市之间在警察的雇佣上不是实行公务员制度，而是实行以政治关系为纽带的雇佣制度，警察往往卷入地方政治，积极支持市长竞选，原因很简单，只有市长连任他们才能保住职位，一旦市长下台，所有警察基本都会被辞退，如辛辛那提，1880 年的选举后原有的 295 名巡警有 219 名被辞退，1886 年的选举后原有的 289 名巡警有 238 名被辞退。[2] 到了 19 世纪末，1890 年以后，警察的主要职能转变为控制犯罪，警察专业化也已经成为警察改革的重要目标之一。[3]

第一，警察科学知识的增长。英国人亨利·福尔茨于 1880 年发表了其指纹研究成果，首次证明人的指纹具有永久不变性和唯一性。随后，弗朗西斯·戈尔顿创立了犯罪指纹学，该学科的主要原理是通过指纹可以确切地识别犯罪人，并利用指纹识别出曾经到过犯罪现场的人。警察可以将从犯罪现场收集到的指纹与已经记录在案的指纹进行比对，便可快速地找出

---

[1] Lawrence M. Friedman, *Crime and Punishment in American History*(New York: Basic Books, 1993), p. 149.

[2] Lawrence M. Friedman, *Crime and Punishment in American History*(New York: Basic Books, 1993), p. 150.

[3] Joseph F. Spillane and David B. Wolcott, *A History of Modern American Criminal Justice* (Thousand Oaks: SAGE Publications, 2013), pp. 11-12.

犯罪嫌疑人，指纹科学的运用极大推动了犯罪侦查工作。19 世纪后期，刑事鉴定科学先驱艾尔芬斯·贝特林提出“贝特林体系”，[1] 其也是一种识别犯罪人的方法，通过确定犯罪人体态的精确尺度、面部特征、照片和指纹印等四个体貌特征体系，并由此发明了人体测量法和模拟画像法，警察可以较为轻松地确定犯罪人的身份。20 世纪初期，警察科学得到长足的发展，加利福尼亚伯克利警察局局长奥古斯特·沃尔默于 1916 年创立全世界首个刑事科学实验室，由刑事技术专家对收集到的犯罪证据进行鉴定，沃尔默也是最先把测谎技术和汽车、车载无线电台、电话运用到刑事侦查中的第一人。警察科学知识的增长不仅提高了警察的工作效率和效能，而且有利于证据的固定和识别，对犯罪分子来说是极大的震慑。

第二，建立专门的选拔和培训制度。正如上文所述，初期的警察的任命是以某人认识或者某人是谁为基础，而且基本是没有经过任何培训的“门外汉”。在执法实践中，尽管很多城市印发了规则手册，但是新警察往往跟随经验更丰富的警察学习工作技能。[2] 面对日益复杂的科学技术，没有经过专业培训便无法胜任侦查工作。1908 年，沃尔默在伯克利创建了一所培训助理执法官的警察学校，聘请大学教授进行讲课，招聘警察时也录用大学生。同时，增加了录用人员的任职资格和条件，如身高、体重、力量、社会背景调查、心理测试以及最低学历等。1916 年，加利福尼亚大学伯克利分校设立了第一所大学级的警察培训学院。培训和任职的专业化提升了警察收集证据、讯问犯罪人的技能。

第三，建立自己的行业组织。19 世纪末，警察开始联合起来解决普遍存在的问题。1871 年，112 名警官聚集开会，讨论犯罪日益增加等问题。1893 年，内布拉斯加州警察局长召集与会者组建了全国警察局长联盟，1902 年，该联盟改名为国际警察局长协会，该协会的主要贡献在于建立了

[1] 罗伯特·兰沃西、劳伦斯·特拉维斯：《什么是警察：美国的经验》，尤小文译，群众出版社，2004。

[2] Joseph F. Spillane and David B. Wolcott, *A History of Modern American Criminal Justice* (Thousand Oaks: SAGE Publications, 2013), p. 16.

集中统一的罪犯识别记录信息交换所，之后就转变为指纹存储库，以供城市警察有偿使用。[1] 建立警察职业组织，有利于警察之间交流信息和经验，提供专业化的服务，促进警察形成统一的职业共同体。

3. 律师的职业化

美国的工业化和城市化促进了律师行业的蓬勃发展，社会经济分工日益细化，法律日益专业化和复杂化，新的法律部门不断出现，如公司法、信托法、合同法、税法、反托拉斯法等，这些法律部门专业性很强，一般人难以把握其法律要义。由此，一方面，工业化带来的是人们收入的增加，促使人们越来越依赖于法律和司法程序解决纠纷；另一方面，人们越来越“看不懂”法律，若仅由自己参加诉讼，则因不懂法律而难以在诉讼中获胜，因此人们对律师的需求在增加。在这种背景下，出现两个结果，一是律师的数量在南北战争后急剧增加，二是专业律师事务所蓬勃发展。根据表 2-8，美国律师的数量从 1880 年开始增加较快，这与美国工业化的进程基本吻合。在各个州也基本呈现如此特点，如马萨诸塞州在 1840 年有 640 名律师，到了 1870 年增加到 1270 名，到了 19 世纪末，律师的数量达到 3412 名。[2] 除了律师和专业律师事务所的增加外，另一凸显律师职业化程度的事件是律师协会的成立。州的律师协会成立时间早于全国性的律师协会。1875 年，成立了第一个州范围内的律师协会——康涅狄格州律师协会，其成立的目标便是改革律师职业资格标准，维护律师职业社会地位和荣誉以及繁荣本州的法学教育等，1878 年，美国律师协会成立，这在美国律师职业化进程中是具有里程碑意义的事件，在美国律协的推动下，其他各州都成立了律师协会。美国律师协会在职业的制度化发展方面也做了不少工作，1908 年制定《职业道德准则》，为职业化提供了法律保障。

[1] U. S. Department of Justice, *The Hundred Years of American Criminal Justice* (Honolulu: University Press of the Pacific, 2005), p. 19.

[2] Gerard W. Gawalt, *The Promise of Power: The Emergence of the Legal Profession in Massachusetts*, 1760—1840 (Westport: Greenwood Press, 1979), p. 2.

表 2-8　1850—1910 年美国人口和律师的人数[1]

	1850 年	1860 年	1870 年	1880 年	1890 年	1900 年	1910 年
人口数量/万人	2319	3144	3855	5015	6294	7599	9197
律师数量/人	23939	34839	40735	64137	89630	114460	122149
每十万人中律师数/人	103	111	105	123	142	151	133

（三）大陪审团指控职能的削弱

在英美法系中，陪审团分为大陪审团和小陪审团。美国大陪审团的主要职能是起诉重罪。1352 年，爱德华三世废除了大陪审团参与案件审理的传统，确立了大陪审团决定是否向法院起诉的规则，这是现代意义上的大陪审团之肇始。[2] 大陪审团也被英国殖民者带到了美国，1635 年北美第一个大陪审团出现在马萨诸塞州[3]，其指控的职能一直得以保留，采用大陪审团制度的各州只是在指控案件的范围上有所不同。

1. 曾经的暴政抵抗者

在独立之前，大部分殖民地规定了非由大陪审团提出控告，任何人不得被审判，陪审团常常在法庭上维护殖民地居民的权利，尤其是言论自由和经济权利。1735 年的赞格案便是大陪审团维护人民言论自由的典型案例。[4] 在革命前夕，英国政府相继颁布《糖税法》和《印花税法》，规定违反有关税法的人将在没有陪审团参加的海事法庭受审，法庭的法官也由英王任命。上述法案激起了殖民地人民的激烈反抗，于 1765 年发生反对税法的"印花税法暴动案"，在该案中，波士顿的大陪审团拒绝起诉暴动事件中的领袖。随后，美洲殖民地第一次代表大会通过的《权利和不平等宣言》中

---

[1] 胡晓进：《自由的天性——十九世纪美国的律师与法学院》，中国政法大学出版社，2014，第 288 页。

[2] 程汉大、李培锋：《英国司法制度史》，清华大学出版社，2007，第 268 页。

[3] 琼·雅各比：《美国检察官研究》，周叶谦等译，中国检察出版社，1990，第 171 页。

[4] 参见伦道夫·乔纳凯特：《美国陪审团制度》，尹宁、屈文生等译，法律出版社，2013，第 27 页。

规定，获得陪审团审判是这些殖民地每一大英帝国臣民固有的和无价的权利。[1] 由于大陪审团在反抗英国殖民统治以及在争取独立的过程中立下很大功劳，并赢得美国人民的支持，于是最早的13个州都通过宪法或者法律明确了人民享有由陪审团审判的权利，1787年联邦宪法和1789年《联邦司法法》中均没有大陪审团的规定，到1791年联邦宪法第五修正案才有了大陪审团的规定，从此获得陪审权成为宪法权利。

2. 大陪审团指控职能的削弱

比起检察官直接起诉，大陪审团提起指控的程序更加费时。以反抗英国殖民统治而著称的大陪审团到了19世纪下半叶，尤其是19世纪80年代以后，随着工业化的基本完成以及进步主义运动的推动，也面临着司法效率和诉讼成本的考量。在此背景下，大陪审团指控职能受到压缩。

分析联邦宪法第五修正案，大陪审团仅适用于刑事诉讼，在建国之初其主要职能有：独立起诉、案件调查和审查检察官的起诉是否有合理根据。南北战争后，大陪审团出现第一次危机，检察官的公诉书逐步取代了大陪审团提出的起诉书，并成为通行的做法。1884年，美国最高法院在“Hurtado v. California”一案中认定美国联邦宪法规定的公众在重罪案件起诉中享有的大陪审团审理的权利不适用于各州。尽管联邦和州法院案件管辖各成体系，但是全美的主要刑事案件还是在各州处理，根据相关的统计数据，99%的刑事案件由各州法院受理[2]，这也意味着，各州没有适用大陪审团的义务，大陪审团的指控职能的适用空间被大大缩小，各州是否采用大陪审团取决于州宪法的规定。[3] 1933年，大陪审团在其起源地英国

[1] 博西格诺等：《法律之门：法律过程导论》，邓子滨译，华夏出版社，2002，第509页。

[2] 王禄生、张昕：《转型中的美国大陪审团制度——由弗格森枪击案谈起》，《中国党政干部论坛》2015年第1期。

[3] 据统计，现阶段全美有4个州强制要求所有犯罪的起诉必须获得大陪审团的授权，有15个州规定所有的重罪案件必须获得大陪审团的起诉书，其余的州只是规定检察官可以选择通过大陪审团获得起诉授权，也可通过预审听证获得起诉授权。

被废除，[1] 该事件也影响了大陪审团在美国的命运。1946年生效的《联邦刑事诉讼规则》对大陪审团的审理程序作了更为详细的规定，但同时，规则还撤销了大陪审团独立起诉的权力。[2] 大陪审团的职能被大大削弱，只剩下两项：审查检察官起诉和案件调查，以审查为主。

审查检察官起诉被英美法学者誉为“大陪审团之盾”。但是，在实际运作中，检察官的起诉权很少受到外部的限制，其中也包括大陪审团。大陪审团审查检察官起诉的程序，检察官向大陪审团提交申请公诉书，如果大陪审团经过审查认为有足够的证据支持指控，并应将犯罪人交付审判，就会在申请公诉书上签署“准予起诉”字样，否则就是签署“不予起诉”。大陪审团在审查程序中可以要求检察官传唤其认为必要的证人，检察官也可向陪审员们提供可供适用的法律并就适当的指控提出建议。实践中，联邦大陪审团投票决定是否提起公诉的案件中，99.6%的案件被提起公诉。[3] “大陪审团之盾”对检察官监督效力不明显，总结起来原因有：第一，大陪审员基本是没有受过法律训练的普通公民，而且对案件具体情况知之甚少，检察官对审查程序具有单方面的控制力，决定传唤哪些证人、提出哪些问题，大陪审员们不得不依赖检察官向其解释法律规定和指控建议。第二，被告人及其辩护人都不得参加大陪审团审查程序。证人无须接受交叉询问；没有检察官的同意，被告人不得向大陪审团提交无罪证据，即使提交无罪证据，辩护律师也不得在场。在上述综合因素的共同作用下，大陪审团很容易相信检察官申请的公诉书达到“合理根据”标准。大陪审团完全成为检察官的俘虏[4]，被学者调侃为检察官的“橡皮图章”。

---

[1] U.S. Department of Justice, *The Hundred Years of American Criminal Justice* (Honolulu: University Press of the Pacific, 2005), p. 42.

[2] 参见《美国联邦刑事诉讼规则和证据规则》，卞建林译，中国政法大学出版社，1998，第38—39页。

[3] 王禄生、张昕：《转型中的美国大陪审团制度——由弗格森枪击案谈起》，《中国党政干部论坛》2015年第1期。

[4] William J. Campbell, “Eliminate the Grand Jury,” *Journal of Criminal Law and Criminology* 64 (1973).

第四节

南北战争后辩诉交易的变化和发展

在19世纪60年代以前，律师参与刑事诉讼的比例很小，很少有被告人聘请律师，被告人的法律知识欠缺，因此，现代对抗制几乎没有生存的土壤。南北战争后，法学教育进一步发展，律师职业化不断深化，与此同时，证据规则以及正当程序观念得到尊重和普及，对抗制才能生根发芽，成为美国主导的审判模式。对抗制所蕴含的预设前提便是经过各方在法律程序和事实上的辩论，真理就会显示出来。对抗制也要求双方当事人运用搜集的证据通过激烈辩论以支持己方主张。尽管对抗制在法官、检察官、陪审团、被告人等诉讼参与人之间起着分散权力的重要作用[1]，但是，其结果与和解、调解不同，要么全胜，要么全败。在这种预期效果的影响下，控辩双方必然会对自己的诉讼行为谨小慎微，也会在审前对是否进入审判程序进行利益衡量，做出最有利于己的策略。作为案件处理方式之一的辩诉交易便成为控辩双方可供选择的方案，成为双方的策略之一，因此，辩诉交易在南北战争后得到进一步发展，从整体上取代审判成为案件处理的主要模式。

一、辩诉交易的基本情况

本书拟选取联邦地区法院、马萨诸塞州波士顿市、康涅狄格州、加利福尼亚州阿拉梅达郡、纽约等法院的案件进行分析，研究上述地区辩诉交易的发展趋势及特点，借此对全美的辩诉交易情况有大致了解，美国辩诉交易的大致面貌是：相对联邦检察官来说，州检察官更倾向于进行辩诉交易。

[1] 彼德·G. 伦斯特洛姆编《美国法律辞典》，贺卫方等译，中国政法大学出版社，1998，第5页。

(一)检察官进行辩诉交易的案件量

1. 联邦检察官

从1908年开始，联邦检察官适用辩诉交易的比例整体上是上升的，不过在这一阶段适用辩诉交易的比例要低于州检察官。[1] 如表2-9所示，从1908年至1918年，除哥伦比亚特区外，尽管联邦地区法院被告人有罪答辩率在1911年前后有所下降，但基本保持上升态势，到1917年该比例超过50%。从联邦所有法院(除哥伦比亚特区)的情况来看(见图2-1)，被告人作有罪答辩的比例也很高，1908年至1918年基本上呈稳步增长，1908年，有罪答辩率就达到65%，到1918年，达到72%。

表2-9　1908—1918年联邦地区法院(哥伦比亚特区除外)被告人有罪答辩情况[2]

年份	被告人人数/人	被告人有罪答辩率/%
1908	12942	33. 7
1909	11705	35. 7
1910	15371	29. 5
1911	14700	30. 1
1912	15741	33. 6
1913	16757	37. 9
1914	18128	32. 9
1915	19120	35. 2
1916	20432	49. 8
1917	17671	52. 6
1918	30949	61. 2

[1] 之所以以1908年作为开始的年份，是因为联邦总检察长报告从1910年才首次将联邦上诉法院和地区法院的数据合并计算。

[2] Michael O. Finkelstein, "A Statistical Analysis of Guilty Plea Practices in the Federal Courts," *Harvard Law Review* 89 (1976).

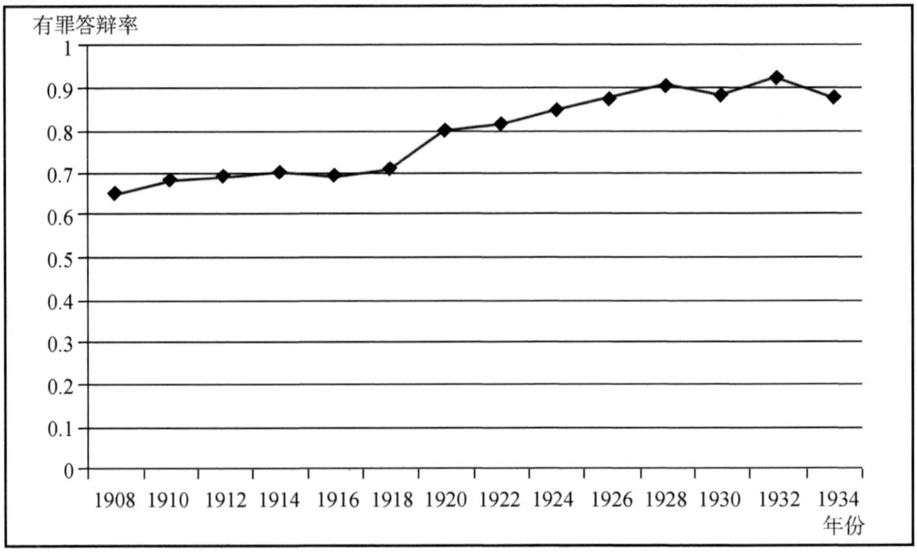

图 2-1 1908—1934 年联邦法院被告人有罪答辩率的情况[1]

2. 州检察官

(1)纽约。

英国学者麦高伟和米尔斯基专门研究了纽约法院辩诉交易情况，在他们观察的样本中可以发现，从 1860 年开始有罪答辩数量超过无罪答辩数量，1860 年有罪答辩率达 60%，之后十年缓慢下降，到 1870 年降至 50%，此后又转为上升趋势，1879 年，有罪答辩率增至 70%，1890 年有罪答辩率增至近 75%。[2] 其中，从 1850 开始，被告人对较轻罪名和未遂的有罪答辩急剧增加，到 1865 年达到 70%。纽约 1829 年刑法典赋予检察官广泛的权力。刑法典对各个罪名刑罚幅度的设置较为宽泛，如任何形式的强奸、夜盗或者抢劫、伪造货币或者放火烧毁房屋和谷仓，最高刑可达终身监禁。同时，纽约检察官不得从事指控交易，但允许使用多罪状起诉书指

[1] John F. Padgett, "Plea Bargaining and Prohibition in the Federal Courts, 1908—1934," *Law and Society Review* 24, no. 3 (1990).

[2] 麦高伟、切斯特·米尔斯基：《陪审制度与辩诉交易——一部真实的历史》，陈碧、王戈等译，中国检察出版社，2006，第 239—243 页。

控同一犯罪的几个级别，保留对起诉书中一个或者多个罪状撤销起诉的权力。[1] 因此，检察官和被告人之间经常就同一犯罪的不同级别进行交易，这就是被告人倾向于对较轻罪行作有罪答辩的原因之一。

（2）马萨诸塞。

马萨诸塞州是较早出现辩诉交易的州。玛丽·沃格尔对波士顿治安法院（1866 年改为都市法院）1822 年至 1920 年受理的刑事案件进行整理抽样，分析发现，1860 年，被告人作有罪答辩的比例达到 50%，随后稳步增长，到 1880 年达到峰值 88%，在进步主义改革运动时代却在下降，1900 年的比例又降至 1860 年的水平，接下来的 20 年又恢复增长。出现下降的原因在于进步主义运动时期美国司法领域改革，出现了缓刑等更为正式和个别化的量刑方式。在马萨诸塞州米德尔塞克斯郡，费希尔教授整理该郡的法庭记录发现了 1860 年至 1920 年期间有罪答辩率的变化。1860 年至 1870 年，有罪答辩率从 47% 降到 40%，此后的十五年呈现上升趋势，到 1885 年达到 75%，随后有罪答辩率呈下降趋势，到 1895 年，降至 60%，然后有罪答辩率又在上升，到 1900 年达到 80%，之后基本保持这一比例。[2] 以中止诉讼为形式的辩诉交易还在继续，1860 年至 1876 年，有 17 次中止诉讼是由检察官作出，只有 8 次是由法官作出。这种中止诉讼的权力在 1850 年至 1875 年逐渐从检察官转移到法官手中，因此，1877 年以后的案件均记载为“被法庭命令中止诉讼”，1900 年有 225 个案件被中止诉讼。[3] 权力的转移可以归结于 1869 年立法机关重申了反对中止诉讼的法律，但是检察官和法官之间的合作依然存在。

（3）康涅狄格。

在康涅狄格州，被告人在上诉法院接受审判程序的比例在 1880 年至

---

[1] 乔治·费希尔：《辩诉交易的胜利——美国辩诉交易史》，郭志媛译，中国政法大学出版社，2012，第 166—167 页。

[2] 参见乔治·费希尔：《辩诉交易的胜利——美国辩诉交易史》，郭志媛译，中国政法大学出版社，2012，第 85 页。

[3] 乔治·费希尔：《辩诉交易的胜利——美国辩诉交易史》，郭志媛译，中国政法大学出版社，2012，第 62—64 页。

1918年期间整体上呈下降趋势，尽管其间有反复。相关资料显示，1880年，被告人接受审判的案件占所有案件的比例达15%，随后比例缓慢下降，到1890年，该比例反弹至20%。随后十年都在10%上下浮动，1911年至1918年，比例均低于10%。尽管进入审判程序的刑事案件处理结果有定罪量刑、检察官撤诉、驳回指控以及宣判无罪等情形，只有检察官撤诉有可能涉及辩诉交易，但这类案件很少，因此，被告人接受审判的比例变化可以从反面证明被告人作有罪答辩的比例变化，1880年至1918年，被告人作有罪答辩的比例整体呈上升趋势，比例在80%~90%之间。[1] 被告人选择作有罪答辩相当于选择辩诉交易，即被告人希望检察官提出从轻的处理意见，当然检察官也希望被告人认罪。

(4)加利福尼亚。

加利福尼亚州位于美国西部太平洋沿岸，其中阿拉梅达郡属于工业社会的典型城市，90%的人口居住在居民超过5000人的城市中。通过对上诉法院刑事案件的抽样分析，除了一级夜盗外，犯有抢劫、二级夜盗、人身攻击和重大盗窃等罪的被告人作了有罪答辩获得的量刑均比经过审判的被告人获得的量刑要低很多。1870年至1910年间，有罪答辩率总体呈上升趋势，1880年，四分之三的被告人在传讯时不认罪，到了1910年，该比例降至三分之二，有8%的案件在法院答辩和审理阶段被撤回起诉，在19世纪80年代，有罪答辩率只有12%，到90年代时上升至19%，1900年至1910年间有罪答辩率增加至32%，从1880年至1910年，平均答辩率只有23%。其中，有2%的案件在审结后被撤回起诉，其中一部分案件是因为检察官与被告人达成了辩诉交易。[2]

(5)小结。

纽黑文上诉法院的刑事案件中，1888年有罪答辩率约为75%，到1922

---

[1] See Milton Heumann, "A Note on Plea Bargaining and Case Pressure," *Law and Society Review* 9 (1975).

[2] See Lawrence Friedman and Robert Percival, *Roots of Justice: Crime and Punishment in Alameda County, California*, 1870-1910 (Chapel Hill: University of North Carolina Press, 1981), pp. 175-182.

年增长至超过90%。[1] 美国各州辩诉交易的情况并不平衡，纽约、马萨诸塞、纽黑文和康涅狄格等州有罪答辩和辩诉交易的比例较高，加利福尼亚等州有罪答辩和辩诉交易的比例要低一些，说明各州对辩诉交易缺乏统一的执法标准，检察官对辩诉交易的接受程度并不一样。

（二）该阶段辩诉交易的特点——以谋杀和酒类案件为例

1. 谋杀案件

在马萨诸塞州，检察官到1838年才有权对指控谋杀罪的被告人降格指控为过失杀人或者将强奸降格指控为意图强奸的伤害。1860年至1899年，陪审团对死刑案件的无罪裁决率在30%左右，但是自1860年开始，辩诉交易的比例突然猛增。在最高法院审理的死刑案件中，1850年至1859年，辩诉交易的比例为17%，1860年至1879年，辩诉交易的比例飙升至47%，到1890年至1899年，更是达到61%。[2] 检察官在死刑案件中占有的优势较为明显：一是检察官在死刑案件审理中有所改进；二是辩护人也时常建议被告人作有罪答辩，理由为警察办案的质量得到较大提升，证据方面更有质和量的保证；三是检察官可以降格指控而避开死刑的量刑。

在纽约，检察官通过辩诉交易处理案件的比例比较高，在1879年就达到75%。通过对1879年至1893年检察官指控一级谋杀的案件进行整理（见表2-10），在抽样的405件案件中，检察官和被告人达成辩诉交易的案件有103件，比例约为四分之一，远低于75%的所有案件的辩诉交易率，也远远低于同时期马萨诸塞州的辩诉交易率。其中未经审判的辩诉交易有99件，陪审团僵持之下的辩诉交易有3件，对一级谋杀判决推翻后的辩诉交易有1件。从被告人答辩罪行来看，103件辩诉交易案件中，有41名被告人对一级过失杀人作了有罪答辩，21名被告人对二级过失杀人作了有罪

[1] Raymond Moley, "The Vanishing Jury," *Southern California Law Review* 2 (1928—1929).
[2] 参见乔治·费希尔：《辩诉交易的胜利——美国辩诉交易史》，郭志媛译，中国政法大学出版社，2012，第95页。

答辩，18 名被告人对三级过失杀人作了有罪答辩，10 名被告人对二级谋杀作了有罪答辩，6 名被告人对侵犯人身作了有罪答辩，5 名被告人对四级过失杀人作了有罪答辩，2 名被告人答辩的罪行不清楚。但总体来说，检察官在谋杀案中运用辩诉交易的案件数量低于进入审判程序的案件。另外，对过失杀人的答辩占大多数，占比达 82.5%。因为在 1862 年，立法将谋杀划分为一级谋杀和二级谋杀，一级谋杀将被判处强制性死刑，二级谋杀将被判处终身监禁，1882 年，立法还将过失杀人分为四个等级，每个等级规定的量刑幅度不一样。正因为如此，检察官可以对那些对较低罪行作有罪答辩的被告人允诺刑罚上的折扣。尽管被告人还可以通过州长的特权减轻自己的刑罚，但是这种情况并不普遍，在被判处一级谋杀的 35 名被告人中，只有 7 名被告人得到了州长的赦免。因此，检察官的辩诉交易权促使了被告人作出过失杀人的有罪答辩。除此之外，检察官在法庭的同意下可以撤回指控，这种情况有一部分是由于辩诉交易，这类案件在 405 件抽样案件中有 30 件。

通过对纽约 1882 年、1886 年、1888 年和 1891 年四年的 31 件辩诉交易案件分析发现，谋杀案件中比较显著的特点有：第一，被告人集中于劳动者阶层。其中有 6 人是工人、2 人是餐厅服务员、2 人是船工、2 人是家庭成员、2 人是雪茄生产工、2 人是木匠、1 人是苏打厂工人、1 人是折纸工、1 人是打包工人、1 人是工程师、1 人是前守夜人、1 人是珠宝小贩、1 人是面包师、1 人是水手、1 人是客车驾驶员、1 人是消防员、1 人是屠夫、1 人是管家、1 人是搬运工、2 人无法确定职业。劳动者倾向于接受辩诉交易，说明其无论在法律知识还是经济条件方面在与检察官的对抗中均处于劣势地位。第二，男性占绝大多数。1882 年 15 件辩诉交易被告人均为男性，1886 年 7 件辩诉交易中有 6 件的被告人是男性，1888 年 7 件辩诉交易中 7 名被告人均为男性，1891 年只有 2 件辩诉交易案件，被告人均为男性。这四年的辩诉交易案件中，被告人为男性的比例高达 96.8%。第三，家庭纠纷成为辩诉交易考虑的因素之一。在 1882 年，有 3 件辩诉交易是丈夫杀死妻子的案件，1886 年有 1 件辩诉交易被告人涉嫌杀婴，该案的检察官在陪审团无法裁决被告人有罪时同意被告人对二级过失杀人作有罪答辩。1888 年有 3 件辩诉交易案件涉及家庭成员间的谋杀。这些案件中被害人一般具有过错，要么是酗酒，要么与他人私通。

表 2-10　1879—1893 年纽约一级谋杀指控的辩诉交易情况[1]

被告人答辩罪行类别	辩诉交易案件数/件
对一级过失杀人答辩有罪	41
对二级过失杀人答辩有罪	21
对三级过失杀人答辩有罪	18
对二级谋杀答辩有罪	10
对侵犯人身答辩有罪	6
对四级过失杀人答辩有罪	5
答辩罪行不明	2
总计	103

2. 酒类案件

沃格尔抽取了波士顿治安法院自 1860 年至 1920 年侵犯生命财产、侵犯私人财产、侵犯道德、侵犯社会秩序以及侵犯国内治安等犯罪案件共 1000 件。如表 2-11 所示，酒类案件比较多，有 413 件，占抽样案件数的 41.3%。酒类案件主要分为两类，一类是习惯性醉酒(Drunkenness)，另一类是普通法上的酗酒(Common Drunkard)。普通法上的酗酒案件由于转至高级法院管辖，自 1870 年开始就没有相关记录了。而习惯性醉酒案件从 1870 年开始增加较快，1860 年有 13 件，1870 年有 34 件，1880 年有 76 件。而且，习惯性醉酒的被告人作有罪答辩的比例非常高，据统计，1860 年的有罪答辩率就达到 86%，1870 年之后有罪答辩率上升至 90% 以上，在 92% 至 97% 之间浮动。而犯有盗窃和侵犯人身及殴打的被告人的有罪答辩

[1] Carolyn B. Ramsey, "The Discretionary Power of Public Prosecutors in Historical Perspective," *American Criminal Law Review* 39 (2002).

率总体低于所有案件有罪答辩率，其中人身侵犯及殴打案件中，有罪答辩率除了1870年高于60%以外，1860年至1920年的其他年份有罪答辩率均低于50%，更有甚者，1910年有6件这类案件，所有被告人均没有作有罪答辩。

19世纪下半叶，美国进入“镀金时代”，也是美国实现现代化的历史时期，在经济上得到飞速发展，工业化和城市化成为这段时期美国的主旋律，其给美国社会带来了深刻的影响，禁酒运动便是其中之一，主要推动禁酒的社会力量是起源于19世纪70年代的妇女基督教禁酒联合会以及1895年在华盛顿州成立的全国反酒馆联盟，这两支禁酒组织共同推动了禁酒的立法和执法，才会出现波士顿都市法院受理的酒类案件剧增的现象。与此同时，反禁酒的力量也不甘示弱，阵营包括酒馆行业、酒业利益集团、天主教、新移民、劳工阶层以及民主党等。[1] 由于波士顿的检察官是由选举产生的，对选民负责，一方面检察官必须执行禁酒法律，保证酒类案件的高定罪率，借此获得选民的肯定；另一方面，检察官在选举时不仅需要争取禁酒力量的支持，也需要获得反禁酒力量的支持，同意被告人的有罪答辩从而通过辩诉交易的方式处理酒类案件应该说是最好的策略，不仅获得案件的高定罪率，而且不会过分激怒禁酒和反禁酒两大阵营的选民，从而保证选举的成功。

表2-11　波士顿治安法院有关罪行的有罪答辩率情况[2]

单位:%

年份	所有犯罪	偷盗罪	人身侵犯及殴打	普通法上的酗酒	习惯性醉酒
1860	55	50	41	53	86
1870	79	50	63	—	92
1880	88	—	25	—	97

[1] 王茂生:《美国宪法禁酒修正案研究》，中国财政经济出版社，2013，第204页。

[2] Mary E. Vogel, “Courts of Trade: Social Conflict and the Emergence of Plea Bargaining in Boston, Massachusetts, 1830—1890,” (PhD diss., Harvard University, 1988), pp. 65-67.

续表

年份	所有犯罪	偷盗罪	人身侵犯及殴打	普通法上的酗酒	习惯性醉酒
1890	84	67	—	—	96
1900	79	67	33	—	94
1910	74	75	0	—	96
1920	55	20	25	—	—

二、法官对辩诉交易的矛盾态度

由于美国实行联邦制，司法制度也不统一，实行双轨制，州与联邦以及各州之间的刑事司法制度各异，联邦法官、各州法官对辩诉交易的态度也并不一致。

（一）州法院对辩诉交易褒贬不一

1. 认同辩诉交易的案例

各州法官在审理案件时表示对辩诉交易予以支持的情况还不少。1883年，伊利诺伊州上诉法院便认为，检察官的提起或中止公诉权无可置疑，并承认检察官在刑事方面几乎享有独占和不受审查的权力。[1] 法院还会引入合同约束力的概念对待辩诉交易。伊利诺伊州最高法院曾对一宗协商处理的案件拒绝撤销有罪答辩做出解释："该案是当事人自愿的合同，因其是一份合同"[2]，所以法院支持了辩诉交易。1887 年马萨诸塞州最高上诉法院在裁决约翰·马隆尼上诉案时指出："马隆尼案件在被告人答辩有罪之后的迟延并非，也不想成为一种诉讼中止，而是指控的终结，除非治安官（马隆尼案件初审法官）在将来的某个时候认为有理由通知被告人要对其宣布量刑。这很明显是初审法官与被告人之间的一种安排，就像有时候在上诉法院，检察官与被告人在法院许可下所达成的那种交易一样。通过

[1] 邓思清：《检察权研究》，北京大学出版社，2007，第 14 页。

[2] Joseph B. Sanborn, "A Historical Sketch of Plea Bargaining," *Justice Quarterly* 3 (1986).

这种交易，被告人支付诉讼费后，起诉书或者告发书就会‘被暂时中止’。”[1]法院不仅承认治安法官与被告人之间的辩诉交易，而且对检察官与被告人之间达成的辩诉交易也持一种客观的态度，至少从字里行间看不出法官对此加以排斥。

2. 质疑辩诉交易的情形

有些州法院对辩诉交易表现出不安，认为秘密性可能会使得辩诉交易具有反民主性和威胁自由的性质，有时会将达成辩诉交易的案件发回重审。田纳西州最高法院于 1865 年撤销了一例辩诉交易的案件，该案被告人承认两项赌博罪以换取检察官免于对八项类似指控的起诉，在庭审中，法官便称，无论如何都不能被任何欺诈和诡计所挫败。有些法院对此也表示认同。1879 年，密歇根法院也提到：“没有任何一种压力可以被允许去劝诱当事人放弃任何权利或者利益，无论这种权利或利益是多么微小。”佛罗里达州法院在 1908 年也表达出对辩诉交易谨慎的态度，法院指出，在当事人所面临的法律天平上，法律的分量不会有丝毫的减轻，并进一步提出，抗辩应当出于一个完全了解自己行为后果的人的完全自愿，而不应该由恐惧、误解、劝诱、诺言、疏忽或者无知所导致。[2] 1897 年，罗得岛最高法院对一起检察官以被告人支付 100 美元的诉讼费为条件作出不起诉决定的案件表示了极大愤慨，认为：“这是一种错误的做法，我们全都不赞同。没有法律会承认仅凭当事人同意而不经法院判处的量刑或者任何合法替代措施。”[3]1913 年，缅因州最高法院前首席法官艾梅利以更加严厉的口吻批判检察官们行使辩诉交易权，其在一篇文章中指出，检察官对被告人以缴纳一定数额的金钱而作出不起诉决定是一种对法院权力明显的、不可宽

[1] 乔治·费希尔：《辩诉交易的胜利——美国辩诉交易史》，郭志媛译，中国政法大学出版社，2012，第 74—75 页。

[2] 戴维·J. 博登海默：《公正的审判：美国历史上刑事被告的权利》，杨明成、赖静译，商务印书馆，2009，第 96—97 页。

[3] 乔治·费希尔：《辩诉交易的胜利——美国辩诉交易史》，郭志媛译，中国政法大学出版社，2012，第 48 页。

恕的侵犯。[1] 上述法院的观点主要是站在辩诉交易扭曲了正当程序，法院有悖其中立裁判者角色的角度，强调了量刑权是法官不可剥夺的权力。也有的法院从刑法实体法的角度批评辩诉交易，如纽约上诉法院分院曾抱怨辩诉交易允许被告“逃脱……他们得到的全部惩罚与他们所犯的罪行是太不相称了。”[2]在一些农业州，辩诉交易也没有得到法院甚至是检察官的青睐，他们避免以物易物性质的交易，辩诉交易在这些州并不普遍。

（二）联邦法官对辩诉交易态度沉默

随着检察官以及司法部地位的提高，在分权制衡体制下，美国法院对检察官享有的裁量权一般予以尊重。在联邦法律体系内，联邦法院对检察官是否指控被告人一般不会干预。联邦第二巡回法院就认为，司法机构不愿意对联邦检察官做出什么指令。[3] 联邦最高法院长期以来承认联邦检察官只要没有歧视被告人，就有权对违反制定法规定的行为提起指控。[4] 检察官可以给予被告人免责、接受辩诉交易以及撤回指控。检察官单方撤回案件，法院命令他提起刑事指控是无效的行为。到了 20 世纪 20 年代，联邦最高法院对检察官的裁量权来源作了新的解释，不再使用撤回起诉作为检察裁量权的来源，而是用行政权控制刑事指控的理论解释裁量权。[5] 根据笔者所收集到的文献资料，在 19 世纪下半叶，联邦法官尤其是联邦最高法院法官似乎没有对辩诉交易发表过意见。笔者对个中原因进行归纳，主要有：第一，如前所述，联邦刑事案件只占全国刑事案件总数的 1% 左右，因此，辩诉交易的案件还是比较少。第二，从 1850 年以后，所有联邦

---

[1] Lucilius A. Emery, “The Nolle Prosequi in Criminal Cases,” Maine Law Review 6, no. 4 (1913): 199-204.

[2] Albert W. Alschuler, “Plea Bargaining and Its History,” *Law & Society Review* 13, no. 2 (1979).

[3] Rebecca Krauss, “The Theory of Prosecutorial Discretion in Federal Law: Origins and Development,” *Seton Hall Circuit Review* 6 (2009).

[4] See United States v. Batchelder, 442 U. S. 114, 123-124(1979).

[5] See Ponzi v. Fessenden, 258 U. S. 254, 262 (1922).

法官、地区检察官、司法行政官以及其他司法官员的任命申请文件以及有关推荐和向参议院提名的准备工作均转至总检察长以及之后的司法部。过度地指责控辩双方达成的辩诉交易，有可能会激怒联邦检察官，对自己的职业发展可能造成不利影响，联邦法官尽可能地睁一只眼闭一只眼，默认检察官进行辩诉交易。1894 年通过的《多克里法案》专门设立司法部账目局，还规定司法部对联邦法院(领事法院除外)司法行政官、书记官等官员的账目享有核查权。另外，国会于 1903 年授权司法部负责分配联邦法院法官、联邦司法行政官等联邦法院所有官员的薪水。司法部通过立法增强了对联邦法院人事、财务的监督，进一步促使法官与检察官的合作。

三、进步主义时代刑罚改革对辩诉交易的影响

(一)缓刑与辩诉交易

表面上看，法官掌握着缓刑的决定权。马萨诸塞州最早颁布缓刑的法律，并将判处缓刑的权力赋予法院。1891 年，立法还规定下级法院法官享有任命缓刑官的权力，1898 年，一部法案将任命权扩大至上诉法院法官。当时马萨诸塞州法官判处缓刑需要缓刑官的建议。但是，随着 1880 年缓刑制度在全国普及，立法废除了马萨诸塞州关于“法官判处缓刑需要缓刑官的建议”这种规定，法官可以自主地决定是否判处被告人缓刑。但在实践中，检察官通过掌握缓刑官提请任命权控制了缓刑的判处。1899 年，马萨诸塞州南部的联邦地区检察官罗伯特·哈里斯在一份报告中写道：“我申请任命一名缓刑官员，并且法官批准我的申请。”缓刑官与检察官联系更为紧密，他需要从检察官那里收集有关被告人的各种信息，整理成报告提交给法官。马萨诸塞州米德尔塞克斯郡法院 1900 年判处缓刑的 231 名被告人中，225 名被告人作了有罪答辩。[1] 在波士顿都市法院判处缓刑的 32 名

---

[1] 乔治·费希尔:《辩诉交易的胜利——美国辩诉交易史》，郭志媛译，中国政法大学出版社，2012，第 82 页。

被告人中有31名作了有罪答辩。[1] 我们有理由相信，缓刑是检察官进行辩诉交易的一个重要工具。

(二)不定期刑与辩诉交易

不定期刑对于被告人来说相当可怕，因为他无法预先判断其可能获得的监禁刑期。马萨诸塞等州法律规定："当被定罪者被判入感化院服刑时，判处该刑罚的法庭或者庭审法官不应确定或者限制服刑期限"。但是，法律并没有限制法官只能判处被告人去感化院服刑，法官有权判处被告去州监狱、郡监狱以及其他可监禁的场所。不定期刑在实践中没有得到经常使用，马萨诸塞州米德尔塞克斯郡上诉法院在1890年只判处不到10%的被告人去感化院服刑，尽管到1896年该比例上升到22%，但到1900年回落至18%，1910年降至12%。但是，数据又显示，检察官以感化院条件较好或者感化院位置好等吸引被告人作有罪答辩，被判处去感化院服刑的被告人绝大多数作了有罪答辩，而被法院判处到其他机构服刑的被告人历经审判并败诉的比例是到感化院服刑的2倍至5倍。[2]

(三)检察官通过假释制度规避不定期刑

如上所述，不定期刑在有些州的法官中不太受欢迎，同时，立法机关又建立了假释制度。假释制度的基本设计是法院判处被告人在监狱服刑的最短和最长刑期，被告人在服满最短刑期后如果在监狱中没有不良表现便自动释放或者由假释委员会决定释放。假释制度并非完全意义上的不定期刑，是对不定期刑的一种修正。到了1925年，已有25个州建立了类似的假释制度。"自动释放"的假释模式没有阻止检察官进行辩诉交易，因为这

---

[1] See Lawrence Friedman and Robert Percival, *Roots of Justice*: *Crime and Punishment in Alameda County*, *California*, 1870—1910(Chapel Hill: University of North Carolina Press, 1981), p. 225.

[2] 乔治·费希尔:《辩诉交易的胜利——美国辩诉交易史》，郭志媛译，中国政法大学出版社，2012，第182页。

种制度满足了检察官对看起来严厉刑罚的需要，也增加了被告人对“何时出狱”的预期。而“假释委员会决定”的假释模式出于对效率的追求，更是促进了辩诉交易的进一步发展。1917 年至 1918 年，纽约州假释委员会开了 40 次会议讨论 1411 份假释申请，每天大约要审查 35 份申请，假释委员会必须迅速地处理，假释委员会难以对每一案件作个体化的判断。检察官也可以建议对被告人适用假释，有律师就曾提出，法官和检察官忠告说，假释委员会都会考虑联邦检察官和主审法官的联合建议。[1] 在马萨诸塞州，有大约 80% 获得假释的犯人作了有罪答辩，检察官对被告人作有罪答辩的一项回报可能是更容易获得假释的机会。

四、检察官进行辩诉交易的新变化

（一）检察官在量刑权上的扩大

进入审理程序后，法官一般需要检察官提出申请量刑的动议后才能判处刑罚。早在 1838 年，马萨诸塞最高上诉法院在一个案例中谈到，当有罪裁决作出之后，被告人基于检察长的动议而被判刑。同时还指出，“我们对检察长在有罪裁决之后作出撤回起诉决定的权力没有什么疑问。”这说明检察官具有终止法院量刑程序的特权。尽管有的检察官承认初审法院也有自行量刑的权力，但是法院似乎并不喜欢运用这一独立权力，就此，马萨诸塞州最高上诉法院在另一案件中重申，初审法院有权在任何时候基于任何一方当事人的动议，恢复已经中止的诉讼并作出合法的法庭命令或者判决。实际上，被告人没有恢复诉讼的动力，所以恢复诉讼的权力在检察官。1899 年，检察官罗伯特·哈里斯在一份报告中提到，地区检察官可以拒绝请求量刑或者请求量刑，只有他请求判处刑罚时法官才能这样做。法院也支持哈里斯的观点，“除非并且直到检察官申请量刑，案件无法得到

[1] 乔治·费希尔：《辩诉交易的胜利——美国辩诉交易史》，郭志媛译，中国政法大学出版社，2012，第 191 页。

最终解决”。这一权力配置也体现了权力分立和制衡在刑事审理程序中的运用，保证了检察官免受法官拒绝量刑的局面。法官对辩诉交易越来越友好，一般不会轻易否定检察官的辩诉交易。

（二）犯罪形态、前科成为检察官的交易工具

在一些案件中，已有的证据能够证实的关键事实呈现模糊性，是否有充分证据证明被告人犯有全部罪行或者仅仅是预备行为或者犯罪未遂，此种情况下，检察官可能接受被告人作出的犯罪未遂的有罪答辩，从而减轻对被告人的指控。纽约刑事法庭所有未遂判决的比例从 1860 年的 8% 增长至 1865 年的 29%，其中严重盗窃罪未遂判决占严重盗窃罪所有判决的比例从 1860 年的 13% 增加至 1865 年的 49%；盗窃罪未遂判决占盗窃罪所有判决的比例从 1860 年的 20% 增加到 1865 年的 39%。[1] 如在詹姆斯・麦克劳夫林一案中就存在这样的交易，被告人麦克劳夫林被指控一级抢劫罪，可能被判处 10 年以上有期徒刑，被害人陈述其在 1860 年 4 月 7 日早晨在大街行走时有两个人接近他，其中一个就是被告人，被告人攻击他并抓住其上衣口袋中的一块怀表试图抢走，表链被扯断了，表钩仅仅夹在口袋上。麦克劳夫林做了相对轻微的欲实施抢劫的伤害行为的有罪答辩，检察官也同意了，该犯罪行为将被判处州监狱服刑 5 年以下或者县监狱服刑 1 年以下。在托马斯・科纳德森一案中，科纳德森被指控犯有重大盗窃罪，将被判处州监狱服刑 5 年以下，科纳德森作了重大盗窃罪未遂的有罪答辩，被检察官采纳。[2]

19 世纪的美国，如果被告人在庭审时供认自己有犯罪前科的话，法院更可能定罪处罚，甚至从重判罚。有前科的被告人认为他们在庭审中获胜的机会不大。并且，缓刑与前科是排斥关系，马萨诸塞州以及其他地方发

[1] 麦高伟、切斯特・米尔斯基：《陪审制度与辩诉交易——一部真实的历史》，陈碧、王戈等译，中国检察出版社，2006，第 344 页。

[2] 麦高伟、切斯特・米尔斯基：《陪审制度与辩诉交易——一部真实的历史》，陈碧、王戈等译，中国检察出版社，2006，第 348—349 页。

展出惯犯不得缓刑的惯例。1872 年，加利福尼亚州一部法案规定了累犯适用严厉的刑罚。前科作为检察官辩诉交易的工具有了制度上的保障。正因为如此，很多被告人乐意与检察官达成辩诉交易，检察官以不提交证明被告人有前科的证据作为许诺。

（三）检察官允诺的变化

检察官在辩诉交易中的允诺主要集中于降格指控对罚金和刑期的不同。波士顿都市法院受理的辩诉交易案件中，1860 年，所有罪犯的平均刑期是 2. 85 年，平均罚金是 9. 15 美元，而答辩有罪的罪犯的平均刑期增加了 1. 35 年，平均罚金减少了 3. 82 美元；1870 年，所有罪犯的平均刑期是 3 年，平均罚金是 16. 16 美元，而答辩有罪的罪犯的平均刑期减少了 0. 5 年，平均罚金减少了 10. 01 美元；1880 年，所有罪犯的平均刑期是 3. 66 年，平均罚金是 29. 6 美元，而答辩有罪的罪犯的平均刑期增加了 1. 33 年，平均罚金减少了 28. 01 美元；1890 年，所有罪犯的平均刑期是 5 年，平均罚金是 7. 12 美元，而答辩有罪的罪犯的平均刑期增加了 0. 33 年，平均罚金减少了 1. 763 美元；1900 年，所有罪犯的平均刑期是 4. 75 年，平均罚金是 18. 75 美元，而答辩有罪的罪犯的平均刑期减少了 1. 02 年，平均罚金减少了 9. 365 美元；1910 年，所有罪犯的平均刑期是 2. 5 年，平均罚金是 13. 6 美元，而答辩有罪的罪犯的平均刑期减少了 1. 13 年，平均罚金减少了 3. 12 美元。上述数据表明，检察官通过辩诉交易在量刑方面给予被告人刑期方面的优惠较少，而罚金方面的优惠力度较大。

（四）检察官在舆论的压力下对辩诉交易的取舍

19 世纪下半叶以来，科学技术发生巨大变革，人们进行信息传播的工具不断增多，电话、电报日益成为人们交流的主要工具，铁路的发展也缩短了人们之间的距离，尤其是印刷术的改进，各类报刊如雨后春笋般出现，包括刑事案件的各类新闻迅速传播，当时的报纸以民主党和共和党的人为受众，都关注检察官对被告人适用包括辩诉交易在内的从宽处理，[1]容易形成区域性或者全国性的舆论导向，不可避免会影响检察官对案件的处理。尤其是谋杀案，新闻界和社区民众对此类案件都极为关注，因此舆论有时对检察官行使辩诉交易会产生至关重要的影响。如 1882 年穆尼案（People v. Mooney）是舆论积极影响辩诉交易的例子。[2] 被告人穆尼杀死了其妻子，其辩称，被害人拿着穆尼给其购置凳子的钱去买酒了，无视社会规范，被告人称被害人为“愚蠢的饮酒”，当时的社会普遍反对妇女酗酒，认为会忽视家庭和健康，“妇女不得积极参与饮酒的公共世界和兄弟会”，[3] 并认为猛烈喝酒是男性的特权。在这种社会舆论的影响下，穆尼杀死饮酒妻子具有一定的可原谅性，检察官也同意对穆尼适用辩诉交易。有时，公众对检察官和被告人之间达成的辩诉交易表示出愤怒。在 1882 年赛博特一案[4]中，被告人赛博特杀死了与他人通奸的妻子，而检察官麦克昂却接受了赛博特对过失杀人的有罪答辩而达成辩诉交易，公众对通奸的行为没有同情，但是根据案卷记载，被告人在实施谋杀前一个月就知晓了被害人的通奸行为，这一案件事实表明被告人是蓄谋已久，当地报纸对检察官适用辩诉交易表示出极大愤怒，即使有多名证人宣誓证明被告人性格良好。上述案件表明，地方检察官在指控家庭成员间的谋杀时需要公众支持，公众也会对案件处理施加压力，同时也显示出公众对检察官辩诉交易的矛盾心理，检察官也就不会一味地寻求有罪判决和严厉量刑。

[1] See Carolyn B. Ramsey, “The Discretionary Power of Public Prosecutors in Historical Perspective,” *American Criminal Law Review* 39 (2002).

[2] See People v. Mooney, Folder 659, Box 71, D A Papers (1882).

[3] 在 19 世纪的美国流行这样的思想，男子在沙龙和工作中饮酒是表达其公民身份的一般途径。See Carolyn B. Ramsey, “The Discretionary Power of Public Prosecutors in Historical Perspective,” *American Criminal Law Review* 39 (2002).

[4] See People v. Siebert, Folder 791, Box 58, D A Papers (1882).

第 三 章

美国检察官在辩诉交易得到合宪性认可中的作用

一战期间，大量的男性被派往前线，因此，一战期间刑事案件量有所下降，但是一战后，刑事犯罪案发率出现恢复性的增长。与此同时，由于检察官数量有限，检察官人均办案量增长较快。1863 年，在俄亥俄州凯霍加郡，1 名城市检察官处理了 60 件刑事起诉案件，到了 1920 年，检察官增加到 6 名，刑事案件数却增加到 2762 件，[1] 人均约 460 件。一战后，辩诉交易的适用有增无减，甚至出现了新的答辩形式推动辩诉交易。至此，美国刑事司法已经严重依赖辩诉交易作为一种案件处理方式。辩诉交易在实践中依然处于“地下”状态，没有得到宪法的确认，但是法院对辩诉交易的态度经历了反对—质疑—赞同的转变，联邦最高法院不断加强对辩诉交易的司法审查，并在 20 世纪 70 年代初最终承认了辩诉交易的合宪性，从此辩诉交易终于从刑事司法运行的幕后走向了台前。

第一节

对辩诉交易中检察官作用的理论探讨及反思

尽管检察官一直以来裁量权巨大，但检察官真正纳入公众和学者的视野可以追溯至 20 世纪 20 至 30 年代。20 年代，佐治亚、纽约、伊利诺伊、明尼苏达、宾夕法尼亚、加利福尼亚等州以及巴尔的摩、芝加哥、克利夫兰等城市组成刑事司法调查委员会，到 30 年代，联邦也加入进来，时任总统授权乔治·威克沙姆领导成立全国性的委员会，完成了多部犯罪调查报告以研究本区域的刑事司法状况，其中有不少犯罪调查报告专门将检察官作为研究的一个主题。与此同时，这一时期的雷蒙德·莫利、贾斯汀·米勒、纽曼·贝克、厄尔·德隆等众多学者对检察官这一职位以及其在刑事控诉方面的职权产生了浓厚的研究兴趣，出现了大量的讨论检察官的研究成果。因此可以说，20 世纪 20 至 30 年代是研究检察官的第一次热潮，也

[1] 祁建建：《美国辩诉交易研究》，北京大学出版社，2007，第 31 页。

是研究辩诉交易的第一次热潮。

一、20世纪20年代犯罪报告对检察官裁量权的评论

在20世纪初，刑事司法研究的专业主义已经发展到相对成熟的阶段。刑事司法工作的各领域都拥有各自发展良好的专业组织和职业行为的具体标准。20世纪初，“犯罪浪潮”一词经常出现在报刊媒体中，民众所生活的社区已处于不安全状态，刑事司法制度面临严重的信任危机。司法丑闻的发生刺激民众的神经，如克利夫兰市都市法院首席大法官与黑社会有很多联系。美国各州以及较大城市社会精英和民众要求对本区域的犯罪现状和刑事司法运作情况有更多的了解，从中发现问题并向政府和立法机构提出改进的建议。从20年代初期到30年代，很多州响应了这一时代召唤，纷纷组织专门的犯罪调查委员会调查本区域的犯罪现状和司法运行情况，1919年至1931年美国从各州到联邦成立的犯罪调查委员会就有约30个（详见表3-1）。

本书主要选取克利夫兰市、伊利诺伊州和密苏里州等犯罪调查报告进行阐述和分析，从上述三份犯罪调查报告中可大致了解这一时期美国犯罪调查报告的整体情况。

表3-1 1919—1931年美国犯罪调查委员会情况一览表[1]

名称	成立年份
芝加哥犯罪委员会	1919
密苏里堪萨斯城法律执行协会	1920
克利夫兰犯罪委员会	1921
明尼苏达犯罪委员会	1922
巴尔的摩刑事司法委员会	1923

[1] Joseph F. Spillane and David B. Wolcott, *A History of Modern American Criminal Justice* (Thousand Oaks: SAGE Publications, 2013), pp. 147-148.

续表

名称	成立年份
洛杉矶犯罪委员会	1923
加利福尼亚刑事程序改革委员会	1925
国家犯罪委员会	1925
密苏里刑事司法协会	1926
伊利诺伊刑事司法协会	1926
内布拉斯加犯罪委员会	1926
肯塔基犯罪原因研究委员会	1926
纽约犯罪委员会	1926
马萨诸塞犯罪委员会	1926
新罕布什尔犯罪委员会	1926
费城法律协会犯罪调查委员会	1926
新泽西犯罪问题调查委员会	1927
加利福尼亚犯罪委员会	1927
密歇根刑事程序调查委员会	1927
罗得岛刑法咨询委员会	1928
密歇根犯罪委员会	1929
加利福尼亚犯罪委员会	1929
国家法律观察和执行委员会(威克沙姆委员会)	1929
费城犯罪和被告人法律、程序委员会	1929
弗吉尼亚犯罪与监狱委员会	1930
费城刑事司法委员会	1930
夏威夷州长犯罪咨询委员会	1931
俄勒冈犯罪委员会	1931
加利福尼亚犯罪问题咨询委员会	1931
弗吉尼亚刑事司法委员会	1931

(一)克利夫兰犯罪调查报告[1]

1. 概述

克利夫兰犯罪调查由1914年成立的克利夫兰基金会[2]负责实施。该基金会由一个委员会管理，共五名委员，其中三名由联邦地区法官、缓刑法官和市长选任，另两名由克利夫兰信托公司任命，保证了该委员会可以代表公众利益。该调查开始于1921年1月4日，实地考察始于1921年2月1日，于当年6月完成，并于9月向公众公布调查报告。

参与该调查的人员阵容强大，共35人，有法学教授，也有前法官、检察官等实务工作者，由哈佛大学法学院院长罗斯科·庞德和哈佛大学法学院行政法教授菲利克斯·法兰克福特[3]共同主持，有专人调查警察机关、司法机关、检察机关、刑罚和矫正处遇、精神病和医学之关系、法学教育以及报刊和刑事司法等。同时，当地选出由50名公民组成的咨询委员会，负责对调查报告提出批评意见和建议，但是调查人员拥有充分的自由，对于批评意见谨慎考量，不会盲目遵从咨询委员会的建议。调查报告会通过基金会举行的午宴会提交给热心的公众，比如，医学上的关系报告会给到医学学术委员会成员。报刊的支持是该调查得以完成的一个重要因素，各大日报的报刊摘要相当精确和有智慧，且编辑评论、漫画和其他形式的关注给调查增添了很多公共的影响。

克利夫兰犯罪调查报告几乎包括了当时克利夫兰市刑事司法的各环

[1] 本部分内容主要参考：Raymond Fosdick, Criminal Justice in Cleveland (Cleveland: The Cleveland Foundation, 1922).

[2] 该基金会建立的宗旨是为致力于克利夫兰市社会福祉的人们留下的遗产提供一个分配的途径。基金会自成立伊始便组织了多项针对社区生活和制度的研究，其中重要的有1915—1916年的公共教育调查报告和1919年的娱乐活动调查报告。除此之外，还出版和实施了一些小型的研究结论，比如克利夫兰年鉴和社区行为指导目录等。

[3] 菲利克斯·法兰克福特(1882—1965)，早年毕业于哈佛法学院，1921年任职于哈佛法学院，1938年被富兰克林·罗斯福总统提名为联邦最高法院法官，接替去世的卡多佐，其是最高法院保守派的领导人。著有《州际商业法案例》《最高法院的事务》以及《霍姆斯法官和最高法院》等。

节，堪称全面，其主要内容有：第一，由雷曼德·福斯迪克[1]负责警察机关的历史、组织架构、警员的选任和培训等内容，并提出了改革警察领导体制、降低警员录用年龄等八项改革建议。第二，重点调查了法院、法官和检察官。对克利夫兰的法院、检察官和大陪审团设置作了简要介绍，对警察、都市法院、大陪审团和普通刑事法院在刑事司法各环节中的职能进行了研究，同时关注到了公众舆论对刑事司法的影响，并提出了组建独立统一的刑事法院、废除大陪审团、完善指控登记制度、设立公设辩护人制度、规范撤回起诉制度等改革司法运行及检察制度的建议。第三，对刑罚和罪犯改造进行了充分调查，从州到郡考察了不同类型的刑罚执行机构，对假释、缓刑、赦免进行了实证调查。第四，对少年法院进行了调查。第五，分析了医学科学在刑事司法中的作用，医学科学在刑事司法中的目的主要是预防犯罪、矫正罪犯，并对验尸官这一古老的职位进行了考察。第六，对律师的受教育程度、行业组织和执业情况进行了分析评论，开创性地研究了报刊、媒体对刑事司法的影响；考察了律师协会、公民联盟等 13 个民间组织对司法过程进行持续监督和协助改进刑事司法机构的组织运作等职能。

2. 检察官在刑事司法中的隐秘实践

报告对凯霍加郡检察官进行考察，检察官享有巨大的裁量权，他可以拒绝提起指控，法院也基本依靠检察官的建议不起诉一案，以至于报告中说不起诉常常是检察官的职能，尽管从技术上讲是法院的。报告将检察官特别是都市检察官视为城市问题的“清洁工”。报告对警察局提供的 1919 年普通刑事法院 4499 件重罪案件中 1000 件的起诉状进行研究，发现警察处理的有 127 件，治安指控官不起诉或者未提交起诉报告的有 85 件，都市法院决定释放或者驳回或者认定轻罪的有 143 件，大陪审团不出具控告书

---

[1] 雷曼德·福斯迪克，1883 年出生，美国律师和社会学家，在第一次世界大战期间，在战争和海军部担任多个职务，曾是洛克菲勒基金和普林斯顿大学的财产受托人之一，著有《美国警察制度》《欧洲警察制度》《欧洲政治体制》等著作。

的有 139 件，郡检察官不起诉 107 件，对原罪作有罪答辩 91 件，改作有罪答辩 148 件，其他处理 42 件，经过完整审判的 118 件，可见，有约 90% 的案件没有经过审判环节，关于案件由法院决定的传统观念在司法实践中相去甚远。一种叫作有罪答辩和辩诉交易的司法实践展现在公众的眼前。实践中，存在一种叫作无诉状（no papers）的案件过滤机制，如果逮捕先于宣誓书，那么案件将会进入法院。如果检察官认为现有事实没有达到法院要求庭审的程度，可以告知法庭无诉状，案件便终结。无诉状程序没有制定法基础，也不被普通法刑事程序所承认。其实施起来没有保障，但在克利夫兰都市法院实际存在，法庭不庭审，对案件做不了什么事情，只能在法庭记录簿上记载“无诉状”。报告还考察了俄亥俄州法律允许都市法院在重罪指控案件中，接受轻罪答辩，驳回重罪案件，继续以轻罪指控进行诉讼的情况，并指出，这种重要的权力也没有保障，检察官目前处理此类案件的实践像不起诉案件一样宽松且随意。

实践中还有一种为撤回起诉，称为不起诉的动议，从字面意思上理解就是实践中不愿意指控。撤回起诉由检察官提出，经法官允许或否决。俄亥俄州法律规定，郡检察官没有法庭的同意，或者在公开的法庭上展示充足理由，不得提出撤回起诉。都市法院没有此规定。在实践中，授予撤回起诉的权力几乎就是检察官的裁量权，法官通常没有疑问，直接同意检察官的撤回起诉。令人吃惊的是，自 1918 年始，这种撤回起诉的频率在增加。报告显示，重罪案件中有 14.27% 的案件成功通过两次初审后，在普通诉讼法院撤回起诉。还存在被认为是“总括的撤回起诉”（blanket nolle）使得几百件案件不再接受审理而成为“死案”。报告的批评主要在于行使起来不够谨慎，检察官申请和获得不起诉不需要向法庭作出解释。同时也没有登记记录，大部分案件检察官没有说明促使他们行动的理由，这给违反规则提供了机会。

3. 检察制度的改革建议

第一，改革大陪审团制度，消除不必要的指控环节，强烈建议废除大陪审团，除非特殊情况需要特别调查。实际上，大陪审团在很多司法区都被废除了，这已不是一种猜想或者试验。

第二，改进指控的方法。检察官应该是一种调查和指控的有组织的机构，建议采取措施废除当前没有档案、记录或登记的宣誓书处理制度，在每一检察官办公室要建立足够处理大量实务的机制，建立登记记录制度，在所有的检察官办公室设立一名首席书记官；添置调查犯罪的设备，包括使用现代精神病学和血缘科学。检察官的助理应有符合逻辑的工作分工。案件因级别和类型不同而不同，应该立即在首席都市检察官和郡检察官的指导下实行案件专业化管理。

第三，建立撤回起诉的保障机制。撤回起诉已成为克利夫兰刑事案件历史中的重大要素，应该有足够的保障使其免于滥用。撤回起诉应该跟其他动议一样需要登记，要书面详细说明检察官不再起诉的理由。

第四，完善律师协会的职能。协会最重要的任务是不断监督刑事司法的运行，为法律执行效率的提高提供方法。最主要的方法是建立卡片索引制度。通过该制度，可以确定每一重罪的地位和各郡的主要犯罪行为。建议登记完整的犯罪信息，包括罪行性质、被告人、被害人、指控的实际地位以及担保人。记录重罪指控的每一步骤，含法官、检察官、被告律师、其他参与案件的人员的姓名，以便更好地确定责任。完善公开检查、监督、改革、赞扬、指责、选举、免职机制。建议建立协会、法官、检察官、警察的联系机制，促进各机构合作。

（二）伊利诺伊州犯罪调查报告[1]

伊利诺伊州犯罪调查出炉的导火线是：1926 年 4 月，州检察官助理 William H. McSwiggin 被黑帮成员枪杀。随后，一名特别检察官被任命负责调查死因，随后，六名特别大陪审团成员、一个尸检官陪审团、一个联邦大陪审团依次参与调查，结果是逮捕了很多人，其中一些人提交了控告

[1] 主要内容参考：Arthur V. Lashly, "The Illinois Crime Survey," *Journal of Criminal Law and Criminology* 20 no. 4 (1930).

书，但这些杀人犯依然没有得到最后处理。舆论哗然，公众强烈要求获得真相。州律师协会在1926年7月的年会上要求民间组织进行调查，尤其是调查社区对McSwiggin谋杀案的反应。1927年4月15日，犯罪调查开始实施。最后形成了一份原始研究的报告，包含204幅图表，篇幅1000多页。

1. 报告的主要内容

调查报告分三个部分，分别为司法运行机制、犯罪及罪犯的特殊类型和芝加哥有组织犯罪情况。

(1)司法运行机制。

报告分析了库克郡和其他17个郡两万个重罪指控的刑事案件，描述了法官、检察官和陪审团在重罪案件处理中的各自职责，还对米尔沃基和芝加哥司法行政和指控所有阶段进行了比较，并对密苏里和纽约调查报告作了比较。报告还分析了最高法院在重罪案件中的角色，通过对1917年至1927年重罪案件判决分析后，对推翻原审判决的理由作了类型化分析。报告对检察官职权进行了调查，芝加哥市是由前库克郡州检察官约翰·黑利负责研究，黑利全面分析了芝加哥自1926年至1927年重罪指控的所有阶段。对于芝加哥以外的地区，由温尼贝戈郡州检察官威廉·奈特负责研究，其基于个人经验和观察研究了州以下检察官的职责和履职方式，还站在指控的立场上研究了不同司法区内的案例历史。雷蒙德·莫利担纲刑事法院的芝加哥都市法院的报告工作，其基于个人观察，在大量案例研究的基础上全面分析了都市法院的运作。赦免、假释和缓刑的调查研究，追溯了缓刑的历史，研究了假释的实践和缓刑法的运作，芝加哥大学社会学教授伯吉斯探讨了监禁和假释对罪犯改造的效果，分析了影响假释成功与否的各种因素。

(2)犯罪及罪犯的特殊类型。

报告考察了库克郡的谋杀案件、少年犯罪和精神错乱及有缺陷的罪犯。库克郡谋杀案件的调查是由报告主持人拉什里开展的，拉什里分析了1926年至1927年库克郡所有谋杀案件，将其逐月按照犯罪等级、杀人模式、被害人肤色及性别、杀人动机、区位分布进行分类，还分析了尸检官在谋杀重罪中的运作，并对所有谋杀重罪案件(其中一部分以谋杀指控，一部分以过失杀人指控)的最终处理结果做成表格。少年犯罪调查由芝加哥大学社区研究委员会在特别委员会指导下组织实施，报告分析了少年犯的数量、分布以及个性特征，还研究了少年法院对少年犯的处理方式以及管制少年犯的不同机构，同时，报告还对芝加哥的在校生的逃学及屡教不改的问题作了研究。由三名医生组成的一个委员会调查了精神错乱及有缺陷的罪犯，讨论比较了律师和精神病专家在犯罪和惩罚领域的不同理论，委员会深入库克郡刑事法院、芝加哥都市法院的精神病诊所、州监狱、罪犯精神病院以及州管教所进行跟踪调查，研究了精神病人犯罪案件中的专家证人、处理程序和精神病犯罪的许诺与审判和裁决之间关系的法律和程序规定。报告还对库克郡 1923 年至 1927 年判决罪犯有精神病的所有案件的不同阶段进行跟踪，有的最终以人身保护令释放，有的有精神病史的罪犯被送至惩罚机构。

(3)芝加哥有组织犯罪情况。

该部分由美国刑法和犯罪学协会研究主管约翰·兰德斯科在由安德鲁·布鲁斯法官、约翰·威格摩尔、博吉斯教授组成的咨询委员会指导下撰写。报告详细考察了芝加哥以及周边超过 25 年的有组织犯罪的历史。还研究了黑社会组织的各阶段以及在不同领导控制下的运作情况，比如组织卖淫、进行联合赌博、敲诈勒索以及芝加哥有组织犯罪的名人录等。报告提出建议，芝加哥官方和民众采取有计划的行动结束已存在多年并被民众所阻止的犯罪和政治的结盟。

2. 存在的主要问题及改革建议

司法的失败更多地归因于实际运行中的缺陷而非法律的瑕疵。芝加哥和库克郡刑事司法运行就很糟糕。如果警察、司法行政官、检察官、法官各尽其责、忠诚履职的话，那么州的所有社区都不会存在严重的问题。犯罪上升的问题源自上述官员错误履职或者不履职。对更好的人员，更忠诚、热情、认真负责地运行的需求超过了对更新法律的需要。建议把刑事指控的重点放在被告人身上，这有利于法律执行者在法律实践中表现得忠诚、热忱和负责。实践中，公共官员执行法律的尺度过松，对罪犯较为宽容。报告建议提供一些方法有助于全州的假释和缓刑官、警察、检察官和法院获得有关前科记录的材料。

指控失败，整个司法程序就失败。芝加哥的刑事检控制度处于低效的状态。州检察官是政治上的老板，对助理的任命主要依据其政治背景而非能力。助理负责都市法院中对重罪案件指控的预审，但助理既不能胜任该工作，也对此表示漠不关心，存在失职行为。报告指出，这些官员往往对案件事实一问三不知，这导致了56%的案件在预审时失败。成千上万的重罪报告指出，罪犯由检察官释放了，或者在刑事法院通过有罪答辩获得轻缓处理。警察、州检察官、法院既没有维护劳工和商业领域的法律和秩序，也没有镇压为非作恶、赌博、非法制造私酒和抢劫的违法行为。芝加哥部分危险的罪犯成为这种从宽处理的受益者。建议对有罪答辩制度进行充分的监督，完善州检察官的选举制度。

（三）密苏里州犯罪调查报告[1]

20世纪20年代，密苏里州的犯罪问题十分严重。所有人都在谈论和评论，但没有人实际付出行动。最后大家达成共识，即必须做一个全州的调查，收集事实，并且应该由全州有影响力的机构组织实施。密苏里州律师协会被民众寄予厚望担纲这项工作，因为这是唯一一个既有实践经验，又经过专业培训的机构。1924年2月16日，协会主席请求行政委员会任命一个特别委员会，负责调查和研究密苏里犯罪的增长及条件、刑法和刑事诉讼法，犯罪调查工作才启动，犯罪调查委员会对密苏里的圣路易斯、堪萨斯城、圣约瑟夫等大城市进行实地调研，获取了大量第一手资料，最终于1926年完成犯罪调查报告。该报告的最大特点是数据非常翔实，有助于直观描述现状和说明存在的问题。报告对警察、验尸官、司法行政官、

[1] 本部分主要内容参考：Arthur V. Lashly, "Phases of the Missouri Crime Survey," *St. Louis Law Review* 11 (1926); Guy A. Thompson, "The Missouri Crime Survey," *American Bar Association Journal* 12 (1926).

监狱及矫正机构、检察官、陪审团、法官与减刑、假释、城市与乡村司法运作差异、犯罪成本、行业组织等问题进行了充分的研究。该报告研究最为彻底的部分是对检察官的研究。

密苏里州下辖114个郡和圣路易斯城，各有一名检察官。1900年，密苏里通过宪法修正案，检察官可以对重罪直接起诉，也可以通过大陪审团提交控告书。结果之一就是大陪审团在重罪案件中的作用几乎停止了。经统计，85%的重罪案件由检察官提交起诉书给巡回法院。检察官享有巨大的裁量权，决定是否重罪起诉、何时起诉，也可以自由地终止起诉，也就是说对重罪案件拥有生死决定权，而且无须说明理由。报告指出检察官是州内执行刑事法律最为重要的官员。报告还发现，检察官没有足够的薪水，大部分是职业初学者或者没有获得什么成就的人。超过40%的检察官不是毕业于法学院。同时，检察官人数在各郡之间分布不均也影响了指控的效果。州检察官和法官作为整体在刑事指控上承担主要责任。在发出令状的所有非酒类重罪案件中，有21%的案件被检察官不予指控，19%被法官驳回。报告调查发现，圣路易斯的检察官排除了50%的案件，堪萨斯城是33%，而圣路易斯的法官只有12%，堪萨斯城法官有16%。这说明，警察在完成其工作后，检察官基本上成为案件处理最重要的独立角色。报告还研究了唯一一个申请令状保留完整的城市——圣路易斯城，在由检察官签发令状的非酒类重罪案件中，只有26%最终受到刑罚，意味着警察觉得值得申请令状的100个案件，只有26件受刑。

报告还详细列举了有关检察制度的改革建议，主要有：要求郡法院为检察官提供必要的图书馆和办公设施；允许法院就检察官提出的撤回起诉动议并附充足理由后在陪审团宣誓之前做出；要求检察官不间断记录宣誓申请的令状，以及发出令状后每个案子的进程和处理情况；要求检察官就允许上诉的每一重罪案件向最高法院书记官和总检察长证明；保证检察官足够的薪水；除了死刑案件，允许被告人放弃陪审团审理的权利，而由法庭审理；建立州统计办公室，让记录标准化，定期总结、列表分析数据并出版；建立被告人识别局，采用最完整和最系统的识别被告人的方法，对鉴别永久记录。

（四）对犯罪调查的简评

1. 时代背景相似

第一，民众对刑事司法机构知之甚少，所知道的也常常是基于一些轰动的案件，没有代表性，正如克利夫兰犯罪调查主持人法兰克福特在报告扉页所写，刑事司法制度不是由偶发的戏剧性的案件，而是由普通的单调的案件进行判断。第二，要适当理解刑事司法制度就需要以客观的、无政治倾向的姿态全面收集实证数据，因为同时代的学者明白，大部分刑事案件的记录是“惨不忍睹”的。第三，犯罪高发态势导致民众心理恐慌，在20世纪20年代，发明了“犯罪浪潮”一词，民众也形成了固定观点，即周期性犯罪爆发即将来临，这也是绝大多数犯罪报告中提到的，密苏里州犯罪报告中也提到“多年来犯罪潮膨胀，时不时会退潮，但是每次反复都会高过前一次。”

2. 以民间为主，官方为辅

1926—1931年间，犯罪委员会成立最多，大部分研究都是私人资助的。这一时期，很多私人研究基金会涌现，支持大部分政府和大学不愿或者不能支持的个人学者和研究计划。而且，基金会没有设置严格的限制条件，鼓励实用的以问题解决为导向的学术调查。这些基金会促使将调查的方法运用到社会问题的研究中。犯罪委员会组成人员也多由民间人士构成，包括法学教授和前法官或检察官。如克利夫兰犯罪调查人员阵容强大，共35人，有法学教授，前法官、检察官等实务工作者，由哈佛大学法学院院长罗斯科·庞德和哈佛大学法学院行政法教授菲利克斯·法兰克福特共同主持。伊利诺伊州犯罪调查报告的撰写工作主要由学者完成，包括芝加哥大学法学教授雷蒙德·莫利，芝加哥大学教授艾迪斯·阿博特、博吉斯，西北大学法学院院长约翰·威格摩尔，医生道格拉斯·辛格，美国刑法和犯罪学协会研究主管约翰·兰德斯科等。

3. 调查方法类似

各犯罪调查委员会成员秉承进步主义思想的遗风，熟练运用实证方法，采取案例分析、数据统计、实地调查等方法对犯罪问题和刑事司法运行进行经验研究。克利夫兰调查最著名的是广泛使用了统计数据展示刑事司法制度在实际中的运用。密苏里犯罪调查委员会采用了问卷调查的形式，委员会将问卷发给全州所有的州检察官、前检察官、司法行政官、巡回法官、验尸官、巡回书记官。调查问卷设计的问题涵盖以下内容：圣路易斯、堪萨斯、圣约瑟夫城的警察运行；司法行政官和验尸官的法律基础和运作方式；司法运行；最高法院重罪上诉案件；赦免、假释和减刑；各法律执行机构的记录制度；医学职业和刑事司法运行的关系；刑事程序法律的必要变革。

4. 对司法改革和学术研究产生了深远影响

在克利夫兰犯罪调查报告公布之后，刑事司法运行取得了多方面的改进：第一，普通诉讼法院成立新的缓刑部门，并配备足够的人力。第二，律师协会根据调查的建议，组织了一次投票决定三名普通诉讼法院法官是否留任，律协组建一个委员会实施该投票选举活动。第三，检察官办公室在人事和业务方法方面均得到很大改进，新的城市管理部门选举了治安检察官。郡检察官与协会的联系更加紧密，提高了其工作效率。第四，大陪审团控告程序的效率得到显著提高。第五，克利夫兰自 1922 年始犯罪数量有所下降。其他州也或多或少采纳了犯罪调查报告提出的建议。

更为重要的是，各州的犯罪调查报告给后来的学术研究提供了丰富的研究素材。如 20 世纪 20 年代的学者贾斯汀·米勒、雷蒙德·莫利就通过对克利夫兰、密苏里、伊利诺伊等犯罪调查报告中提供的案件信息和数据进行分析整理出自己的研究成果，到今天还在被学者引用。联邦司法部于 1976 年编写的《美国两百年以来的刑事司法》、米歇尔·罗斯于 2010 年撰写的《犯罪与惩罚：美国刑事司法制度的历史》、约瑟夫·斯皮兰和戴维德·沃考特于 2013 年合著的《美国现代刑事司法的历史》等著作均引用了犯罪调查报告中的相关数据。可见，20 世纪 20 年代进行的犯罪调查及报告所收集的案例和统计数据经得起历史的考验。

二、20 世纪 20 至 30 年代学者对检察官裁量权的研究与反思

20 世纪 20 年代开始，美国兴起“犯罪调查报告”现象，各个犯罪调查委员会的成员深入刑事司法一线，整理出许多非常有价值的数据。同时，学者不再将案例分析方法局限于个案分析，利用犯罪报告和联邦及各州司法部(总检察长)提交的年度报告，整理刑事司法档案文献，对刑事司法的微观运作进行了实证分析，出现了检察官在刑事司法中地位及作用研究的第一次高潮，涌现出贾斯汀·米勒、雷蒙德·莫利、纽曼·贝克、厄尔·德隆等研究刑事司法运作的著名学者。

(一)贾斯汀·米勒的研究成果

米勒教授曾是南加利福尼亚大学法学院院长，其于 1927 年在《南加利福尼亚法律评论》上发表了《刑事案件中的妥协》一文[1]，是较早梳理美国刑事诉讼运作中鲜为人知的实践、较早研究辩诉交易及检察官作用的专题研究成果。

1. 传统观点的回顾和新的发现

米勒教授告诫人们，刑事司法的运行更能看出书本上的法律和实践中的法律的不同之处。从理论上讲，刑事案件不应该有妥协[2]，被害人的谅解不能阻止刑事指控。然而，米勒通过对克利夫兰市犯罪调查报告、佐治亚州犯罪报告、密苏里州犯罪调查报告、明尼苏达州犯罪报告等公开数据和检察官的私人信件的分析，发现很多案件是以各种类型的妥协结案的。米勒总结了几种妥协的方式：第一种是私了(刑事案件没有到达警察和检察官)，很多州的律师都参与这种妥协，也有很多社会工作机构参与家庭成员间的刑事案件的私了。第二种是警察进行的妥协。警察处理了大

---

[1] See Justin Miller, “The Compromise of Criminal Cases,” *California Law Review* 1 (1927—1928).

[2] Com. v. Brown, 167 Mass. 144, 45 N. E. 1 (1896).

部分轻微违法行为，只有严重的才会送至检察官，如明尼苏达州圣保罗警察局机动车部登记了719件盗窃案，其中只有69人被捕，39人定罪，警察希望通过此种方式假装执行了法律。第三种是保释担保代理商的实践。一些地区的代理商享有不受法院监督的释放囚犯的巨大权力，罪犯向保释担保人支付费用后就免去指控。第四种是检察官不起诉或者降低刑罚的允诺。这种允诺有很多方式，包括预审时请求不起诉、被告人认罪并作为证人指证同案犯而承诺不予追究、在审判法院提议不起诉或者撤回起诉、基于被告人对指控罪行的其中之一作有罪答辩，而同意终止对其他指控、基于被告人对同一罪行的较低等级作有罪答辩而同意终止原指控以及不经正式处理而同意或者让案件脱离视线。

2. 妥协中的关键人员分析

米勒首先对预审法官作了分析。预审法官由治安法官、违警法官或者都市法官指派，其在轻罪或者较轻犯罪案件中充当审判法官，在重罪案件中作为预审法官。预审法官的权力很大，可以接受对更轻罪行的有罪答辩和驳回重罪指控，有时检察官也参与其中，大陪审团偶尔也和被告人做交易。

米勒对控方证人的作用也做了探讨。控方证人一般是指被害人。控方证人通常非常愿意和渴望接受被告人被捕后的处理方案。

审判法官偶尔也建议对更轻罪行作有罪答辩、驳回起诉、许诺缓刑或延期量刑换取有罪答辩。有些法官拒绝这种妥协，有些法官私下建议检察官或辩护律师在法庭公开进行一些交易。随着少年犯和成人缓刑的增加，法官在上述交易中的参与度也逐步提高。

米勒认为，预审法官、检察官、大陪审团以及审判法官在妥协中拥有决定指控是否必要和迫切的权力。米勒也承认，这些人员的裁量权有存在的必要，关键的问题在于以什么方式控制和行使权力。

3. 妥协的理由

第一，案件量的增加。很多以前由社会或商业习惯、家庭或者教会的戒律、民事诉讼可以获得赔偿的行为被认为是犯罪，比如禁止生产销售酒精的法律，规制销售有价证券的法律，管理支票发行及其他用于信用商业的有价值的物的法律，随着机动车发展起来的规制交通的诸多法律，城市数量的迅速增长带来的规制建筑、卫生和健康的大量法律。通信和交通方式的进步促使人们联系更加紧密，也增加了对政府管理冲突与矛盾的需要。美国人民有这种倾向，不尊重有一点怀疑的任何法律，认为民事权利比规制公共犯罪更重要。因此，法律执行出现困难。这也是导致刑事案件中出现妥协的原因之一。检察官也明白，代表人民意愿的法院会小心守卫之前建立起来的保护被告人的各种措施，因此，法律执行官员（如检察官）愿意“交易”，或者放弃可能定不了罪的案件以及可能激起社区紧张敌意的指控。警察也是这样，尤其因工资不足和培训不够，难以收集必要的证据，无法准备充分的证据以应对熟练的犯罪分子。法律执行官员的这种态度由于大量新犯罪的创设导致其工作量大增而一直保持。人力设备不足，当地政府缺乏连续的行政上的指导，当地各部门缺乏统一的指导和合作，无法解决科技时代中的职业盗窃犯。

第二，法院无法胜任案件负担。缓解案件量的立法出台很慢，经常无法跟上实际中工作量的增加。

第三，公共成员的负担也有所增加。这是由于前面两个原因造成的。之前开庭期不频繁，陪审员和证人的义务也轻，开庭期的公开几乎就是社会事件。如今，一个城市一般有 40～50 个法庭，日复一日地在消化案件，因此，会出现由于陪审团和证人义务重而废除陪审团制度的建议，并且轻罪案件最大限度地放弃了陪审团审判。

第四，人们不太情愿承认刑事责任。大量先前被认为是社会破裂或者民事罪过的行为要负刑事责任。任何人或多或少同意达成民事裁决，追求刑事定罪并不痛快，因为社会将其视为耻辱。甚至，社会有时还会同情或者支持受到不公正指控的被告。米勒认为，只要这种扩大刑事法律范围的趋势继续，法律的执行会日益困难。

上述条件和原因促使出现隐秘的法律执行制度。米勒认为，这种隐秘的制度对于个人权利以及稳定管理都具有危险性。一方面，个人的权利无法得到适当的保护，尽管个人拥有宪法和制定法规定的权利、特权和免责的保障，但是贫穷的、不友好的、无助的人最容易被定罪。为了获得良好记录，会导致检察官忽视穷人、身处刑事程序无监督阶段（审判之前）的无辜之人的权利、特权和免责权，被告人被引诱认罪和作有罪答辩，尽管是因为希望回报或对极端刑罚的恐惧。错案的可能性在有罪答辩的案件中比例巨大。诉讼中敲诈、勒索时有出现。案件拥挤、秘密处理和没有监督使得案件的妥协范围巨大，同时也给官员腐败和私人欺诈提供机会，这使得保释担保居间商、不择手段的律师等人进行恶劣的交易。城市、有良知的官员在试图阻止或规避不适当影响中不断经历不必要的不方便。而且，不断被怀疑是制度的共犯，会破坏公众尊重法律的心理和对法律公正执行的信心。

4. 改革建议

第一，有秩序地提供无须刑事指控的解决方案。一些州规定，涉及金钱或财产，或者已通过民事诉讼获得赔偿的被害人的轻罪案件，经法官同意，可以通过返还财物或者赔偿损失得以解决。有些州规定只有配偶控告才能指控通奸罪。法律认为，作为公共政策，社会将从中受益。

第二，少年犯罪方面，定罪的首要问题是调查罪犯的年龄，确定该罪犯是否有足够的精神能力形成犯意。近些年见证了少年法庭的发展和少年犯罪很大程度上排除刑事责任的新观点。少年犯罪现在通过妥协或者调解的方式处理，蕴含的理论是国家监护规训国家的儿童让其成为有用的公民。建议设计一种程序避免伴随正式刑事法律执行而带来的诸多艰难和困境。一些州发展出一种家事法庭的审判组织，逐渐形成适用缓期量刑和缓刑的趋势。

第三，民事法律中发现很多可以妥协和调解的方式。目前很多刑事犯罪仅仅是民事罪过。在建立禁止刑事案件妥协的规则之时，要调查民事法律的方法是否完全适合刑事程序。民事案件高度赞赏妥协，而不同意刑事案件的妥协。在面对伦理标准时，美国律师协会的年度报告归因于辩护律师被鼓励进行这些妥协。

刑事案件也经历这种趋势。法律并没有允许不经审判的处理方式，妥协的实践超出法律。这迫使我们面临这样的课题：要求暴露不同的程序的民事和刑事案件真的有区别吗？区分论的理论基础在于，民事的错误没有足够的严重和有害，所有的立场是这些纠纷应该可以友好地解决，一是要求保持和谐的个体之间的关系，二是防止浪费时间、精力和财力以此维持额外的法庭官员，要求不需要陪审员、当事人和证人。而刑事案件理论是伤害已经很严重以至于社会不能忽视犯罪的实施，仅仅恢复原状给受侵害的被害人是不够的，并且很多案件无法恢复原状，如谋杀案件。鉴于刑法范围日益扩大，这种总是正确的区分是否公平？以目前的观念，对所有案件的刑事指控和刑罚是否符合公共政策？少年犯罪的新处理方式说明已经开始部分放弃旧理论。目前刑事案件的妥协意味着更大范围的放弃。

建议能够胜任的组织继续沿着常规路线考问。第一，进行调查确定刑事法院、地方检察官、警察和其他法律执行部门存在的条件；第二，调查确定最频繁进行妥协的案件类型以及妥协的原因；第三，进一步研究是否对一部分犯罪予以出罪，冠之以“公共侵权行为”；第四，对于某些犯罪，研究是否可以利用少年法院使用的解决方案；第五，允许妥协的案件要有规则，需经司法或行政官员，或者法庭的同意，也需要地方检察官的建议和同意，以及被害人的同意，可能的话也要被告人有合作意愿，要保留各参与人的记录，充分考虑民事补偿、假释及相似机制。

（二）雷蒙德·莫利的研究成果

雷蒙德·莫利于1927年作为伊利诺伊州犯罪调查委员会成员，担纲刑事法院的芝加哥都市法院的调查报告工作。随后，他于1928年在《南加利福尼亚法律评论》上发表《正在消失的陪审团》一文。该文是莫利对伊利诺伊州库克郡1926年进入预审的13117件重罪案件进行整理分析，然后比较克利夫兰、密苏里和纽约州的刑事司法实践后发表的研究成果。莫利发现，尽管伊利诺伊州法律规定犯有重罪的被告人享有陪审团审判的权利，但是只有492件经过了完整的陪审团审判，其中有283件被判无罪，184

件以原指控罪名定罪量刑，25 件以较轻罪名定罪量刑。莫利进一步调查发现，检察官处理了大量案件，遮盖了陪审团的重要性。预审法官和审判法官通过一种妥协的方式无须陪审团进行诉讼。被害人、警察、治安官、审判法官、检察官等均会与被告人达成妥协，其中最为重要的是检察官。莫利考察了撤回起诉、有罪答辩等逃避陪审团审判的方式，这些方式都有检察官的身影。

撤回起诉这一英国普通法中古老的制度，被认为应适用于最不同寻常的案件，其诉讼效力是终止案件，因此只有英格兰总检察长专享撤回起诉权。然而，美国引进英国的撤回起诉制度后将该权力赋予每位郡检察官。莫利通过对克利夫兰、密苏里州圣路易斯城、明尼苏达州亨内平郡、佐治亚州富尔顿郡、伊利诺伊州库克郡等地撤回起诉率的分析，[1] 莫利认为，在美国，撤回起诉被检察官过度使用，并援引罗得岛 1897 年的一个案例表达了自己对撤回起诉的态度，法官在该案中说道："这种实践是邪恶的，当事人之间的同意不是法律授权的量刑或者替代方式。"[2] 莫利也看到了各州为应对检察官滥用撤回起诉引发的后果，设置了一些限制条件，主要有：需要经过法官同意、检察官提出书面理由、对腐败协议提出的撤回起诉规定严厉的刑罚以及废除检察官撤回起诉权等。[3] 上述条款在实践中并没有真正起到限制检察官提起撤回起诉的作用。因为，一方面，法官很难去审查检察官提出的撤回起诉理由，以至于被迫接受检察官的提议，因为，检察官提出的理由大多是"证据不足"或者"找不到证人"，法庭多疑，缺少警惕性，撤回起诉的实践仍在继续；另一方面，在纽约州，撤回起诉

[1] 1925 年，克利夫兰由大陪审团提起指控的案件中，撤回起诉率为 11%；圣路易斯城 1923—1924 年撤回起诉率为 10.2%；亨内平郡 1923 年撤回起诉率为 28.61%；富尔顿郡 1923 年撤回起诉率为 13.07%；库克郡 1923 年撤回起诉率超过 25%。参见 Raymond Moley, "The Vanishing Jury," *Southern California Law Review* 2 (1928-1929).

[2] See State v. Conway, 20 R. I. 270, 38 Atl. 656, 657 (1897).

[3] 如西弗吉尼亚州要求撤回起诉需要经法庭同意；俄亥俄州制定法规定撤回起诉需要法庭的同意或者检察官提出合理理由；宾夕法尼亚州要求撤回起诉需要法庭的书面同意；纽约州在刑事诉讼法中废除了检察官的撤回起诉权。参见 Raymond Moley, "The Vanishing Jury," *Southern California Law Review* 2 (1928-1929).

被废除，只是形式上没有使用该名称，很快被驳回起诉的实践所取代，一样具有终止刑事诉讼的效力。[1] 对于公众积极批评撤回起诉的州，检察官以及公众对撤回起诉的批评在于检察官没有明确的责任规定。如表 3-2，自从 1921 年犯罪调查报告严厉批评撤回起诉的随意使用，自 1922 年起，克利夫兰市检察官不太愿意对大陪审团提起控告的案件撤回起诉，撤回起诉的比例呈下降趋势。芝加哥市也出现同样的下降的趋势。

表 3-2　1922—1927 年克利夫兰撤回起诉情况统计[2]

年份	大陪审团控告书总数/份	撤回起诉案件数/件	撤回起诉率
1922	1480	204	13.8%
1923	1544	278	18.0%
1924	1083	108	10.0%
1925	1110	126	11.4%
1926	1127	77	6.8%
1927	1293	78	6.0%

莫利继而分析，检察官通过行使裁量权采取了交易的方式换取被告人的有罪答辩，并号召学界深入分析这种普遍存在的实践。检察官和辩护律师讨论明示或默示的条件换取被告人的有罪答辩，由此被告人可能得到各种好处，比如，检察官保证法官判处轻缓的量刑，可以获得缓刑及暂停量刑，可以获得检察官关于支持假释的保证。莫利认为，辩诉交易制度不仅对被告有利，对于检察官和法官也非常有利。第一，检察官可以不用承担繁重而冗长的审判，还无须担心败诉以及上诉法官推翻原有罪判决的风险，辩诉交易还可以提高其有罪判决率，增加其政治资本；第二，法官免于原判决被推翻的风险。然而，在莫利所处的那个年代，除了两三个州，

[1] 纽约法院 1925 年应检察官提议或者辩护律师提议而被法院驳回起诉的比例是 11.4%，其中大量辩护律师提议法官驳回起诉的案件检察官并没有表示反对。莫利认为，被法院驳回起诉的案件比例与其他州检察官提议撤回起诉的比例基本相同，继而确定撤回起诉依然在实践中存在，只是更换了名称。

[2] See Raymond Moley, "The Vanishing Jury," *Southern California Law Review* 2 (1928-1929).

其他州没有关于已成为现代刑事司法特征的有罪答辩制度的官方记录。莫利通过调查报告、公共记录、私人访问和法庭记录等方式描绘了一幅有罪答辩制度在辩诉交易中的微观运行图。莫利通过比较纽约城、芝加哥等都市与纽约、加利福尼亚、明尼苏达等州的小城市有罪答辩率的数据后得出结论，有罪答辩在小城市一样也很流行。莫利将有罪答辩分为对指控罪行的有罪答辩和对较轻罪行的有罪答辩。对较轻罪行的有罪答辩在实践中有多种形式，检察官放弃对重罪的指控，被告人对轻罪作有罪答辩。被告也可以在重罪中对较轻的罪行作有罪答辩，如检察官指控抢劫罪，被告人对殴打作有罪答辩。法官在诉讼过程中也允许检察官的这种实践，莫利将上述实践称为“答辩交易”(bargaining for pleas)。莫利指出，没有引起公众注意的主要原因在于难以收集足够的证据证明答辩交易的流行。

莫利对克利夫兰市、密苏里州、纽约州和伊利诺伊州等犯罪调查报告中的“答辩交易”作了较为细致的分析。莫利发现，在密苏里，更为常见的答辩交易是被告人对原指控作有罪答辩后被假释。在纽约州，其对较轻罪行的有罪答辩比对指控有罪答辩的比例要高。[1] 莫利通过对纽约市警察局提交的“第四次犯罪案件”的统计数据进行分析[2]，被告人和检察官就被告人第四次犯罪的性质会达成答辩交易，如果检察官同意被告人对第四次犯罪作轻罪答辩的话，被告人就免于终身监禁的刑罚。因此，莫利就此得出结论，警察的工作比起检察官和法院来讲更令人满意，并将这种实践批评为“日益支配司法程序的拍卖精神”。在分析芝加哥 1926 年最终被定罪的案件后发现，存在大量的对重罪指控后降格指控的情形，使得被告人获得与其罪行不相适应的轻缓刑罚，莫利引用一名前检察官的评论说“在

[1] 1926 年，纽约州被告人对指控作有罪答辩的比例是 26.8%，而对其他罪行作有罪答辩的比例是 37.5%。参见 Raymond Moley, “The Vanishing Jury,” *Southern California Law Review* 2 (1928-1929).

[2] 根据纽约刑法典，被告人有三次重罪判决前科，如果第四次被判决重罪，则只能判处终身监禁，该条款又被称为《鲍姆斯法》。纽约市 1927 年 1 月 1 日至 1928 年 1 月 1 日，共有 65 件符合《鲍姆斯法》的案件，其中有 14 件被告人对轻罪作有罪答辩而没有被判处终身监禁。参见 Raymond Moley, “The Vanishing Jury,” *Southern California Law Review* 2 (1928-1929).

这种条件下执行法律变成一场司法闹剧和拙劣表演”，对这种暗中进行辩诉交易的做法给予尖锐的批评。

在批评检察官所拥有的巨大裁量权以及由此产生的辩诉交易后，莫利还关注了一起法官滥用职权接受辩诉交易的案件，三名法官被指控发布命令放弃重罪指控并接受更轻罪行的答辩以至于被告被轻判逃脱了制定法的规定，在莫利看来，被放弃的罪名涉及谋杀、抢劫、夜盗等重罪，最终该三名法官被调离刑事法庭审判岗位。莫利借此想要说明的是，官方对法官、检察官、被告及其律师之间的妥协已经给予充分的关注，建议赋予法官更多的权力可以控制指控，而不是完全受检察官的牵制，谴责检察官“放弃重罪指控、与被告交易的行为是邪恶的”。莫利总结出检察官两种辩诉交易的形式，一种是为换取被告人对指控罪行有罪答辩而给予其他形式的从宽处理，另一种形式是被告人对原指控罪行更轻的罪行有罪答辩，检察官同意后获得没有原指控刑罚严厉的刑罚。莫利在此基础上分析了法官支持辩诉交易的五个方面的理由，分别为：第一，接受有罪答辩是处理案件的快速方法之一，节省成本，对具有大量案件压力的大型城市社区来说尤其必要；第二，有助于将注意力放在少量陪审团审判的案件；第三，定罪判决免于被推翻的风险；第四，通常检察官认为控告的罪行没有那么严重，检察官用严重罪行促使被告对更符合事实的更轻罪行作有罪答辩是一种策略；第五，辩诉交易有时可以实现实质正义。

最后，莫利并没有简单全盘否定辩诉交易。而是针对其中的弊端予以修正，比如，刑事诉讼中确实存在案件量过大的问题，选择辩诉交易有助于提高诉讼效率，改进的方法是辩诉交易记录在案。莫利还将辩诉交易视为一种个别化对待被告的一种方法，与新近出现的缓刑等制度具有相近的矫正被告的立法意旨。由此推断出，被告人对更轻罪行的有罪答辩会降低缓刑的适用率，莫利赞同督促被告人对指控罪行作有罪答辩从而获得缓刑，减少使用降格指控的辩诉交易。莫利更关注检察官的辩诉交易几乎没有受到上级法院的审查，无须承担公共责任的现状，限制检察官的裁量权的方法在于给予法官广泛的权力，引进加拿大和英国的独任法官审判制度，并建议采纳康涅狄格州的允许被告放弃陪审团审判的规定。

（三）纽曼·贝克和厄尔·德隆关于检察官的研究成果

1933年至1936年期间，芝加哥西北大学教授纽曼·贝克尔和厄尔·德隆单独或者联合对检察官以及检察官办公室的职责、权力等做了立体式、全方位的研究，提出了独到的见解。贝克和德隆的研究也是主要基于各州犯罪调查报告收集的数据，并对19世纪至20世纪30年代联邦和各州关于检察官职权立法的新发展和司法实践的现状，公开发表了一系列的研究成果。[1] 贝克教授对犯罪调查报告描述的检察官拥有接受更轻罪行的答辩、撤回起诉、因指控需要不起诉、提出量刑建议等权力表示极大的忧虑，同时，论文也提及了检察官的有罪判决记录对其职业生涯的影响。

1. 对检察官的权力进行了全面的考察

贝克和德隆在全面分析各州制定法和司法实践的基础上，对检察官的权力作了非常直观的表述。贝克和德隆教授对检察官的日常工作表示了极大关注，他们将检察官的工作分为：刑事调查和指控、民事诉讼和刑民事初次接见及法律建议三方面。检察官在上述三者之间的时间分配并不均衡，一位检察官写道："我把时间分配如下，35%的时间放在了民事法院和咨询，10%的时间处理刑事指控，55%的时间都花在了民事和刑事的初次

---

[1] 按照发表时间排序主要研究成果如下：Newman F. Baker, "The Prosecutor: Initiation of Prosecution," *Journal of Criminal Law and Criminology* 23 (1932-1933); Earl H. De Long and Newman F. Baker, "The Prosecuting Attorney: Provisions of Law Organizing the Office," *Journal of Criminal Law and Criminology* 23 (1933); Newman F. Baker and Earl H. De Long, "The Prosecuting Attorney: Powers and Duties in Criminal Prosecution," *Journal of Criminal Law and Criminology* 24 (1934); Earl H. De Long and Newman F. Baker, "Powers and Duties of the Prosecuting Attorney: Quasi-Criminal and Civil," *Journal of Criminal Law and Criminology* 25 (1934); Earl H. De Long, "Powers and Duties of the Prosecuting Attorney-General in Criminal Prosecution," *Journal of Criminal Law and Criminology* 25 (1934); Newman F. Baker and Earl H. De Long, "The Prosecuting Attorney and His Office," *Journal of Criminal Law and Criminology* 25 (1935). Earl H. De Long and Newman F. Baker, "The Prosecuting Attorney: The Process of Prosecution," *Journal of Criminal Law and Criminology* 26 (1935). Newman F. Baker and Earl H. De Long, "The Prosecuting Attorney and Reform in Criminal Justice," *American Journal of Criminal Law and Criminology*26 (1936).

接见和法律建议上。”由此可见，检察官用于刑事指控的时间最少。

(1)在刑事领域，可否指控特定罪犯主要取决于检察官的判断，检察官也被称为“听忏悔的神父”(father confessor)。根据所有罪犯均应平等对待的原则，“是否浪费时间”“庭审成本是否昂贵”“是否对被告人公平”“是否具有公共价值”“是否会引发政治争吵”等均不是“指控还是不指控”的考量因素。在卖淫、赌博和酒类等案件中，检察官的个人信念对指控产生直接的影响。检察官对指控某些案件持非常谨慎的态度，比如盗窃罪、强奸罪、酒类犯罪等。笔者认为检察官是否指控的考虑有：一是证据方面的考虑，控方证人是否愿意出庭；二是社区的具体情况，如农业为主的地区，检察官更愿意指控偷盗的行为，而不愿意指控违反禁酒法的行为；在大学城发生的刑事案件，检察官只有在大学要求调查或指控时才会介入。[1]贝克教授对检察官所秉持的对最坏的犯罪进行指控，只是控制犯罪而非镇压犯罪的观点表示一定程度的赞同。贝克和德隆进一步提出值得人们警惕的观点：“更加明显的是，政府是人治政府而非法治政府”。

各州基本都有关于总检察长刑事方面职权的规定。德隆教授对总检察长的刑事指控权力分成了四种模式。第一种是绝对的刑事指控权力。路易斯安那等部分州宪法赋予总检察长完全的权力，即可在任一州提起或介入刑事诉讼。特拉华州和罗得岛也给予总检察长完全的权力，可以指控违反州刑事法律的人。这一模式也得到纽约初等法院等法院的支持。第二种是相对的刑事指控权力。总检察长只能在较高级别的法院享有指控的权力。15 个州的法律规定总检察长为州利益的所有刑事案件可以上诉至最高法院。第三种是向行政长官提供咨询。亚利桑那和加利福尼亚等州总检察长有义务向州长就死刑案件提供咨询，康涅狄格州宪法还规定总检察长还是州赦免委员会成员。第四种是监督地方检察官。伊利诺伊州总检察长可以要求州检察官准备并提交陈述、案件报告、摘要、简明法律及事实的建议

[1] 在论文中，贝克教授引用了同一州的两名检察官的做法，其中一名检察官认为，对酒类案件大量指控没有什么不好的；而另一名检察官却特别痛恨酒类案件。借此，贝克教授批评了禁酒法律的执行存在不一致的现象。

等文件，新罕布什尔等州的制定法规定总检察长在与指控官产生分歧时享有至上权威。

地方检察官作为公共利益的代表，对普通刑事案件承担更多的责任。除此之外，很多制定法规定了地方检察官需要承担其他的指控任务。宾夕法尼亚等州要求检察官有义务调查因违反铁路管理法律造成的铁路损失并负责指控相关责任人。很多州的法律规定要求检察官发起对贸易限制、虚假宣传的指控，指控违反法律的保险公司和快递公司，指控违反劳工法律的行为，还有的州要求检察官指控选举过程中的罪行，如贿选、选举欺诈、选举腐败等行为。同时，检察官还具有与司法行政官、验尸官、警察、私人侦探、铁路警察、监狱长、州卫生督察员等分享案件调查的职能。密歇根州的检察官必须调查违反预选经费法律的行为；马萨诸塞等州的检察官需要参加选举的调查；田纳西州地方检察官对法院书记官的经费使用负有调查之权，并对违法使用进行指控。检察官有权调查犯罪和拘捕罪犯。很多州的制定法还规定，检察官还要负责起草大陪审团的控告书。

(2)大部分州总检察长的权力和职责主要集中于民事领域。伊利诺伊州即为典型，共有八个方面：第一，在最高法院代表州人民申诉涉及州或州人民利益的所有案件；第二，以州的名义启动或指控所有诉讼程序；第三，为本州的任一官员在任一州或联邦法院辩护；第四，为州律师提供咨询和建议，以及依其判断为州人民利益参与任何被指控犯罪一方的审判和支持指控；第五，为州长或其他的州官员提供咨询和建议；第六，应州议会或其他委员会的要求，给出关于宪法和法律问题的书面意见；第七，为涉及州利益的事务准备合适的合同或其他书面草案；第八，批准合适的给州公众协会的基金申请，或对那些没有依法律制作报告的公司提起指控。地方检察官一般也代表公共利益进行民事诉讼。

(3)其他事务。检察官除了承担刑事指控和代表本区域公共利益代理民事诉讼外，还要承担其他事务，一方面，检察官每天在办公室要面对面或者通过电话处理很多日常生活的琐事，很多事情没有到进入司法程序的地步，很多属于邻里纠纷之类的或者咨询类的事务。另一方面，检察官是最吃力不讨好的职位，面临缺乏助手、民事义务过多、薪水不高等很多困难，因此需要私人执业，俄克拉荷马州一名检察官年薪 2400 美元，另一名检察官年薪 2000 美元，从版税和石油天然气租约收取的佣金每年有 7500 美元，在这种情况下，州事务变成了第二位利益。伊利诺伊州犯罪调查报告也称，“绝大多数郡的州检察官致力于私人执业作为补充”，密苏里和密歇根的犯罪调查报告也如是说，大部分州的制定法对检察官薪水的规定迫使其要私人执业。

2. 对辩诉交易进行了深入研究

贝克教授对刑事司法实践中辩诉交易的态度经历了质疑到改良的转变。其在 1933 年发表的《检察官——指控的提起》[1]一文中首先质疑了检察官在实践中与被告人妥协和交易的做法，称这没有制定法上的依据。[2]辩诉交易是违反法律的结果，是对陪审团容易失误等刑事诉讼程序缺点的反应，是控辩双方对案件结果不确定性的自我保护措施。检察官往往让证据强的案件进入审判，对证据弱的案件进行交易。贝克教授对犯罪调查报告提到的“大量存在对较轻罪行作有罪答辩的情况”进行了批评，认为这种做法对整个州有害，并对法官不能指令检察官重新指控的做法大加鞭笞。同时对有罪答辩率高以及缓刑和假释作为交易的筹码日益普遍的现象作了分析，认为检察官是为了让指控有一个好的记录。还对被告人与检察官之间的交易过程进行了描述，辩护律师如果认为被告人定罪没有疑义，便会向检察官提议妥协，首先询问检察官量刑建议的最低刑（在有罪答辩案件中法官一般会采纳），然后检察官建议接近最高刑期量刑，双方在多次讨价还价后检察官一般会折中出具量刑建议，然后被告人就作有罪答辩。贝克教授总结了检察官进行辩诉交易的考虑因素：控方证人是否出庭、有罪判决的机会大不大、辩护律师是否有能力和效率、辩护律师是否会影响控

[1] Newman F. Baker, “The Prosecutor: Initiation of Prosecution,” *Journal of Criminal Law and Criminology* 23 (1932-1933).

[2] 根据伊利诺伊州制定法规定，检察官代表州人民，主要职责是使所有法律违反者接受惩罚。

方证人、辩护律师是否转向陪审团、量刑会怎样、法官和司法行政官是否想以非审判方式结案、公众的想法等。

在后面的论文中，贝克和德隆教授对辩诉交易的态度没有那么绝对了，考察了法院对辩诉交易的态度，法院赞成检察官的妥协，因为司法需要才支持这种实践，尤其是在共同犯罪案件中，“没有同案犯的认罪指认，很难将主犯绳之以法”。当时的法律就已经承认被告人有沉默权，所有被告人可能因为没有证据而逍遥法外，在这种情况下，检察官普遍认为，确保有些被告人的定罪好于全部无法定罪，因此会进行妥协以获取足够证据。麦克林法官在联邦诉李一案中说到，政府有一项暗含的义务，即证人如实揭发所有的犯罪事实，他应该不予指控。因此，也不会推翻这类辩诉交易。并进一步分析：辩诉交易之所以长期存在，是因为检察官和被告人的辩诉交易对州是有利的，可以获得快速和确定的有罪判决。然而，也需要付出额外代价，这种做法往往鼓励同案犯为自保而作虚假证言，主要的损失是辩诉交易是突破法律、秘密的和有掩护的。一定程度的灵活性不可避免，但这种实践发展到异常的程度，毫无疑问会受到公众对违反交规和禁酒法令等行为的态度的影响。好公民、牧师以被号召帮助穷人为荣，会对法官和检察官施压，检察官承受的压力更多。很多检察官以其职位为政治生涯的垫脚石，通过辩诉交易获取政治支持。

3. 提出了若干切实有效的改革建议

（1）检察官履职过程中存在的问题。

①责任非均衡发展。有些州检察官在轻罪案件中的责任在萎缩，因为案件太多，州助理检察官对案情完全不熟悉，检察官的工作由警察和法官代劳了，但又不可期望将责任转给警察；而在重罪案件中，检察官的权力和责任在增加，通过承担刑事调查侵占警察的职能，在刑事司法中负主要责任。另外，同一案件在不同阶段由不同的检察官办理，但刑事案件的流程缺乏统一性，后面的检察官不知道前者的所作所为，无法进行检查。如果是错案，很难调查出原因，有很多因素可介入，如政治考虑、非刑事诉讼行为、低质量的人事安排、广泛的裁量权等。

②工作条件较差。第一，人员配置少，全美四分之三的检察官办公室人数少于10人，很少有超过25人的，除了有地方检察官的州里的郡检察官，全美有2150名检察官，平均每57000人配置1名检察官，其中30个州占去1725人，最大的21个城市人口至少2400万，只有25名检察官。第二，工作效率是受到批评的关键点，存在大量滥用职权和无效率的情况。突出的问题在于：办公室的记录不全；大部分案件检察官没有作出庭准备，没有见过控方证人；检察官经验少。

③牺牲公共利益。有时会发生检察官在公共利益和私人利益发生冲突时选择后者而背叛前者的事情，甚至邪恶利用其官方地位进一步追求其委托人的利益，如蒙大拿州一名郡检察官通过威胁指控的方式(完全没有指控理由)收取不正当的利益。检察官是政治的创造物，公共选举必然使检察官牵涉政治，检察官不会忽视政治利己的考虑。

④刑事裁量权没有限制。控辩双方的辩诉交易几乎是秘密进行的，他人无从知晓其中的协商过程，难以监督检察官有无违反相关法律规定。

(2)改革建议。

①改革检察官的职责。如果期望检察官有较高指控质量的话，不应该要求检察官把过多的时间花费在各种制定法规定的民事职责上。应保留刑事调查和刑事指控职权，扩大刑事调查的职责，且涉及刑事司法运行的民事方面的职责也是刑事检察官的职责。

②针对辩诉交易秘密性问题，为了减轻辩诉交易的不利影响，程序应该尽量公开。对于撤回起诉的辩诉交易，应该严格执行“需要有充分的理由”的要求，而且对更轻罪行作有罪答辩的案件还要举行听证，也不能在放弃指控之前故意以更重罪名指控。

③关于检察裁量权问题。贝克和德隆对美国检察官作了相当高的定位，认为：“检察官办公室是核心力量，其给我们(美国)刑事司法机器的运作定调并提供动力。”应该保留检察官完全的刑事裁量权。在不可能选择最好的人担任检察官的客观限制下，重新规定检察官服务的边界、薪水、办公室的资质、助理的选任、州政府与检察官办公室的关系，还要对检察

官的裁量权进行规制，最紧迫的事情是改革选任检察官的方式。通过法律规定组织检察官办公室，规定检察官的权力和义务：第一，增加薪水和任期；第二，提供足够的资金雇佣书记官、侦探、专业助手；第三，在贫穷的郡，郡检察官和地方检察官合并负责指控；第四，尽量采用任命制。

第二节

检察官的广泛裁量权逐步得到法院确认

一、检察官在控制犯罪中的作用在增加

德隆教授对检察官在刑事指控中日益增加的义务进行考察后，不仅指出这些特别的义务不是提供解决刑事司法运行中主要问题的方案，还导致了“犯罪浪潮”。与此同时，检察官不仅有刑事领域的义务，不少州还规定检察官在民事诉讼领域也要履行特定的义务，甚至还要应对当地民众日常琐事的诉求，因此，检察官的工作量对一名检察官来说是一种艰巨的挑战，检察官才会对节省大量庭审工作量的辩诉交易情有独钟，这种历练对检察官的政治生涯影响巨大，无怪乎联邦最高法院大法官中不少人有从事过检察官职业的经历。

（一）商业犯罪

总检察长在商业犯罪中被赋予指控的义务，有三分之一的州总检察长有义务禁止托拉斯、垄断、价格歧视等罪行；亚利桑那、加利福尼亚、科罗拉多等州的制定法还要求总检察长对违反银行法的行为进行指控，启动和进行其他商业犯罪的指控。还有些州的总检察长根据州长的指令对违反公司法的行为进行调查，堪萨斯州的制定法规定总检察长对广告欺诈进行指控，在华盛顿和威斯康星等州，总检察长被要求质询公司事务，指控违

反法律的行为。至少有 12 个州的制定法规定了总检察长通过发布禁止令或提起刑事指控执行涉及保险买卖的法律。内布拉斯加、爱达荷、密苏里、新罕布什尔、北达科他、南达科他、华盛顿等州的总检察长还有一项特别义务，即调查所有违反禁酒法的控告，缅因州的总检察长还享有对执行禁酒法不力的官员进行诉讼的权力。

（二）有组织犯罪

美国司法和司法管理委员会把有组织犯罪定义为“企图在美国人民和他们政府的控制之外从事活动的群体”。[1] 有组织犯罪发端于欧洲，在 19 世纪后期的意大利西西里产生了黑手党，黑手党对国家和社会最大的威胁是取代政府为社会提供秩序、力量以保障经济活动。19 世纪末，黑手党渗入美国一些犯罪多发地区。从 20 世纪 20 年代开始，随着联邦禁酒令的颁行，有组织犯罪集团找到了生财之道，更具组织化和更加扩大化。一战和二战期间，高度集中的大工业生产和连锁店销售进一步促进了有组织犯罪的发展。有组织犯罪涉及的犯罪大多是暴力犯罪和经济犯罪，主要有：(1)指标犯罪中的抢劫、夜盗、盗窃、放火、谋杀和敲诈勒索等；(2)贿赂、赌博、卖淫、色情、毒品、高利贷等道德犯罪；(3)对合法组织的非法控制等。有组织犯罪相对于个体犯罪更具社会危险性，因为其组织严密性，这种组织联合了很多犯罪分子，内部又有严格的纪律，有复杂的组织架构，甚至还拥有现代化的犯罪手段，有雄厚的犯罪资本等，有组织犯罪日益成为美国社会的一大“毒瘤”，20 世纪 20 年代至 30 年代，多项犯罪调查均对有组织犯罪产生的原因和治理措施提出了建设性的意见。

为了有效遏制、打击有组织犯罪，美国也通过多部制定法予以规制。国家于 1934 年制定了《反勒索与诈欺行为法》，该法将有组织地合谋实施或企图实施敲诈勒索罪和强迫罪作为一种有组织犯罪予以规定。随后，在 1946 年制定了《哈勃斯法》，该法对《反勒索与诈欺行为法》进行了修正，

[1] 何勤华主编《美国法律发达史》，上海人民出版社，1998，第 282 页。

根据该法，凡是对人或财产实施抢劫或敲诈勒索，或者企图或合谋实施抢劫或敲诈勒索，或者实施或威胁使用物理性暴力，意图实现某一计划或达到某一目的，从而违反本法的，无论在什么方面、多大程度上妨碍、迟延或影响了商业贸易，或影响了商业贸易过程中任何物品或商品的流转的，应处1万美元以下的罚金，或20年以下监禁，或两者并处。另外，该法还对抢劫和敲诈勒索作了详细的界定。1952年国会制定了《运输法》，该法主要用于对付跨州的有组织犯罪，因此，这类犯罪由联邦司法力量执行，以弥补州执法机关力量的不足。1970年，国会制定了《有组织犯罪控制法》，首次通过立法直指有组织犯罪，比如其中“反组织犯罪侵害合法组织法”部分，要求从合法组织中清除有组织犯罪的影响。被指控触犯该法的被告人有可能被判处20年监禁，甚至终身监禁，同时可能被没收其犯罪所得以及维持犯罪的一切财产。检察官在打击有组织犯罪中也充当重要角色，除了指控职能外，还承担侦查调查的职能，比如1937年，纽约郡地方检察官托马斯·杜威组织了侦查和控诉联合工作处，成功控制了全国有组织犯罪的主要头目，随后，联邦和各州相继成立协调机构重拳打击有组织犯罪。1961年，时任联邦总检察长罗伯特·肯尼迪，促成国会通过了多部应对州际赌博和敲诈勒索的有组织犯罪的立法，同时扩大联邦司法部打击有组织犯罪和敲诈勒索罪的人员配置和职能范围。

（三）毒品犯罪

毒品被称为现代社会的一大毒瘤，各国不仅通过国内立法予以打击，还注重通过国际合作打击毒品犯罪。1875年，旧金山市颁布了美国最早禁止毒品的州立法，即鸦片烟禁止条例，该条例禁止人们在鸦片屋或鸦片店里抽吸鸦片烟。随后，美国其他州与城市也纷纷制定了类似的法律，到1914年，共有27项类似的法律在各地通过。[1] 1914年12月，美国第一部综合控制毒品的联邦法律《哈里森麻醉品法》生效，根据该法，对违反税

---

[1] 陈新锦：《早期美国毒品控制模式研究》，博士学位论文，福建师范大学，2011，第99页。

法者将被处以 2000 美元以下的罚金或 5 年以下的监禁，或者二罪并处。之后，美国联邦政府的禁毒立法进入明显的量化时期。美国国会于 1922 年和 1924 年分别通过《麻醉毒品进口与出口法》和《海洛因法》，前一部法律加强了对麻醉品的进出口、销售、拥有、制作以及消费的管制，目的是消除非医用麻醉品的使用；后一部法律禁止进口与持有海洛因，并强制停止了包括医用在内的所有海洛因的生产。1937 年的《大麻税法》将大麻列入管制的对象，1938 年通过的《食品、药品以及化妆品法》加强对含有麻醉品成分的制成品的控制，1965 年通过的《毒品滥用控制修正案》则对一些被滥用的抑制剂、兴奋剂以及迷幻药剂等新型毒品进行了规制，扩大了长期以来对毒品的界定范围。1970 年通过《综合毒品滥用及控制法》，将美国之前的 55 部有关禁毒的联邦法律进行了统一，该法进一步加强对毒品犯罪的惩罚力度：(1)非法制造、分发、提供或持有毒品，如毒品属第一、二类，最低处 15 年以下监禁和 2.5 万美元罚金，最高处 30 年以下监禁和 5 万美元罚金；(2)犯第一项罪行，如属第三类毒品，处 5 年以下监禁和 1.5 万美元罚金，如属于重罪，处 10 年以下监禁和 3 万美元以下罚金；(3)犯第一项罪行，如属于第四类毒品，处 3 年以下监禁和 1 万美元罚金，如属重罪，处 6 年以下监禁和 2 万美元以下罚金；(4)犯第一项罪行，如属第五类毒品，处 1 年以下监禁和 5000 美元罚金，如属重罪，处 2 年以下监禁和 1 万美元以下罚金。为了更好地管控毒品，美国很多州还专门设立了毒品法庭，加利福尼亚、纽约、密苏里、佛罗里达等州均在法院中设有毒品法庭，专门负责对持有、运输、贩卖、制造毒品的初犯者或犯罪情节轻微者进行裁定，一般对罪犯实施接受戒治的保安处分而不予起诉和审判，如果被告人不能完成戒治计划或者再次犯罪，检察官将正式提起指控，法庭将对其进行定罪量刑。

二、法院对检察官进行辩诉交易态度的转变

法院对指控的撤销有监督权力，西弗吉尼亚法律规定，法院对渎职的检察官可以罢免，因为其没有经法院同意而妥协或者隐瞒罪状。密苏里州

规定对于因腐败协议导致的不起诉或者撤回起诉的检察官可以处 300 美元罚金或者 3 个月监禁。

在伊利诺伊州的"People v. Bogolowski"案中，被告人和另三人被指控犯有谋杀罪，被告人一开始作无罪答辩，之后撤销其无罪答辩改作有罪答辩，并提供了指控其他被告人有价值的证言，被告人在撤销有罪答辩后被判处 14 年监禁。最高法院承认了其有撤销答辩的权利。最高法院认为其判决是错误的，理由在于检察官有权豁免被告人的责任，并许诺被告人用其证言换取自由。将最应该对谋杀负责的人送进监狱是州的最大利益，而州却在利用被告人后对其判刑，因此综合该案所有情节，推翻原判决，释放被告。由此可见，伊利诺伊州最高法院对检察官和被告人达成的辩诉交易予以认可。尽管绝大多数州法院不认可检察官可以做出有约束力的豁免让步的协议，但支持其他的从宽措施，如撤回起诉。

三、法院加大对辩诉交易的司法审查

（一）是否具有事实基础的审查

事实基础理论是英美法系有罪答辩制度的有机组成部分。"麦卡锡诉合众国"一案确立了事实基础的标准。[1] 为了保障无辜之人不被定罪，有罪答辩需要一定的事实基础，根据美国学者的分析，无辜之人作有罪答辩可能存在以下原因：第一，被告人希望通过与检察官的交易获得好处，比如撤销其他指控或较轻的量刑建议；第二，被告人虽然没有与检察官达成协议，但希望从法官那里得到较轻的量刑；第三，被告人希望避免反驳指控所花费的时间、费用以及结果的不确定性；第四，被告人未能准确理解有罪答辩的意义；第五，被告人没有实施其作有罪答辩的犯罪行为，但实施了其他犯罪行为，从而试图通过有罪答辩避开执法机关对这些案件的注

---

[1] See McCarthy v. United States, 394 U.S. 459, 467 (1968).

意力。[1] 但是无论基于何种原因，对一个事实上无罪的人在法律上认定其有罪，都是不可接受的。被告人自愿作出答辩并不能保证法律上的定罪是基于事实上的有罪。“事实基础的要求可以保护这些事实上或法律上无罪的答辩者。”[2] 因此，美国在1966年修改《联邦刑事诉讼规则》时增加了有罪答辩准确性的内容。

（二）对有罪答辩的自愿性审查

在20世纪30年代，美国规制嫌犯供述及认罪一般采纳正当法律程序准则。正如法庭所指出的，自愿性结合了公平概念，关涉保证司法体系，保持对抗性而非纠问制模式、个人自治观念和自由意志，还涉及供述的可靠性问题。[3] 那时，“米兰达警告”（沉默权）和“马歇尔权利”（获得陪审团审理）还没有诞生，只有正当程序可以作为处理供述和认罪有效性的依据，正当程序要求警察提供的嫌犯的供述具有自愿性，[4] 不过，当时的自愿性概念还不是很清晰，法庭使用“所有情形检验规则”来审查涉及供述的自愿性、可靠性、真实性等问题。但是这些问题相互重叠或者相互关联，很难有精确的理解。自愿性分析像是受多种驱动因素影响的模糊的混合物，而且，在不同的法院之间，对不自愿供述的原因解释也存在广泛的分歧。在美国，主要有三种判断自愿性的模式。

1. 侵犯性警察方法认定模式

在这种模式下，当使用警察方法获取供述具有侵犯性的时候，该供述被认为是不自愿的，只要存在侵犯性警察行为就可以认定不自愿。在相关的案件中，争议的焦点在于警察对嫌疑人使用获取供述的方法而非警察策略。在“Brown v. Mississippi”案中，警察将其中一名被告人吊在树上，不

---

[1] Earl G. Penro, “The Guilty Plea Process in Indiana: A Proposal to Strengthen the Diminishing Factual Basis Requirement,” *Indiana Law Review*(2001).

[2] John L. Barkai, “Accuracy Inquiries for All Felony and Misdemeanor Pleas: Voluntary Pleas but Innocent Defendants?” *University of Pennsylvania Law Review*(1977).

[3] See Blackburn v. Alabama, 361 U. S. 199, 207 (1960).

[4] See Brown v. Mississippi, 297 U. S. 278(1936).

断让其坠落和悬吊起来，被告人不供述的话，警察会鞭打他直至供述为止，其他被告人也是如此。最高法院宣称由此获得的供述不自愿，理由并非因为供述可能不可靠而是因为警察行为违背了正义观念。[1] 最高法院谴责这种侵犯性警察方法，禁止了那些有悖良知的策略。即使供述最终是真实的，对指控也很关键，但某些策略是专横的，[2] 因为其不符合自由和正义的基本原则，违反了正当程序。[3] 美国判例法也确立了一些更为清晰的准则。如在"Ashcraft v. Tennessee"一案中，最高法院创设了一个不容置疑的假设，即连续36个小时的讯问是强制性的并且获得的供述是不自愿的。最高法院和下级法院大都持有类似观点，不允许使用身体暴力或者以身体暴力相威胁。[4] 比如，超期羁押、长时间持续讯问、不告知享有沉默权、将嫌疑人亲属带到警察局试图说服嫌疑人供认等策略都是压制嫌疑人意志的，具有侵犯性。

当然，有效的警察讯问需要一定的时间，但不允许无限制讯问，也不能中间没有中断，显然，上述案例中36个小时超出了界限。关键的问题在于如何确定多长时间算作过长呢？美国通过司法实践得出了一般原则：讯问的时间限制应该建立在人类对睡眠、进食、洗浴等需求的常识之上。美国学者通常认为，连续讯问的时间应该限制在4～6个小时。[5] 美国诸多法院认为，所谓的威胁是指针对嫌犯或者其所爱的人实施身体暴力威胁，在长期的司法实践中，法院总结出了身体暴力威胁的构成要素。法院认为以下情形构成身体暴力威胁：以更重罪行指控、将嫌犯关进地牢、让嫌犯坐更长的牢、指控或者损害嫌疑人的朋友或者家人、拒绝对嫌疑人治疗、

[1] See Brown v. Mississippi, 297 U.S. 278(1936).

[2] Chambers v. Florida, 309 U.S. 227, 236 (1940).

[3] Lisenba v. California, 314 U.S. 219, 236 (1941).

[4] Beecher v. Alabama, 389 U.S. 35, 38 (1967).

[5] 长时间羁押可能导致嫌疑人、被告人疲劳从而感到无助和绝望，国外曾有学者对125件错误供述案件进行研究发现，80%以上超过6个小时，50%以上超过12个小时，平均时长16.3个小时。详见Eve Brensike Primus, "The Future of Confession Law: Toward Rules for the Voluntariness Test," *Michigan Law Review* 114 (2015-2016).

将其小孩带离或者让其失业等。[1] 在该模式下，司法机关需要审查警察方法是否具有侵犯性，如果不具有侵犯性，司法机关可能会采用综合情况判断方式再予以评估是否具有自愿性。

2. 嫌疑人影响模式

该模式引入因果分析方法，认定嫌疑人、被告人供述是否自愿是因为警察使用的侵犯性方法可能会使嫌疑人作出错误的供述。这种模式目前虽不占主流，但具有深刻的历史源流。[2] 19 世纪的英国法庭普遍认为，如果警察策略导致不可信的供述，那么该供述就不具有自愿性。美国 19 世纪晚期的最高法院第一次论及不自愿供述时，就非常强调该原则。20 世纪 60 年代以来，最高法院更关注侵犯性警察方法认定模式，但是，可靠性的关注继续影响着初级法院的判决。[3]

在美国，通行的一种警察策略是以取消指控或者降格指控的许诺换取嫌疑人合作和认罪。法院之所以会关注为换取供认的轻缓处理的许诺，是因为法院担心此类许诺会导致嫌疑人错误供述。面临可以定罪判处严厉量刑的被告人，不管其是否有罪，他都有强烈的动力作出交易和供认，同理，法院也关注如果不认罪将以提高指控相威胁的情况，这会导致供认不自愿。[4] 另外，为讯问延长拘留期限会导致错误供认，即使是不连续的讯问，因为嫌疑人相信如果自己不认罪，警察不会让其离开，从而违心进行供认，这就有可能实质性增加了错误供认的风险。

因此，该模式的适用需要分两步走，第一步，有证据证明警察的错误行为；第二步，判断由此作出的供述不可靠。也就是说嫌疑人的供述具有自愿性，需要证明警察没有也应该不知道其策略严重增加了错误供述的可能性，警察没有错误行为就没有违反宪法。[5] 在完成第一步后，如果警

[1] State v. Tompson, 702 S. E. 2d 198, 200-01(2010).

[2] Eve Brensike Primus, "The Future of Confession Law: Toward Rules for the Voluntariness Test," *Michigan Law Review* 114 (2015-2016).

[3] United States v. Rutledge, 900 F. 2d 1127, 1129 (1990).

[4] State v. Valero, 285 P. 3d 1014, 1020 (2012).

[5] Colorado v. Connelly, 479 U. S. 157, 167 (1986).

察没有错误行为，也未必会认定自愿性，还要证明作出的供述事实上可靠，如果警察发现了可证实的物证，则避免了相关压力。

3. 综合情况判断模式

由于自愿性本身是一个很难界定的概念，更不用说给出明确的判断标准，最高法院采取综合情况判断模式来认定供述自愿性是务实选择，也是无奈之举。所谓综合情况判断模式，是指除了考察上文提到的几种因素外，还要考察以下因素：讯问者的人数、讯问地点、讯问的时间长度、律师帮助权是否被剥夺、讯问对象的个体情况，包括年龄、身体状况与精神状况、受教育程度、个人经历等。[1] 而且，随着“米兰达规则”“律师帮助权规则”以及“反对自证其罪”等权利被最高法院赋予了宪法权利地位后，这些权利的强调成为法院进行综合情况判断的重要因素。直接向嫌疑人作轻缓处理的许诺，针对青少年、精神丧失或者欠缺者主导或建议性提问等方式，这种认罪将会被法院拒绝承认。

（三）对获得有效法律帮助的审查

美国学者贝勒斯教授在《法律的原则：一个规范的分析》一书中谈到了“法律帮助原则”，即人们有权聘请律师，而且对于重要的法律问题，国家应公费为付不起律师费的人提供律师。律师的参与至少有三个好处：一是律师具有专业的知识、能够弥补当事人知识的不足；二是律师参与可以减少直接成本，缩短案件的时间；三是律师的参与可以带来某些程序利益，如使当事人更富有成效地参与审判过程，使当事人更好地理解案件等。[2] 联邦最高法院也指出，法官必须保障被告人免于不充分辩护。[3] 加利福尼亚法院还细化了辩护律师在辩诉交易中的义务，律师必须审查案件全部事实、案例法原则、告知被告人协商程序、保守被告人的案件秘密、充分

---

［1］ 王景龙：《美国的自白任意性规则及借鉴》，《环球法律评论》2016 年第 1 期。

［2］ M. D. 贝勒斯：《法律的原则：一个规范的分析》，张文显等译，中国大百科全书出版社，1996，第 52—54 页。

［3］ McMann v. Richardson, 397 U. S. 759, 771 (1970).

考虑选择审判程序的可能性、向被告人充分分析辩诉交易带来的真正好处。[1]

四、联邦最高法院对辩诉交易的正式确认

随着法院，尤其是联邦最高法院对辩诉交易司法实践的日益关注，其也通过相关的判例承认辩诉交易的合宪性，使得辩诉交易最终能够从“地下”走到“地面”上来。其中，“布雷迪诉美国”案被称为“美国辩诉交易第一案”，联邦最高法院正式承认了辩诉交易；在同一年，联邦最高法院在“北卡罗来纳州诉奥尔福德”案中，进一步确认了一种新型答辩模式——“奥尔福德式答辩”。

（一）布雷迪诉美国案

1. 本案的主要诉讼经过

被告人布雷迪于1959年被指控犯有绑架罪。依照联邦法律，若陪审团建议，其可以被判处死刑。布雷迪最开始是作无罪答辩，后来得知其同案认罪并将出庭指证他时，他将无罪答辩改为有罪答辩，最终被法院判处50年监禁。布雷迪随后上诉，并称他受到了法典死刑条款的强迫，答辩是在律师、检察官的压力和诱惑下作出的，是非自愿的，定罪应该被撤销。

2. 判决的主要内容

时任联邦最高法院大法官的怀特撰写了判决书，其认为，指控书中认定受害人在被解救时已经受到伤害，若经陪审团审判，依据联邦法律可能被判处死刑。法官两次询问布雷迪是否自愿作有罪答辩，得到布雷迪肯定回答后认可和接受了他的有罪答辩。怀特法官总结出布雷迪对其在“非自愿”的情形下作有罪答辩的三个理由：一是他当时受到“死刑条款”的强迫；二是他当时的辩护律师向他施加了不被允许的压力；三是他当时受到减刑

[1] Gregory J. Hobbs, “Judicial Supervision over California Plea Bargaining: Regulating the Trade,” *California Law Review* 59, no. 4 (1971).

和宽大处理陈述的引诱。怀特法官也回顾了新墨西哥地区法院对布雷迪申诉的驳回意见，地区法院认定申诉人的辩护律师并未向他施加不被允许的迫使他作有罪答辩的压力，也不存在做出减刑和宽大处理的陈述，并且认为申诉人是“出于别的缘由作出有罪答辩”，于是得出结论，布雷迪答辩是在自愿和明知的情况下作出的。

怀特法官对布雷迪的“不自愿”的三条理由逐条予以反驳。关于“死刑条款”的问题。怀特法官引述“美国诉杰克逊”案。在杰克逊案中，法院认定了“死刑条款”违宪。因为根据联邦绑架法的规定，仅仅根据陪审团的建议就可以科处死刑，从而迫使被告人必须以放弃陪审团条款为代价来规避死刑，因此，该法院认定，除了死刑条款外，联邦绑架法合宪。联邦最高法院也同意该法院的意见，但问题在于“宪法是否允许法律仅因为被告人准备行使陪审团审判的权利就设定死刑”。死刑条款会阻止被告人行使宪法第五修正案规定的不作有罪答辩以及宪法第六修正案规定的在陪审团面前接受审判两项宪法权利。死刑条款会“毫无必要地惩罚那些主张这些宪法权利”的行为，因此是无效的。但是怀特法官否定了布雷迪认为“杰克逊案等于宣布所有基于死刑条款作出的有罪答辩都是无效的”这种观点，并指出布雷迪对杰克逊案作了过度的解读。因为杰克逊案中的法官表达得很清楚，即死刑条款并非必然会胁迫被告人作有罪答辩，因为“有支持这种答辩自愿性的判决”。该判决既没有创造和使用新的判断有罪答辩有效的标准，也没有授权可以依据法院的判决适用新的检验标准。并指出答辩的核心在于“被告人必须在公开的法庭中承认他实施了被指控的犯罪事实。有罪答辩的最低要求是他的答辩是自我选择的自愿表达，这种答辩不仅仅是对其已犯罪行的承认，同时也表明其同意放弃陪审团和法官的审判而获有罪判决，怀特法官认定，布雷迪放弃宪法权利是知情和理智的行为，并且是在对相关情况和可能的后果有足够了解的情形下作出的，因此其有罪答辩都不是无效的。

关于辩护律师施加不被允许的压力的问题。法院承认如果被告人出于担心被政府证明有罪后可能受到更严厉的惩罚而作的答辩是受到胁迫的答辩，则该答辩无效。判决还针对美国四分之三的定罪判决是通过有罪答辩实现的现状，探讨了有罪答辩给被告人带来减少曝光度、获得宽大处理等益处。接着，判决话锋一转，确认被告人有罪答辩从而获得宽大处理的做法并不违宪，原因在于政府和被告人能够互利双赢，且被告人愿意认罪并希望在短期内接受矫正改造，争取早日回归社会。随后，判决援引了1897年的“布拉姆诉美国”案，对认罪可采信的问题进行分析，法院在布拉姆案中认定认罪是否可采信取决于被告人是否受到了第五修正案所不允许的胁迫。如果没有律师在场的情况下，在羁押状态，任何微小的宽大处理的许诺都可能导致认罪被认定为无效。联邦最高法院在比较了布雷迪案和布拉姆案后得出结论，布雷迪案不存在导致有罪答辩无效的情形，因为布雷迪在改变答辩前既没有受到任何威胁，也没有来自任何机关面对面的许诺，而且他还受到称职律师的帮助，因此，认定布雷迪的答辩不是一时冲动，是在公开的法庭、在熟知法律要求的法官面前作出的，因此认定有罪答辩是自愿的。

关于受到减刑和宽大处理陈述的引诱的问题。联邦最高法院认定布雷迪的答辩是理智的。在此基础上，对被告人撤销答辩作出了限制，即“不能仅仅因为在作出答辩很久以后，被告人发现他误解了指控案件的质量或误解了替代诉讼程序附带的可能的刑罚，就主张撤销答辩”。除此之外，法院还对控方的宽大许诺作了评述，如果控方提供的宽大许诺的激励实质上增加了被告人即使在称职辩护律师的建议下作出错误的自我归罪的可能性，法院对此也是保持高度怀疑。

最后，联邦最高法院认定，尽管布雷迪的有罪答辩可能部分受到避免可能的死刑这一动机的影响而作出的，但是确信他的答辩是自愿的和理智的。

（二）北卡罗来纳州诉奥尔福德案

1. 本案的主要案件事实

1963 年 12 月 2 日，被告人奥尔福德被检察官指控犯有一级谋杀罪，按照北卡罗来纳州的法律，这是可能被判死刑的罪名。奥尔福德的辩护律师建议其认罪，但最终决定权在奥尔福德。检察官接受了他的认罪并以二级谋杀罪提出指控。奥尔福德对二级谋杀作有罪答辩。随后，奥尔福德被定罪后在州法院寻求救济，诉称其认罪是因为害怕且受到了胁迫。州法院并没有采纳奥尔福德的意见。奥尔福德便开始申请人身保护令[1]，先向北卡罗来纳州中区的联邦地区法院申请，后又向第四巡回法庭的上诉法院申诉，但两家法院均拒绝了他的申请。1967 年，奥尔福德又一次向北卡罗来纳州中区的地区法院申请人身保护令，被法院再次否决。后被告人上诉，其间，第四巡回法院的一个存在分歧意见的合议庭推翻了原审判决，认为奥尔福德的有罪答辩并非出于自愿。最后，该案被上诉至联邦最高法院。

2. 判决的主要内容

联邦最高法院的判决由怀特大法官撰写了法庭的多数意见，伯格、哈伦、斯图尔特和布莱克法官附议，布伦南大法官提交反对意见，道格拉斯和马歇尔大法官附议。判决重申了“布雷迪诉美国”一案的判决意见，即若被告人仅仅为了避免可能的死刑或将最高刑期限制在终身监禁或数年监禁而作有罪答辩，不能认为他受到了宪法第五修正案规定的胁迫。同时，法院也坚持有效法律帮助的标准，判决认为，被告人委托了一名能力出众的律师，该律师也认为作有罪答辩是有利于被告人的。在此基础上，法院对有罪答辩的裁判作了进一步的引申，认为一般包括两个方面，一是被告人承认关于他犯罪的指控；二是同意不经审判程序就可以达成判决。法院回顾了该案的诉讼程序，被告人尽管否认指控，但仍然倾向于通过辩诉交易

---

[1] 人身保护令是在普通法下由法官所签发的手令，命令将被拘押之人交送至法庭，以决定该人的拘押是否合法。人身保护令是以法律程序保障个人自由的重要手段。任何人士如果被拘押，皆可以由自己或他人向法院挑战拘押的合法性，并迅速获得裁决。在某些地方，人身保护令在国家紧急状况下可以被暂停。在美国，普通法下的人身保护令被视为重要的一环。美国宪法第一章明确规定人身保护的权利不能被暂缓，除非在叛乱或被入侵下，保护公众安全所需而为之。具体可参见彼得・伦斯特罗姆编《美国法律辞典》，贺卫方等译，中国政法大学出版社，1998，第291—293 页。

程序达成判决，而不是经历一次正式审判，法院就此判处奥尔福德二级谋杀罪。本案关键的问题在于，当有罪答辩只包含同意避免庭审但不承认罪行时，该答辩是否是可接受的。判决在分析不同法院的不同意见后，否认奥尔福德作的是不争辩答辩，因此不能适用"哈德孙诉美国"一案确立的有关不争辩答辩的规则。法院从宪法寻找依据，有罪答辩中明确认罪并非科处刑事处罚的宪法要件。在有事实基础的情况下，被告人明智地认为出于利益考虑应该认罪，法院应该尊重被告人的这种选择。

（三）对上述两个案例的简评

实际上，联邦法院在 1958 年的"Shelton v. United States"一案中对辩诉交易的合法性明确表示持怀疑态度，法院认为正义与自由不是协商的对象。仅仅过了 12 年，联邦最高法院就正式承认了辩诉交易，该刑事简化程序终于从刑事审判的幕后走向台前，笔者认为出现这种变化的原因在于，20 世纪 60 年代，美国面临着犯罪浪潮的冲击和"正当程序革命"的影响，美国刑事法院出现了"案多人少"的窘境，联邦最高法院主要还是基于对司法效率的考虑而肯定辩诉交易。这种实用主义的做法一方面推动了检察官适用辩诉交易的主动性，另一方面也给检察官适用辩诉交易提供了规范化的准则。

第三节

检察官进行辩诉交易模式的细化

两次世界大战后，美国社会更清醒地意识到，保障每个人的宪法权利，包括被告人的权利才有助于社会的稳定。在二战后，被告人权利不断得以扩展和权利宪法化成为主流。在此期间，被告人的有效辩护权得到空前的重视，为了让经济困难的被告人能够平等地与控方较量，公设辩护人制度应运而生并被立法承认，公设辩护人的普及实际上推动了辩诉交易的进一步发展。经过一百余年的发展，辩诉交易到20世纪六七十年代已经比较成熟了，辩诉交易的类型也基本固定，很少有大的变化了。

一、正当法律程序革命的影响

美国宪法修正案中主要包括两个正当法律程序条款，分别为第五修正案和第十四修正案。[1] 学界一般认为，20世纪60年代，美国发生了正当法律程序革命。[2] 实际上，该革命发端于一战后。一战后，出现大量的判例对被告人的权利予以肯定，有些还上升至宪法的高度。正当法律程序也经历了从严格限制到具有丰富内涵的过程。

(一)《联邦刑事诉讼规则》的制定

1. 联邦最高法院的理论准备

(1)实质性正当法律程序的确立和发展。

1856年的“怀尼哈默诉人民”一案最早确立了实质性正当法律程序的内涵，在该案中，纽约州法院判决纽约州的禁酒法“没有依正当法律程序而剥夺公民财产”，正当法律程序条款第一次被用于解决实体法问题，法院继而认为，“该法的实施，消灭和破坏了这个州的公民拥有烈性酒的财产权，即使在形式上符合正当法律程序，也超出了政府权限的范围，这种以实质性正当程序代替以前诉诸自然法的方法，成为美国式宪法国家最高法院的普遍推理。”[3]

---

[1] 第五修正案的表述为：“不经正当法律程序，不得被剥夺生命、自由或者财产。”第十四修正案的规定是：“凡在合众国出生或归化合众国并受其管辖的人，均为合众国的和他们居住州的公民。任何一州，都不得制定或者实施限制合众国公民的特权或豁免权的任何法律；不经正当法律程序，不得剥夺任何人的生命、自由或财产；对于其管辖下的任何人，亦不得拒绝给予平等法律保护。”

[2] 樊崇义等：《正当法律程序研究——以刑事诉讼程序为视角》，中国人民公安大学出版社，2005，第47页。

[3] 伯纳德·施瓦茨：《美国法律史》，王军、洪德、杨静辉译，中国政法大学出版社，1990，第56页。

（2）公正审判的界定。

在 1932 年“Powell v. Alabama”一案中，最高法院不仅系统阐述了基本公正原理，而且还对“公正审判的要素”进行了分析，最高法院指出，该案中的被告人没有得到公正审判，并提出此案的争议涉及有关公正审判的三个问题：一是被告人没有得到公正、无偏、审慎的审判；二是被告人获得律师帮助的权利受到侵犯，尤其是会见律师与准备审判的机会被剥夺；三是与被告人同种族的人被排除在陪审团之外。联邦最高法院把案件的焦点集中在第二点，认可对于公正审判具有基础性意义的当事人获得律师帮助的权利。在 1935 年的“Norris v. Alabama”一案中，联邦最高法院确认，亚拉巴马州法院在对诺利斯的审判中排除与诺利斯同种族的非洲黑人做陪审员违反了公正审判的要求。上述判例为公正审判提供了基本的界定，为《联邦刑事诉讼规则》提供了理论和实践准备。

2.《联邦刑事诉讼规则》的主要内容

1945 年，美国国会通过了《联邦刑事诉讼规则》，尽管通过之后进行了多次修改，但是 1945 年的体系一直维持至今。该规则是为联邦地区法院而制定的，大多是原则性规定，调整范围也仅限于狭义的诉讼，始于控告，终于判决。《联邦刑事诉讼规则》共十章六十条。

从总体上来讲，美国刑事诉讼程序大致分为三个阶段：审前程序、审理程序和审后程序，《联邦刑事诉讼规则》的条文也基本是按照这一诉讼顺序进行编排的。

（1）审前程序。

根据《联邦刑事诉讼规则》的有关规定，审判前的程序包括以下几个步骤：控告、逮捕、登记、在治安法官前初次聆讯、预审、正式起诉、传讯和被告人答辩。控告，是指说明犯罪事实的书面陈述，可以是指控，也可以是报案或检举，控告通常由被害人或者警方人员向联邦治安法官或者法律规定的其他官员提出，控告一般是签发逮捕令的基础。逮捕，指的是司法当局拘留或羁押某人使其受到法律上的指控或接受讯问。逮捕分为有证逮捕和无证逮捕，《联邦刑事诉讼规则》还对逮捕的条件、执行主体和程序等问题作了原则性规定。登记，是指嫌疑人被逮捕后带到警察局，要履行登记手续，录入嫌疑人的姓名、住址、逮捕时间、涉嫌罪名等信息。在治安法官前初次聆讯，规则规定，执行逮捕的官员应当及时将被捕人解送至最近的联邦治安法官处，治安法官还要告知被捕人依法享有的权利，若是轻罪的话可以同时要求被捕人作出答辩。预审，被指控犯有重罪的被告人有权要求在近期内进行预审，以审查是否存在合理根据以支持对被告人提出的控告，并规定了证据开示、预审地点等内容。正式起诉，即政府向有管辖权的法院提交起诉状，规则规定了两种起诉方式：大陪审团起诉书(indictment)和检察官起诉书(information)。传讯，规则要求法院接到正式起诉后对该案安排在公开的法庭进行传讯，这一阶段可称为正式审理前的预备阶段，法官核实被告人身份、宣读起诉书，告知被告人权利和要求被告人作出答辩。被告人答辩，《联邦刑事诉讼规则》规定了三种答辩，即无罪答辩、有罪答辩和不愿辩护也不承认有罪的答辩，法庭在被告人答辩前必须告知指控的犯罪性质及其后果、获得律师辩护的权利、有罪答辩意味着放弃审判的权利等事项，并要求答辩的自愿性，还规定了答辩协议，根据相关规定，检察官可以提议撤销其他指控或者建议法庭判处被告人一定刑罚等，同时规定控辩双方的协议内容对法官没有约束力。

(2)审理程序。

正式的审理程序包括：选定陪审团、开场陈述、起诉方举证、辩护方举证、终结辩论、指示陪审团、陪审团评议和陪审团裁决。这里的陪审团是指小陪审团，负责对被告人是否有罪作出裁断。开场陈述是指，诉讼双方向法庭所作的第一次陈述，目的是使陪审团在听审中更好地了解案情。起诉方举证是起诉方向法庭提供证据以支持指控，控方出示完证据后，进入直接询问和交叉询问。辩护方举证的程序与起诉方举证的程序基本一致。终结辩论是指，举证结束后，由起诉方先行辩论，然后允许辩护方回答，最后允许起诉方再作反驳，此阶段双方均不允许对被告人是否有罪发表个人意见。指示陪审团，指的是在陪审团退庭评议之前，主持庭审的法官要对陪审团作总结提示，内容包括陪审团的职责、涉及的法律、证据争议、解释有关法律术语等。在进入陪审团评议之前，法官先指定陪审团长或告知陪审团选出一名陪审团长和一名副陪审团长，然后全体陪审员进入评议室进行评议，评议秘密进行。陪审团裁决，指在联邦法院系统，陪审团裁决必须全体一致通过，达成一致意见，由陪审团长在公开法庭宣布，无法达成一致意见的由法官宣布该案为悬案，并将陪审团解散，另行组成陪审团重新审理。

(3)审后程序。

美国的审后程序相对简单，主要有两阶段：量刑和上诉。量刑是法官在陪审团作出有罪裁决后就如何适用刑罚所作的最终命令。根据规则的有关规定，在量刑前，法官应给被告人及其辩护律师机会，提出请求减轻刑罚的事实和意见，另外，缓刑官向法院提交一份报告，对被告人量刑和缓刑提出建议。上诉是被告人的一项诉讼权利。根据规则的规定，上诉人不得对陪审团就事实问题的裁决提出异议，而只能就法官适用法律上的错误提出上诉，上诉审一般是书面审，不再传唤证人、审查证据和进行辩论，由一名上诉法官主办，全体法官评议，上诉法官可以维持原判，也可以径行纠正原判决或者指令下级法院再审。

(二)权利法案的联邦化

美国权利法案是美利坚合众国宪法前十条修正案的统称。起初这些修正案仅针对联邦政府有效，不过在第十四修正案通过后，尤其是沃伦法官就任首席大法官后经过一段时间力量的积蓄，到 20 世纪 60 年代，在沃法官的推动下，形成了全国范围内推行权利法案的浪潮，笔者将其称为“权利法案的联邦化”。

1. 第四修正案的联邦化

联邦宪法第四修正案的主要内容是被告人享有不得无理搜查和扣押的权利。1914 年的“威克斯案”中，联邦最高法院在联邦法院系统内确立了非法证据排除规则。1949 年的“沃尔夫诉科罗拉多州”一案则更进一步，最高法院认可了第四修正案的核心内容同样适用于各州，但没有要求各州强制适用非法证据排除规则。到了20世纪60年代初，沃伦法院通过“埃尔金斯诉合众国”[1]和“马普诉俄亥俄州”[2]等案最终确立了第四修正案强制适用于各州。

在1960年的“埃尔金斯诉合众国”一案中，联邦最高法院指出，联邦法院接受州司法警察非法搜查获得的证据作为定罪根据的做法威胁了司法的纯洁性，不仅违宪，而且还会挫败各州服从联邦宪法的积极性，因此，明确要求联邦法官必须遵循第四修正案的精神审查州司法警察收集证据的可采性。

联邦最高法院通过“马普诉俄亥俄州”一案最终将非法证据排除规则适用于各州，从而完成了第四修正案彻底的联邦化。联邦最高法院认为，联邦和各州适用共同的非法证据排除规则会使联邦和州的司法力量认识到尊重公民的基本权利方面的共同责任，从而加强二者之间的司法合作，否则就是鼓励违宪。

2. 第五修正案的联邦化

第五修正案中的反对强迫自我归罪原则和禁止双重归罪原则一直没有被联邦最高法院认定应该适用于各州，沃伦法院将上述两项被告人诉讼权利并入到第十四修正案中，使之成为适用于各州的宪法条款。

1964年的“玛尔勒诉霍根”[3]一案标志着联邦最高法院正式将反对自证其罪特权明确适用于各州。联邦最高法院在判决书中写到，联邦不能迫使一个公民自证有罪和作出有毁于自己声誉的证词，同样各州也不能这样做，因为这项权利是刑事司法中的一项基本权利。

联邦最高法院在1937年的“帕科诉康涅狄格州”一案中排除了禁止双重归罪原则在州的强制适用。到了1969年，联邦最高法院通过“本顿诉马里兰州”[4]一案将禁止双重归罪原则强制性地适用于各州。最高法院认

[1] Elkins v. United. States, 364 U. S. 206 (1960).

[2] Mapp v. Ohio, 367 U. S. 643 (1961).

[3] Malloy v. Hogan, 378 U. S. 1 (1964).

[4] Benton v. Maryland, 395 U. S. 784 (1969).

为，禁止双重归罪原则通过第十四修正案适用于各州。

3. 第六修正案的联邦化

联邦最高法院通过“克洛普弗诉北卡罗来纳州”[1]一案确认了获得迅速、及时审判权利深深根植于法律传统之中，其是由宪法所保障的被告人最基本的权利之一，应当属于第十四修正案的正当法律程序范围，被各州所遵守。

1965年“波因特诉得克萨斯州”[2]一案，联邦最高法院认为，与控方证人对质权是构成公正审判的一项必要、基本的权利，任何对被告人对质权的剥夺都是对第十四修正案之正当法律程序原则的违反。

在1967年“华盛顿诉得克萨斯州”[3]一案中，联邦最高法院强调，第六修正案规定的以强制程序取得有利于己的证人作证的权利对于公正审判是必要的，应当属于第十四修正案的正当法律程序的范围，同时也适用于州的审判程序。

（三）沃伦法院的司法能动主义

学者认为，美国公法领域曾有两个富有创造性的时期，第一个时期是马歇尔法院时期，奠定了美国宪法的基础，第二个时期是沃伦法院时期。[4] 在20世纪中期以前，联邦最高法院奉行的司法风格是克制主义，主要表现在：“遵从立法行为；尊重联邦主义和它所隐含的各州惯例的多样性；以及信赖于严密的案件事实而非广泛的宪法解释而作出的中立判决。”[5]自1953年至1969年，沃伦担任联邦最高法院首席大法官，在这16年间，刑事案件中的被告人获得了更广泛的宪法保护，沃伦法官抛弃了法官保持中立的观念，而将联邦最高法院定位为“宪法的保卫者”。联邦最

[1] Klopfer v. North Carolina, 386 U. S. 213 (1967).

[2] Pointer v. Texas, 380 U. S. 400 (1965).

[3] Washington v. Texas, 388 U. S. 14 (1967).

[4] 伯纳德·施瓦茨：《美国最高法院史》，毕洪海等译，中国政法大学出版社，2005，第288页。

[5] 戴维·博登海默：《公正的审判：美国历史上刑事被告的权利》，杨明成、赖静译，商务印书馆2009年版，第125页。

高法院系统阐述了联邦宪法第十三、十四修正案，并首次显示出对社会弱者、无权无势者以及被边缘化、被讥讽者的关心和支持。被后世广为人知的“米兰达规则”等诉讼权利很多都是在沃伦法院时期得到阐述和发展的。这体现了沃伦的司法能动主义思想。

以“米兰达规则”为例，沃伦法院认为，国家在追究犯罪时必须遵守联邦宪法，被告人的自白是否具有可采性的关键在于是否为被告人行使反对自我归罪特权提供了程序保障，联邦最高法院进而对程序保障作了阐释，即在讯问之前必须告知被告人有保持沉默的权利，被告人所作的陈述可能用作对他不利的证据；告知被告人有讯问时律师在场的权利，如果被告人没有钱请律师，可以免费获得指定律师的帮助，如果被告人放弃上述权利，必须确保其自愿和明知的，如果被告人在讯问的任何阶段以任何方式提出会见律师的要求，讯问必须停止等。“米兰达规则”是联邦最高法院创造的新诉讼原则，确立了有关被告人自白可采性的程序合法性的判断标准。因此，沃伦法院的司法能动主义在于让抽象的宪法原则通过判例转化为可具操作性的刑事司法程序规则与证据规则，被告人的诉讼权利在沃伦法院时期达到了最为广泛、最具绝对性的程度。

有意思的是，司法能动主义并没有得到警察、州法官、检察官、评论家和政治家的一致同意和支持。在20世纪60年代，全国州总检察长协会和全国地区检察长协会等组织在联邦法院面前表示出维护州利益的观点。州最高法院的法官对联邦最高法院侵入刑事司法领域表达出强烈的反对，50个州中有32个州最高法院对马普案中确立的规则表示不赞同。有些学者针对“米兰达规则”指责联邦最高法院使警察与犯罪作斗争的努力被“戴上了手铐”，并担心会出现犯罪率上升、城市骚乱、种族冲突以及挑战中产阶级价值观的问题。[1] 以检察官为例，检察官在指控时不得不将主要精力放在程序方面，一方面出于对警察行为的纠偏，另一方面也是抱有“程序即是惩罚”的观念，与被告人达成辩诉交易，客观上起到了抵消联邦

[1] 戴维·博登海默：《公正的审判：美国历史上刑事被告的权利》，杨明成、赖静译，商务印书馆，2009，第139页。

最高法院过度重视被告人程序性权利导致的法律效果。

二、公设辩护人制度与辩诉交易

(一)公设辩护人制度的起源和发展

公设辩护人是指由政府付酬，在刑事诉讼中为贫穷被告人提供法律帮助的专职律师。该制度的直接目的是解决贫困被告人辩护权的问题。早在1893年，美国律师福尔茨发起“公设辩护人运动”，认为公设辩护人作为一个有权力、有资源的人物来对抗检察官，可以保证诉讼程序公正和有序。从观念到真正实践发生在1913年，根据洛杉矶宪章，洛杉矶于1914年1月9日设立了世界上首个公设辩护人办公室，旨在保证被告人的权利。初期，公设辩护人制度只存在于芝加哥、纽约等大城市，而且涉及的案件只限于最严重的或被告人系精神障碍等特殊情形。据统计，截至1961年，美国仅有3%的郡有公设辩护人制度，服务于全美约25%的人口。直到1963年吉迪恩一案这一情况才得到根本扭转。在该案中，联邦最高法院认定州刑事重罪案件的贫困被告人享有国家为其指派律师的权利，宪法第六修正案属于“正当程序”条款保护的基本权利，律师帮助权得到扩大解释，被告人获得律师帮助成为公正审判的基本条件，在法庭中，律师是“必需品”，而不是“奢侈品”。在该案的推动下，1963年至1970年间，公设辩护人制度空前发展，到20世纪70年代，公设辩护人几乎存在于每一个人口大郡，服务于美国约三分之二的人口。不过，公设辩护人制度在实际运行中广受批评，被指代理不充分，过分依赖有罪答辩制度处理案件，公设辩护人在传讯之前只有不到半个小时的时间与被告人交谈。

(二)公设辩护人与辩诉交易

如果按照批评观点所言，公设辩护人代理的刑事案件达成辩诉交易的比例要比私人聘请辩护人的案件高得多。在20世纪60年代，有学者对30个郡的辩护制度作了比较分析，其中有20个郡由公设辩护人代理的被告人的有罪答辩率高于雇请辩护人的被告人。另根据联邦司法部的统计数据，被指定公设辩护人的37188名被告人中有87.1%接受了辩诉交易，5.2%选择审判程序；而聘请私人律师的18709名被告人中有84.6%接受了辩诉交易，6.4%选择了审判程序。[1] 两者相差不是特别大，但是公设辩护人似乎更愿意接受辩诉交易，有不少公设辩护人承认更倾向于建议被告人作有罪答辩，如圣何塞一名公设辩护人在1969年所言，在实行公设辩护人制度前，有11%的重罪案件经过审判，而在公设辩护人制度下这一比例只有6%。[2] 总结起来原因有：第一，案件量过重，有统计数据显示，2002年马里兰州巴尔的摩的公设辩护人在任何特定时间里都要处理80~100件待决重罪案件；2006年内华达州克拉克郡的每位公设辩护人案件负荷为364件重罪案件和较重的轻罪案件；2009年罗得岛州的每位公设辩护人案件负荷为轻罪1517件，重罪239件。[3] 在20世纪70年代以前，公设辩护人也承受过量的案件，公设辩护人没有过多的精力去会见被告人，仔细阅读案卷以及准备辩护意见，一名公设辩护人不可能让每一案件都经过完整的审判程序。第二，经费短缺，尽管自1963年吉迪恩案之后，贫困被告人获得律师辩护的宪法权利促使公设辩护人制度的发展，但是，资助程序的采用和执行不仅缓慢而且不稳定。

学者布哲克发现，辩诉交易的平均量刑为17个月，而经审判的平均量刑为45个月。超过90%的案件是通过辩诉交易处理的。在轻微案件中，更容易发生辩诉交易。检察官对白人被告更倾向于行使裁量权，基于自己的意愿提供从轻的交易。对抗制结构往往造成检察官追求定罪而非正义。辩诉交易主要的制度性缺陷是没有辩护的资金。公设辩护人无法获得如同检察官一样多的资金，有学者认为，花在指控的每一美元中，有53美分花在了穷人的辩护上。检察官常常受公众关切而寻求答辩。辩护人对待辩诉交易并非总是很积极，辩护律师相比于检察官更不想在审判中败诉。毕贝

---

[1] U. S. Department of Justice (2000). Plea-bargaining statistics.

[2] Albert W. Alschuler, "The Defense Attorney's Role in Plea Bargaining," *Yale Law Journal* 84 (1975).

[3] 吴羽：《美国公设辩护人制度考察及其启示》，《理论月刊》2014年第9期。

斯称，公设辩护人比起指定辩护人更乐意施压被告人答辩，指定辩护人和雇佣辩护人则会提交更多动议。

虽然法官对检察官提出的量刑建议没有接受的义务，但是长期的实践使得法官认为，“判决是艰苦的工作，任何使之简化的做法可能似乎都是好的”，法官总是服从检察官的量刑建议。通过对20世纪60年代末休斯敦重罪法庭的研究发现，6名法官中有5名几乎都按照检察官的量刑建议而量刑，另一名法官也有约90%的有罪答辩案件遵从了检察官的量刑建议。在1972年，对休斯敦法院进行抽样调查发现，约有80%的案件中，法官完全接受了量刑建议，在约20%的案件中，法官的量刑重于量刑建议，即所判处的缓刑刑期长于检察官建议的刑期。这种情形并非休斯敦独有，在绝大多数城市，许多法官的态度和休斯敦法官一样，一方面远离辩诉交易过程，另一方面依从检察官量刑建议，甚至有法官自称：“90%的法官从不考虑量刑问题，只是依照地区检察官的量刑建议。”因此，在这种量刑机制的影响下，辩护律师很少会担心协议不被法官接受，这又进一步加强了被告人进行辩诉交易的愿望和动机。有调查表明，有的地区公设辩护人曾在8个月内为400个重罪案件被告人辩护，有的地区公设辩护人一年内代理了1000余个轻罪案件，尽管这些地区可能比较极端，也有不少公设辩护人的负担没那么重，但从总体上讲，公设辩护人普遍负担较重。曾有律师描述：“我们常常在一天之内出席15个法庭的审判，而我个人平均代理40个被告人。”案件量的负担必然挤压辩护人收集证据的时间。有研究表明，在纽约州，曾到过犯罪现场的辩护律师占杀人案件的21%和其他重罪案件的4%；以某种形式咨询过专家证人的辩护律师占杀人案件的17%，在其他重罪案件占2%。公设辩护人分摊到每个案件的时间很难满足进行细致调查的需要。因此，公设辩护人不可能对绝大部分案件全身心地投入，只对极少部分案件“精雕细琢”，这样一来，公设辩护人更倾向于促使被告人作有罪答辩和劝告被告人选择辩诉交易。

（三）检察官与公设辩护人在案件处理上的一致性

实际上，检察官与被告人达成辩诉交易的目标是尽可能与审判结果近似，目标是否实现受到以下利益因素的影响：第一，检察官对案件的指控力度，检察官如果要通过审判程序，也需要证明排除合理怀疑，对于案件的指控力度、上诉的胜诉可能性以及辩护律师的辩护技巧均会影响检察官决定是否进入辩诉交易程序以及如何提出答辩提议和量刑建议。第二，检察官内部的答辩政策和法律限制。在实践中，绝大多数检察官对某一类型的案件均确立了相应的答辩政策，检察官一般先将犯罪行为归属于何种案件类型，再根据检察政策或者法律指南，决定是否将案件付诸审判或者是否进行交易。第三，检察官的预算和资源的限制。检察官必须在一定的预算范围内从事指控，而且还要面临法官人数、检察官人数、法庭房间以及其他附属人员和设备等司法资源的有限性，这些都会刺激检察官优先考虑适用辩诉交易处理案件。第四，检察官的个人动机。不管是采用任命制的地区，还是采用选举制的地区，检察官在决定是否进行辩诉交易时往往会出于政治上的考虑，往往受到媒体和公众意见的影响，因为大多数检察官都是将检察官的执业经历作为实现政治抱负的敲门砖。第五，被告人的犯罪性质和公众反应。犯罪性质、法律威慑力的需要、公众对被告人所犯的罪行之态度都会影响到检察官对辩诉交易的选择。第六，被告人协助检察官的能力。检察官往往以被告人的合作为条件而适用辩诉交易。被告人自愿合作和其合作的能力将决定检察官交易的对价。第七，被告人的背景和地位。被告人的年龄、雇佣情况、家庭环境、身体情况、社会地位、犯罪前科、是否处于保释期内或者等候未决判决等都会成为检察官考虑辩诉交易的整体因素。第八，被害人与警察的意见。被害人作为利益受侵害一方，其对被告人的态度也会影响检察官决定是否与被告人达成答辩交易。

辩护律师自己不可能充分了解被告人的内心过程，无法决定什么因素影响对被告人的建议。律师的利益冲突会影响被告人的答辩。但公设辩护人不存在这一问题，在一个案件中，两名以上的贫穷被告人需要律师，公设辩护人很快就会提出利益冲突问题，大多数法院都会毫不犹豫地为每名被告人指定各自的律师。在“坎普贝尔诉联邦”一案中，法院认为实践倾向于简化审判过程，保护被告选择律师的自由，受雇律师有时会受雇于另一方当事人。沃伦法官在1927年担任加州阿拉梅达郡地方检察官，被指派筹建公设辩护人办公室，惠拉德·谢伊被任命为首任公设辩护人。在沃伦法官1969年一封信件中追忆到他俩第一次见面的场景，谢伊受到任命后到其办公室，沃伦就跟他保证说不希望对无辜之人定罪，沃伦也保证不试图将被告交付监狱，这需要双方妥协以至可以各自履行职责，同时也可以相互体谅，谢伊对此表示同意。此后，两人一起工作了七八年，谢伊每年去沃伦办公室五六次。有罪答辩制度鼓励律师将自己部分视为行政官和法官而非仅仅是辩护人。一般来讲，检察官更乐意向公设辩护人展示证据。公设辩护人也通常承认在辩诉交易中获益。也有学者指出这种获益不是源自公设辩护人的地位，仅能反映公设辩护人与检察官日常联系更加紧密，这种工作联系或者说私人关系使得公设辩护人与检察官更容易达成一致，这种“友好关系”的维持只需要辩护人不要不通情达理。辩护律师有多种方式进行让步，向检察官展示辩方证据、拒绝使用检察官提供的在庭审中不利于其的信息、进入有罪答辩程序等。20世纪70年代之前，制定法上要求检察官开示证据的规定极其有限，从客观上迫使辩护律师没有那么热情地为被告人辩护。

公设辩护人常常比私人辩护人更了解案件情况，也更了解刑事司法制度的日常运作。这会影响有罪答辩程序。因为公设辩护人可以在清楚了解法官如何量刑之后决定进入有罪答辩程序，而私人辩护人却会因不太了解法官的量刑实践而不敢作有罪答辩。

私人律师更愿意通过拖延来提高其交易的地位，有学者研究，私人律师每个案件平均在法庭出现7.2次，而公设辩护人为3.7次。公设辩护人不愿延期审理的理由部分在于其辩护人地位的内在限制。因为公设辩护人是全职只能出席一个法庭，不存在日程冲突的问题，否则会受到质疑。由于其案件量和策略目标相对明确，一般不会多次延期，并认为，任何延期都会增加被告的审前羁押时间。法官会建议公设辩护人达成有罪答辩协议，法官会给其压力，说“没有哪个私人律师会将案件导入审判”，有些公设辩护人屈服于上述司法压力和建议。诚如有学者戏称，费城约有五分之一的公设辩护人与特定法官“联姻”。

三、检察官交易模式的类型化

(一)该时期辩诉交易的主要情况

1. 联邦层面辩诉交易的情况

如表3-3，一战后，国家禁酒时期联邦地区法院处理的被告人人数激增，1918年比1917年增加了75%，1932年达到顶峰，为96949件，相比于1918年的30949件增加了约两倍。我们把国家禁酒时期作为第一个阶段，把二战开始到1953年沃伦担任联邦最高法院首席大法官作为第二个阶段，把沃伦法院时期(1953年至1969年)作为第三个阶段。在这三个阶段，辩诉交易率呈现独立的发展趋势。从总体上看，在国家禁酒时期，被告人的有罪答辩率呈现上升趋势，1934年，有罪答辩率突然降至60.3%，从1936年恢复至70.5%后又迎来一波上升期，到1950年达到最高值84.2%；在沃伦法院时期，有罪答辩率呈现下降趋势。对于上述现象，笔者认为，第一阶段由于禁酒法令的实施导致联邦地区法院案件量剧增，法官办案压力也随之增加，为了及时处理案件，有罪答辩率增加，法官也倾向于支持辩诉交易；在第二阶段，美国处于战时及战后的恢复期，需要大量的人口参与，通过高辩诉交易率可以让更多的人尽快加入生产和经营，促进经济发展；前文已述，沃伦法院扩大了被告人的诉讼权利，被告人的诉讼地位随之提高，法院也更加重视对被告人的保护，同时，案件量在缓慢下降，因此，被告人放弃宪法权利的情况更为少见，法官的案件量压力也没有之前那么大。

表 3-3　1917—1970 年联邦地区法院（哥伦比亚特区除外）被告人有罪答辩的情况[1]

年份	被告人人数/人	被告人有罪答辩率/%
1917	17671	52. 6
1918	30949	61. 2
1919	35734	60. 0
1920	34230	57. 4
1926	76536	63. 0
1930	82609	73. 7
1931	91701	77. 2
1932	96949	79. 5
1934	45577	60. 3
1936	52777	70. 5
1945	41653	73. 9
1950	37675	84. 2
1953	37762	82. 9
1955	38990	79. 5
1960	30512	79. 4
1966	31975	75. 4
1969	32796	70. 5
1970	36356	66. 3

在国家禁酒时期，据统计，从 1920 年宪法第十八修正案生效到 1933 年 12 月被宪法第二十一修正案废止这一期间，联邦刑事案件基本呈现大量增加的趋势，同时，如表 3-4，酒类案件的有罪答辩率也呈居高不下态势。在禁酒时期，在总的刑事案件量中，酒类案件远远超过非酒类案件。有罪答辩率和量刑严厉性没有实质关系，却和辩诉交易的类型有关。在默示辩

[1] Michael O. Finkelstein, "A Statistical Analysis of Guilty Plea Practices in the Federal Courts," *Harvard Law Review* 89, no. 5(1976).

诉交易里，量刑折扣与有罪答辩率整体上呈正相关关系，有罪答辩率高的联邦地区法院的量刑折扣也大。1923 年，一项法案设立司法委员会，敦促更加快速地处理联邦案件，甚至还规定了强制性撤回起诉，1926 年，司法委员会特别敦促地区法官行使其裁量权快速处理刑事案件。联邦地区法院通过量刑折扣处理突然暴增的酒类案件，为此，如纽约、马萨诸塞等联邦地区法院在实践中出现了“交易时间”(bargaining days)的现象，在开庭期，大量被告人来到法院作有罪答辩，经统计，经审判的非酒类案件判决的监禁刑期比作有罪答辩的高出 0.5~4 倍；而对于酒类案件，经审判的比作有罪答辩的高出 2~10 倍。联邦层面，默示辩诉交易占据主要地位。

表 3-4　1917—1934 年美国联邦地区法院刑事案件数及有罪答辩率[1]

年份	案件数		有罪答辩率	
	总刑事案件数/万件	非酒类案件数/万件	酒类案件有罪答辩率	非酒类案件有罪答辩率
1917	1.2	—	—	0.73
1918	2.9	—	—	0.79
1919	4.0	3.9	—	0.82
1920	4.8	4.0	0.93	0.78
1921	4.7	1.9	0.89	0.77
1922	5.1	1.8	0.86	0.78
1923	6.0	1.5	0.87	0.78
1924	5.8	1.6	0.87	0.79
1925	6.5	1.7	0.87	0.84
1926	5.8	1.6	0.89	0.83
1927	5.1	1.5	0.90	0.86
1928	6.9	1.6	0.90	0.86

[1] John F. Padgett, “Plea Bargaining and Prohibition in the Federal Courts, 1908-1934,” *Law and Society Review* 24, no. 3(1990).

续表

年份	案件数		有罪答辩率	
	总刑事案件数/万件	非酒类案件数/万件	酒类案件有罪答辩率	非酒类案件有罪答辩率
1929	7.2	1.7	0.90	0.87
1930	7.6	2.2	0.89	0.91
1931	7.5	2.0	0.91	0.91
1932	8.5	1.9	0.93	0.90
1933	7.6	1.8	0.94	0.90
1934	2.8	2.0	0.92	0.89

国会制定了一项法律，规定违反国内财政法律的联邦刑事被告可以“讨价还价”。20世纪黑帮教父阿尔·卡彭的律师以此法律为基础，与联邦地区检察官约翰逊进行明示的量刑交易，约翰逊为换取卡彭的有罪答辩向法官建议判处2.5年的刑期，由于该案影响巨大，约翰逊得到司法部长和财政部助理部长的明确授权。但是法官威尔克逊拒绝了该交易，其在判决书中首先承认法院可以接受检察官和辩护律师之间的协议，但认为法院没有义务受协议的约束，称“没有人能够取消法院的责任”。有罪答辩必须是对起诉书指控的基本事实无条件地承认。如果不是自愿和无条件的，有罪答辩无法影响法院。涉及刑事责任的案件进行许诺的权力是联邦法律规定的，而不是法院授予的。随后威尔克逊法官进一步详细阐述了其立场，法官可以听取检察官的建议，但法官不会受制于检察官。

上诉法院常常拒绝辩诉交易，将其称为“与犯罪讨价还价”。1926年，纽约上诉法院在高瓦斯基一案[1]中指出，尽管可以接受被告对比起诉罪行更低级罪行的答辩，但这些被告本应获得最大程度的刑罚，却允许通过中止量刑或者与罪行不适应的刑罚来逃避。上诉法院最后表达了其对辩诉交易的态度，谴责某些地方检察官以最小阻力减缓刑法严格执行的趋势。

[1] People v. Gowasky, 219 N. Y. A. D. 19(1926).

2. 各州辩诉交易的情况

这一时期，法官关注更多的是最终刑罚所体现的实质正义，而非正当程序所体现的形式正义。也有不少法院反对辩诉交易，但是辩诉交易在一战后依然蓬勃发展，辩诉交易的发展是多方相互塑造、相互构建的过程。

在各州，辩诉交易发展并不平衡。通过对 1935 年至 1936 年 29 个州法院主要犯罪处理的统计发现，其中宾夕法尼亚的有罪答辩率最低，只有 40. 9%，罗得岛最高，有 93. 9%（详见表 3-5）。

表 3-5　1935—1936 年 29 个州法院主要犯罪的有罪答辩情况[1]

州名	处理被告人数/人	有罪答辩率/%
印第安纳	10870	43. 1
新墨西哥	1811	51. 0
缅因	945	60. 0
伊利诺伊	6326	46. 4
科罗拉多	2987	55. 8
宾夕法尼亚	45086	40. 9
俄勒冈	1829	71. 5
新泽西	12426	60. 1
蒙大拿	1159	61. 8
犹他	706	46. 8
亚利桑那	1614	59. 7
堪萨斯	3952	63. 6
特拉华	3530	59. 1
佛蒙特	1036	67. 7
路易斯安那	3461	68. 0
俄亥俄	12323	62. 7

[1] Michael O. Finkelstein, "A Statistical Analysis of Guilty Plea Practices in the Federal Courts," *Harvard Law Review* 89, no. 5(1976).

续表

州名	处理被告人数/人	有罪答辩率/%
北达科他	834	70.8
怀俄明	629	66.9
华盛顿	3222	65.0
加利福尼亚	14437	64.5
新罕布什尔	811	70.1
威斯康星	6422	68.4
爱达荷	902	70.9
内布拉斯加	2409	67.7
密歇根	5317	71.7
康涅狄格	1881	77.0
明尼苏达	4075	82.1
南达科他	1079	47.2
罗得岛	1188	93.9

(1)华盛顿州。

在华盛顿州，根据有关法律规定，被告人对控告书或者起诉书的答辩有三种，有罪答辩、无罪答辩和已有判决认定。在华盛顿州，答辩协议的范围主要有：降格指控、对起诉书中多罪行选择性起诉和提出从轻的量刑建议等。但是，检察官一般需要向法庭说明降格指控的理由，检察官往往以被告人过去的记录及行为、对逮捕官员的态度、证据的强弱、被告人是否愿意合作充当证人等作为降格指控的理由。检察官提出从轻的量刑建议的种类有特定量刑、中止量刑、是否缓刑等。检察官提出从轻量刑的建议是以被告人合作为理由的。这种情形下被告人会承担检察官量刑建议不被法院或者刑期及假释委员会接受的风险。

(2)马里兰州。

自1918年以后，该州无陪审团审判的刑事案件增长明显。从1924至1929年，巴尔的摩刑事法院处理了30107件案件，只有1237件是陪审团审判；有25940件是法庭审判，其中13294件是有罪答辩，12646件无陪审团审判。在马里兰州14个郡，无陪审团审判的比例平均为74%，据估算，一名法官独自审判处理案件量比陪审团审判多两倍。

(3)得克萨斯州。

尽管到1982年刑事程序法典才正式以制定法的形式规定了辩诉交易制度，但在此之前，实践中辩诉交易也是普遍存在的。法院在很多案例中重申是否适用辩诉交易是检察官行使裁量权的结果，法官不得强制检察官适用，被告人也不得要求适用。如在“昆诺尼斯诉得克萨斯州”[1]一案中，法院认为辩诉交易是在检察官裁量权范围内适用。在“德鲁西诉得克萨斯州”[2]一案中，法院又指出，被告人无权要求州适用辩诉交易。在得州，重罪和轻罪案件适用辩诉交易的规则略有不同，法律允许被告人及其辩护律师一方在轻罪案件中作答辩，对证据的要求也低一些，相关判例指出，不管证明犯罪的证据怎样法院也可以接受轻罪答辩。[3] 另外，对轻罪作有罪答辩的被告人法庭无须训诫。如果是重罪案件，有罪答辩或者无争辩的答辩必须由被告人亲自作出，除了死刑案件，其他案件中辩诉交易需要以书面形式记载被告人放弃陪审团审判的权利。辩诉交易对检察官具有约束力，如果被告人的答辩是基于辩诉交易而作出的，控方如果不履行协议，被告人可以诉求违约而强制执行辩诉协议，被告人也可以撤回答辩。不仅在辩诉交易条款中，得克萨斯州还通过制定法限制辩诉交易中的被告一方行使上诉权。[4]

(4)康涅狄格州。

通过对1917年至1954年州高等法院刑事案件处理情况统计发现，除了1939年、1942年和1943年，其他年份的审判结案率均在10%以下，

[1] Quinones v. State, 592 S. W. 2d 933, 941(Tex. Crim. App. 1980).

[2] Derusse v. State, 579 S. W. 2d 224, 236(Tex. Crim. App. 1979).

[3] Albrecht v. State, 424 S. W. 2d 447, 448(Tex. Crim. App. 1968).

[4] Phillip R. Spicer, "Overview: Plea Bargaining in Texas," *St. Mary's Law Journal* 14(1982-1983).

1939 年也在 15% 以下，1942 年和 1943 年均略超过 10%。[1] 尽管存在一些撤回起诉或者不起诉的案件，但这类案件比被告人作有罪答辩的案件要少，因此，有罪答辩率还是比较高。结合表 3-6 所示 1966—1973 年高等法院被告人处理情况统计，也可以予以佐证。

(5)加利福尼亚州。

1970 年以前，该州法院早就承认有罪答辩并非无效。经抽样调查发现，1977 年至 1978 年，该州的辩诉交易率约为 79.6%。[2] 规制辩诉交易的主要有制定法和案例法。[3] 加州刑法典包含了若干涉及辩诉交易的条款。1955 年，立法机构通过了刑法 1192.1 条和 1192.2 条，正式在立法上确立了辩诉交易。上述两条款规定了被告在答辩时可以确定指控的等级，如果检察官同意该条件，法官也接受该答辩，法官就不得以被告答辩更高等级的罪行进行量刑。在 1957 年，又增加了 1192.4 条和 1192.5 条，进一步细化了辩诉交易的规则，首先确立了被告人撤回答辩的权利，法官通过公开的法庭才能接受辩诉交易，并提供了被告人有罪答辩的对价选择：不起诉某些指控、降格指控和提出低于法定最高刑的量刑建议。立法的目的是“推动无须审判的案件处理方式是符合公共利益的”[4]。制定法只涉及了辩诉交易的类型和基本的规则要求，细化的规则和程序要求是通过案例法实现的。在“In re Tahl”一案[5]中，加利福尼亚最高法院强调，必须满足正当法律程序的要求进行审判，在审判记录中必须有涉及宪法权利的记载和放弃宪法权利接受有罪答辩的内容。加利福尼亚州的法院还将《联邦刑事诉讼规则》第 11 条的大部分内容(含自愿性等)适用于该州。在威斯特

[1] Milton Heumann, *Plea Bargaining: The Experiences of Prosecutors, Judges, and Defense Attorneys* (Chicago: University of Chicago Press, 1978), p. 28.

[2] Fred J. Springer, “Burglary and Robbery Plea Bargaining in California: An Organizational Perspective,” *Justice System Journal* 8(1983).

[3] Lawrence A. Bennett, “An Offer You Can't Refuse: The Current Status of Plea Bargaining in California,” *Pacific Law Journal* 7(1976).

[4] People v. Woltz, 222 Cal. App. 2d 340, 343, (1963).

[5] In re Tahl, 1 Cal. 3d 122, 360 P. 2d 449, (1969).

表 3-6 1966—1973 年康涅狄格州高等法院被告人处理情况[1]

处理方式	1966—1967		1967—1968		1968—1969		1969—1970		1970—1971		1971—1972		1972—1973	
	案件数/件	比例/%	案件数/件	比例/%	案件数/件	比例/%	案件数/件	比例/%	案件数/件	比例/%	案件数/件	比例/%	案件数/件	比例/%
有罪答辩	1635	79.1	2107	76.1	2696	73.2	3186	71.0	3680	70.6	3332	69.6	2244	74.8
撤回起诉或不起诉	267		419		686		1110		1302		1302		646	
审判	164	7.9	241	8.7	301	8.2	191	4.3	231	4.4	156	3.3	114	3.8
总计	2066		2767		3683		4487		5213		4790		3004	

[1] Milton Heumann, *Plea Bargaining: The Experiences of Prosecutors, Judges, and Defense Attorneys*(Chicago: University of Chicago Press, 1978), p. 27.

一案[1]中，州最高法院不仅承认辩诉交易有效，还确认几乎所有的罪行都可以作有罪答辩，法院也只能就被告答辩有罪的罪行或者控方原来的指控进行判决。

（二）关于检察官对辩诉交易态度的调查

为了考察辩诉交易微观运作情况，很多州都对检察官作问卷调查，分析检察官对辩诉交易的态度和行为模式。本书以内布拉斯加州和宾夕法尼亚州为例进行研讨，可以给我们一定启发。

在1975年，有学者向内布拉斯加州所有93名郡检察官发放调查问卷，收回57份有效问卷。[2] 研究发现，辩诉交易在该州也是普遍存在的，只有5%的检察官回复没有适用过辩诉交易。该州辩诉交易的类型包括：降格指控、减少罪状和提出量刑建议。三种类型适用率略有不同，80%的检察官愿意进行降格指控型的辩诉交易；75%的检察官愿意进行减少罪状型的辩诉交易；54%的检察官愿意进行量刑建议型的辩诉交易。

宾夕法尼亚的一项调查报告也存在类似现象，检察官愿意进行上述三种类型的辩诉交易的比例分别为95%、86.4%和57.6%。[3] 适用辩诉交易的比例各个郡差异较大，93%的检察官的回答表明不同程度地适用过辩诉交易，其中，17名检察官答复辩诉交易率在30%～60%，4名检察官答复辩诉交易率在90%以上。检察官承认影响辩诉交易率的一大因素是检察官的薪水，因为在该州，约有71%的检察官是兼职的，而非全职，他们不仅需要处理刑事案件，还要代表郡代理民事诉讼。尽管在辩诉交易中，内布拉斯加州采纳了美国律师协会制定的有罪答辩最低程序标准，通过案例也确立了检察官可以根据自己的判断适用交易条件，也可以根据案件情况改变标准，问卷调查也印证了该观点，只有16%的检察官辩诉交易的条件来

[1] People v. West, 3 Cal. 3d 595, 613, (1970).

[2] See Fred Kray and John Berman, "Plea Bargaining in Nebraska: The Prosecutor's Perspective," *Creighton Law Review* 11(1977-1978).

[3] Dominick R. Vetri, "Guilty Plea Bargaining: Compromises by Prosecutors to Secure Guilty Pleas," *University of Pennsylvania Law Review* 112(1964).

自最低程序标准。

该州没有统一的辩诉交易程序，73% 的检察官称没有建立有关辩诉交易的程序或规则，实践中，检察官在拒绝适用辩诉交易的问题上显示出案件类型上的倾向性，20 名检察官表示对暴力犯罪拒绝或者不愿意进行辩诉交易，8 名检察官选择了严重侵犯人身的犯罪，6 人选择了性犯罪，5 人选择了贩毒，4 人选择了携带武器犯罪，3 人选择了袭警罪，3 人选择醉酒驾驶。在回答“辩诉交易时最为重要的考量因素”的问题上，38% 的检察官选择了犯罪性质，23% 的检察官选择了案件强度，21% 的检察官选择了正义所需，14% 的检察官选择了被告人的违法犯罪记录，2% 的检察官选择了案件量，2% 的检察官选择了被告人转为控方证人，没有检察官选择公众舆论和是否认定惯犯。检察官认为应该把有限的资源分配给最为严重的犯罪，因为可以实现获得恰当量刑这一最为重要的社会利益。

检察官还认为，辩诉交易可以缓解刑法规定的严厉性，实现个别化司法和增加司法制度的灵活性。98% 的检察官选择辩护律师为积极介入辩诉交易的参与者，只有 23% 的检察官选择被告人是辩诉交易的参与方。公设辩护人更有能力评估案件提出合理的交易建议，而且比起私人律师更少在被告人面前作秀，而指定辩护人对辩诉交易是矛盾心理，根据调查发现，30% 的检察官认为指定辩护人频繁拒绝检察官的辩诉交易建议，因为，指定辩护人只有经过审判环节才能获得最大值的报酬，但另一方面法院给指定辩护人的报酬低于私人执业，因此也愿意通过有罪答辩尽快了结案件。该州的法官对于控辩双方的辩诉交易过程并不积极介入，只有 14% 的检察官认为法官在辩诉交易程序中积极介入，而且，45% 的检察官选择法官从来不在审判前与检察官讨论量刑，46% 的检察官选择偶尔，只有 9% 的检察官选择经常，由此可见，法官在辩诉交易程序中基本处于被动的地位，法官自己也不愿意介入辩诉交易的过程。检察官对辩诉交易的态度也表明辩诉交易的发展趋势，8% 的检察官认为辩诉交易应该被废除，17% 的检察官认为其是必要的恶，65% 的检察官认为有利于实现正义。在问及“辩诉交易有何优势”的问题上，检察官的回复令传统的观点站不住脚，44% 和 43%

的检察官认为辩诉交易有利于节省时间和金钱，27%的检察官选择“在证据弱的案件获得有罪判决”一项，25%的检察官选择“避免审判的不确定性”，23%的检察官选择了“减少案件量”，22%的检察官选择“在与被告交易时给予检察官灵活性”。在问及“辩诉交易的不利之处”的问题时，检察官也不避重就轻，也不回避问题，50%的检察官选择“参与者感觉正义被讨价还价”，23%的检察官选择“懒惰的检察官滥用”，8%的检察官选择“导致过度指控问题”。

在宾夕法尼亚州，费城和匹兹堡两大城市的有罪答辩率分别约为四分之一和三分之一，一项针对检察官的调查显示，检察官在决定是否进行辩诉交易的考虑因素中，27%的检察官的选择是“同情被告”，32%说是法律的严厉性影响了决定，37%说工作的繁重是关键因素，85%的检察官将案件的证据强弱作为最频繁考虑的因素。证据弱的案件很多是关键证人死亡、拒绝作证或者难以找到。匹兹堡的很多强奸案件，被害人几乎都同意被告人的友好表示，地方检察官办公室通常乐于接受被告人对通奸作有罪答辩。

（三）辩诉交易中的案件类型化研究

1. 谋杀案件

1967年，美国律师协会咨询委员会的一份报告指出，在一些地方有95%的刑事案件是没有经过审判而处理的。同一年，法律执行和司法运行总统委员会的一份报告也支持这一现象，各州法院的刑事判决中有87%没有经过审判，较低的有宾夕法尼亚州的66.8%，最高的是纽约州的95.5%。马萨诸塞州的比例是85.2%。[1] 大部分案件是通过辩诉交易处理的，辩诉交易不仅是广泛存在的现象，而且是被普遍接受的刑事案件处理方式。宾夕法尼亚大学法学院于1964年发表了一份调查报告，报告显示

[1] Francis J. Carney and Ann L. Fuller, "A Study of Plea Bargaining in Murder Cases in Massachusetts," *Suffolk University Law Review* 3(1968-1969).

43 个州最有名的郡中，有 86.4% 的检察官为了获得被告人的有罪答辩而作出安排。从 20 世纪 20 年代的犯罪调查报告到 20 世纪六七十年代，对辩诉交易的批评主要是其秘密性和没有明确的规则指引，导致潜在的程序滥用不受司法审查。诚如斯科尔尼克所言："有罪答辩掩盖了在其之前发生的所有事情。"宾夕法尼亚大学法学院的调查报告也指出，70.2% 使用辩诉交易的检察官称没有建立关于辩诉交易的正式规则。检察官选择辩诉交易的考量因素最主要是案件质量问题，有关调查发现，85% 的检察官将"政府证据弱的案件作为决定辩诉交易的因素"。理论上来讲，对于证据弱的案件，被告人更应通过审判证明自己的清白。

从马萨诸塞州高等法院自 1956 年至 1965 年审理的谋杀案件中抽取了 326 名被告人进行分析，154 名被指控犯有一级谋杀罪，172 名被指控犯有二级谋杀罪。154 名一级谋杀被告人被起诉时有 142 人答辩无罪，5 人对二级谋杀答辩有罪，7 人对过失杀人作有罪答辩。172 名二级谋杀被告人被起诉时有 141 人答辩无罪，13 人对二级谋杀答辩有罪，18 人对过失杀人答辩有罪。起诉后，很多被告人变更其答辩，被指控一级谋杀的 154 人中，有 57 人答辩无罪，85 人改变答辩，占比 59.9%，有 97 人对更轻的罪行作有罪答辩；被指控二级谋杀的 172 人中，有 48 人答辩无罪，93 人改变答辩，占比 66%，109 人对更轻罪行作有罪答辩，15 人对原指控作有罪答辩。被指控二级谋杀的被告人中，初始答辩二级谋杀的 13 人和对过失杀人作有罪答辩的 18 人均被法院接受。整体上说，有 67.8% 的被告人作了有罪答辩，其中 93.2% 的被告是对更轻罪行作有罪答辩。只有 32.2%（105 人）的被告人经历审判，通过对上述 105 人法庭判决结果的分析，被指控一级谋杀并作无罪答辩的 57 人中，9 人被判决无罪，8 人因精神病被判决无罪，8 人被判决一级谋杀（无从宽量刑建议），26 人被判决一级谋杀（有从宽量刑建议），5 人被判决二级谋杀，1 人被判决过失杀人；被指控二级谋杀并作无罪答辩的 48 人中，14 人被判决无罪，12 人因精神病被判决无罪，11 人被判决二级谋杀，11 人被判决过失杀人。总体讲，在 283 个有罪判决中，有 221 个是有罪答辩的结果，占比 78.1%。

调查的326名被告人分布于埃塞克斯、米德尔塞克斯、萨福克、汉普登、诺福克、布里斯托和伍斯特等七个郡，其有罪答辩的比例分别是80%、78.7%、73.5%、70.8%、56.2%、25%、13.3%。有一种解释是法院的案件量与有罪答辩比例呈正相关关系。然而调查使得该假设并不可靠。以上述七个郡自1956年至1965年受理的指控和上诉案件量来比较，由高到低的排名是萨福克、米德尔塞克斯、伍斯特、布里斯托、埃塞克斯、诺福克和汉普登，其案件量分别为27846件、25780件、14825件、9072件、7286件、5393件和5049件。[1] 由此可见，案件量的解释不具有普适性，有罪答辩率最高的埃塞克斯郡其案件量却排名第五，案件量排名第七的汉普登郡的有罪答辩率排名第四，案件量能和有罪答辩率排名相匹配的只有米德尔塞克斯郡。经过分析发现，谋杀指控的案件量与有罪答辩率关系更大，上述七个郡谋杀指控案件量排名分别为萨福克、米德尔塞克斯、汉普登、埃塞克斯、诺福克、伍斯特和布里斯托。检察官如果处理的谋杀指控更多的话，其很可能使用有罪答辩。另一解释是检察官的过度指控以此获得更优的交易地位。根据马萨诸塞州法律，判决一级谋杀不得假释，判决二级谋杀在服刑15年后可假释。各郡不一致的问题引起了美国律师协会的注意，开始着手建立正规的辩诉交易指导规范，目的是让各州辩诉交易程序更加一致，让实践更加正规，更多地接受法官和公众的监督。

2. 毒品案件

毒品犯罪是20世纪以来最为严重的新型犯罪，其往往与有组织犯罪紧密相连，危害性很大，全世界基本都用刑法控制毒品的泛滥，美国也不例外。美国于20世纪20年代制定了规制毒品的专门法律，并将贩毒等行为列为刑事犯罪。20世纪60年代，毒品日益泛滥，影响了社会发展，联邦司法部设立了专门的禁毒执行局，负责联邦、州、当地警察和法院机构以

[1] Francis J. Carney & Ann L. Fuller, "A Study of Plea Bargaining in Murder Cases in Massachusetts", *Suffolk University Law Review* 3(1968-1969).

及外国的禁毒合作。但是，毒品犯罪却是检察官不太愿意适用辩诉交易的犯罪类型。1970年有学者对俄勒冈州地方检察官作了一次问卷调查，对于“哪些犯罪愿意作协商答辩”的问题，9人选了暴力犯罪案件、6人选了醉酒驾驶案件、4人选了杀人案件、2人选了性犯罪案件、1人选了引发公众反感的案件、1人选了支票案件、1人选了毒品案件。[1] 由此可见，检察官愿意在毒品犯罪案件中适用辩诉交易的比例不高。在毒品案件的辩诉交易中，检察官往往是降低对被告的指控换取被告的合作，而不仅仅是作有罪答辩。

3. 军队中的辩诉交易

1968年，美国律师协会起草的有关有罪答辩的刑事司法最低标准草案批准通过。早在1953年，军事法院的大部分判决是有争议案件的产物，但被告人作有罪答辩的比例没有超过10%，而此时联邦地区法院的有罪答辩率超过90%。随后军事法院有罪答辩率上升至28%，到1956年，该比例上升至60%。[2] 军事辩诉交易的主体是被告和开庭授权人（convening authority），开庭授权人为军事法律中的术语，是由军事司法统一法典和2009年成立的军事委员会授予某一法律权力的个人。在军事法庭上，军队总指挥官作为开庭授权人，要决定如何指控、确定军事法庭类型和军事法庭成员。开庭授权人还拥有部分或全部同意或拒绝法庭的量刑的权力。军事辩诉交易颇具特色的方面有：一是制度的可视性，二是军事被告均能获得律师的帮助，律师可在相对较早的诉讼阶段介入案件，被告答辩的时间可在指控提交法院之前，答辩协议可在律师有充分时间了解犯罪事实和提交各种可能减轻刑罚的情况之后达成。律师更能评估被告的量刑，可更明智地与检察官交易。辩护人享有的广泛证据开示权惯例使得军事辩护律师交易地位得到加强。美国军事制度是法律现实主义的先驱。答辩协议的正

---

[1] James Klonoski, Charles Mitchell, and Edward Gallagher, “Plea Bargaining in Oregon: An Exploratory Study,” *Oregon Law Review* 50(1970-1971).

[2] Brian B. Mcmenamin, “Plea Bargaining in the Military,” *American Criminal Law Review* 10 (1971-1972).

式双方是被告和开庭授权人。但协商过程不是该双方。真正的双方是辩护律师和司法参谋。两者关系带有明显的军事特征。司法参谋是开庭授权人的律师，辩护律师是被告的。与市民司法制度不同，在军事制度中的辩护律师也是司法参谋的附属，尽管是雇佣和受雇佣的关系。两者在审判和协商答辩中的关系之影响绝不是不变的，取决于个性。辩护律师在军事上是司法参谋的下属，要接受其合法的指令并负有忠诚于其意愿的义务。司法参谋为辩护律师准备有效报告，双方还要维持紧密而热诚的关系，因为年轻的司法参谋及其夫人居住在军队，和其他律师及家属一起娱乐等，难以维持对抗的态度，军事律师无法应付司法参谋及其官员正如市民律师和地区检察官办公室那样的行为方式。开庭授权人有权决定执行哪一部分已决量刑，法律要求其执行军事司法统一法典，但其只是法律门外汉，他要依赖司法参谋，要其作法律顾问，开庭授权人拒绝司法参谋建议的情况在军事司法诉讼中很少见。市民辩护律师的地位主要取决于案件的事实，军事辩护人并非如此。司法参谋在军事法庭对刑事法律有长期的经验。司法参谋也在选举军事法庭成员的程序中起一定作用。司法参谋在辩诉交易的影响不仅源于其更多的经验，还有相对较高的地位，因其得到国会授权。

4. 少年刑事司法

自从伊利诺伊州于1899年建立全美第一家少年法院开始，到1945年，每个州都建立了这种独立于成人法院的审判机构。在20世纪70年代之前，少年刑事司法的主流观点是将犯罪少年看成是国家的病号而不是罪犯。60年代以前，犯罪少年没有人指控他，也没有人为他辩护，并且在国家亲权的理论架构下，宪法保护不适用于该领域。直到60年代末，犯罪少年获得律师帮助、不得自证其罪、排除合理怀疑等宪法权利才被法院承认。[1]在这种司法运行机制下，产生了适用于少年犯罪的辩诉交易模式，称为“诉讼协议”(stipulation)，相对于成年人犯罪来说，更加关注、寻求协商。

[1] Darlene Ewing, “Juvenile Plea Bargaining; A Case Study,” *American Journal of Criminal Law* 6(1978).

制定法上没有强制规定诉讼协议必须采用书面形式，也不需要特定的格式或者陈述方式。一般来讲，诉讼协议有三种形式，第一种是将少年犯诉状降为需要监督儿童诉状(children in need of supervision petition)，一般会被判处缓刑而不是移交州矫正学校，这种形式比较少采用；第二种是更为普遍的交易，检察官降低罪行或者去除诉状中暴力的影响，儿童记录中反映的是更轻的指控，如果后面再犯，会送至州矫正学校；第三种形式是检察官根据儿童的意愿改变诉状指控的用语，这种方式不会对最终处理产生影响，但是儿童会感觉受到平等对待从而展现更少敌意。据调查，大约有88.8%的少年犯罪案件通过诉讼协议的方式解决。非法使用武器、殴打、夜盗、非法侵害等罪行适用诉讼协议的比例最高，有的达到100%，但强奸、伪造文书等罪行适用诉讼协议的比例最低，有的没有适用辩诉交易。[1]

(四)辩诉交易的类型化研究

1. 按照主体分类

这种分类有两种，分别为控辩双方的交易和审辩双方的交易。在控辩双方的交易中，检察官通过许诺获得有罪答辩，其充当不同角色，第一，扮演一名管理者，其目标是以最快的速度处理每一件案件，以最有效率的方法完成本人及法庭的工作；第二，扮演支持者的角色，其目标是使定罪数量和量刑的严谨性最大化，检察官预测案件经审判后的定罪量刑，判断判处无罪的可能性后对被告进行量刑折扣，对经过审判的量刑折扣和达成答辩协议能得到的量刑进行平衡；第三，扮演法官的角色，其目标是根据被告社会环境或其罪行的特殊情况而做适当的事情，但也有限制，即如果没有有罪答辩，则不会做；第四，充当一名立法者，其可以因法律过于严厉而作出许诺。在控辩双方为主体的辩诉交易中，上述四种角色的重要性

[1] Darlene Ewing, "Juvenile Plea Bargaining; A Case Study,"*American Journal of Criminal Law* 6(1978).

因案而异，检察官对第四种角色意见不一，一些检察官毫不犹豫地宣称他们的目标之一是在交易中抵消那些立法机构对某些犯罪处以严厉的不切实际的惩罚规定，而另一些检察官却强烈否认检察官因对法律的个人意见而影响其判断是合适的。

关于审辩交易，费城有一件案件，被告因携带武器抢劫被法官定罪，量刑为10~20年监禁，当被告的律师提交重新审判的动议时，审理法官叫其到办公室，法官向辩护人说，如果他撤销动议的话，作为回报，会将被告人的量刑减到已经羁押的期限，即一年至一年半，最后辩护律师撤销了动议，被告人也被释放了。这是典型的审辩交易，也是明示的辩诉交易。而审辩交易大部分是默示辩诉交易，就是被告人相信其作有罪答辩会得到法官的从轻处理。

2. 按照交易内容分类

按照交易内容分类，可以将辩诉交易分为降格交易、指控交易和量刑交易。

降格交易是指“以较轻之罪交换”，检察官指控罪名的犯罪构成要件包含另一量刑较轻的犯罪构成要件，控辩双方协商后，被告人同意就较轻量刑的罪行认罪，检察官同意不追究原来较重的罪行。如检察官以一级谋杀起诉被告人，经与被告人协商后达成协议，被告人承认二级谋杀，检察官同意不再追究被告人一级谋杀的罪行，又如检察官先以强盗罪起诉被告，控辩双方协商后请求法院以抢夺罪判处，检察官不再追究强盗罪。并非所有的司法区都承认降格指控。一些州的法院允许被告人以较轻罪行作有罪答辩，有些司法区的检察官被要求提交接受降格指控的理由。如1958年纽约州的一项制定法规定，地方检察官可以建议法院接受降格指控，但是检察官有义务向法庭提交书面理由。[1] 在实践中，纽约州的地方检察官往往以下列情形作为理由：大陪审团控告书证据不足、刑罚过于严厉、控方

[1] See Dominick R. Vetri, “Guilty Plea Bargaining: Compromises by Prosecutors to Secure Guilty Pleas,” *University of Pennsylvania Law Review* 112(1964).

证人证言不可靠、冲突证据、控告人不愿作证、缺乏精确的鉴定和缺乏加强证据等。[1]

指控交易是指检察官以数罪指控被告，经协商后被告人同意就其中一罪或数罪认罪，后请求法院驳回起诉状其余的罪行。如检察官以强奸罪、强盗罪和欺诈罪起诉被告人，协商后被告就强盗罪认罪，检察官则请求法官驳回强奸罪和欺诈罪两项指控。指控交易通常是检察官的一种辩诉交易的工具。因为一项犯罪事件往往包含多项罪状，触犯多项罪名，[2] 检察官根据法官多年的审案经验，认为即使将多项罪名起诉至法院，法官也只会对其中一项或者两项罪名进行定罪量刑，剩余的罪状则延迟量刑，相当于不予定罪处罚。

量刑交易是指检察官要求被告向法院作有罪答辩，被告若同意便承诺将向法院建议一个对被告有利的刑期，或不会向法院请求判处法定最高刑，或者不会反对法官对被告科处的刑期，或者承诺不向法院具体求刑，由法院裁量决定。检察官使用最广泛的量刑交易是检察官允诺被告人向法官建议一个双方均能接受的刑期，被告人承诺作有罪答辩。但在量刑交易模式下，被告人要承担审判法官不接受检察官量刑建议的风险。[3]

3. 检察官可以运用的其他交易策略

除了降格交易、指控交易和量刑交易三种主要的模式外，检察官在司法实践中发展出一些可供选择的辩诉交易内容，比如承诺不起诉同案犯、承诺安排被告人或者同案犯特殊的监狱、向被告人承诺将被告人交付少年法庭审判、建议进行量刑前调查、提出合并刑期的建议、同意不反对对被告人判处缓刑。检察官还可以向被告人承诺赦免。[4] 还有些地区的检察

---

[1] Ruth G. Weintraub and Rosalind Tough, "Lesser Plea Considered," *Journal of Criminal Law, Criminology, and Police Science* 32(1941-1942): 506.

[2] 如根据纽约州的法律，普通的携带武器抢劫包括四项罪名：一级抢劫(刑期 10 年至 30 年)、一级殴打(刑期最高 10 年)、一级重大盗窃(刑期最高 10 年)以及非法使用武器。

[3] See State v, Maberry, 93 Ariz. 306, 309, 380 P. 2d 604, 606(1963).

[4] See Dominick R. Vetri, "Guilty Plea Bargaining: Compromises by Prosecutors to Secure Guilty Pleas," *University of Pennsylvania Law Review* 112(1964).

官可以将被告人的案件安排由特别宽容的法官审理；如果被假释的被告人同意作有罪答辩，检察官可以同意阻止对撤销假释的提议。[1] 上述内容不会减轻或者减少被告人的罪行以及刑期，但依然会对被告人的刑罚产生影响，会促使被告人产生合作的心理。

（五）检察官在辩诉交易程序中的责任日益明确

随着辩诉交易在刑事诉讼中的普及，检察官在辩诉交易程序中的责任日益受到关注。总体来说，检察官应该避免强迫被告人作有罪答辩。检察官在进行辩诉交易时应该评估是否会剥夺被告人的选择自由，是否违反联邦宪法第十四修正案要求的公正程序等。[2] 根据学者的调查，很多检察官在起草指控文书时会考虑可能的答辩协议。[3] 尽管检察官的多罪状指控是其裁量权，但是也不能只是为了给被告人答辩有罪施加压力而添加额外的指控。[4]

很多时候，法官也无法确定检察官进行辩诉交易是否有强迫被告人。在实践中，答辩程序基本上不是对抗性的，检察官希望通过答辩程序处理案件，而被告人希望其答辩被接受，在此意义上，控辩双方的利益具有一致性。美国律师协会出台相关规定，不管什么时候进行辩诉交易，检察官都有一项伦理上的义务，即告知法庭有辩诉交易的存在以便其审查。[5]

鉴于法官要审查被告人的自愿性和明知性，也为了尽量减少强迫和误解，检察官不应该直接与被告人签订答辩协议，而应该与辩护律师讨论可能的答辩协议内容。纽约郡刑事法院律师协会法典中就有对检察官伦理要求的规定："检察官为了获得被告人的有罪答辩，只有跟辩护律师协商或

---

[1] James F. Parker, "Plea Bargaining," *American Journal of Criminal Law* 1(1972).

[2] See Barker v. Gladden, 220 F. Supp. 308, 313(D. Ore. 1963); People v. Piccitotti, 4 N. Y. 2d 340, 151 N. E. 2d 191, 175 N. Y. S. 2d 32, 1958.

[3] Dominick R. Vetri, "Guilty Plea Bargaining: Compromises by Prosecutors to Secure Guilty Pleas," *University of Pennsylvania Law Review* 112(1964).

[4] People v. Piccitotti, 4 N. Y. 2d 340, 151 N. E. 2d 191, 175 N. Y. S. 2d 32, 1958.

[5] ABA Canons of Professional Ethics 5, 22, 1959.

者交易。检察官不能通过直接或隐藏的威胁获得有罪答辩，检察官对被告人的任何承诺只有辩护律师在场的情况下才能做出。”[1]另外，检察官也不能超出其职权范围作出许诺，比如不得对案件作出确定司法判决的允诺，否则，被告人可以撤销答辩。即使检察官明知审判法官通常会采纳其量刑建议，也负有提醒辩护律师法官可能不按常理量刑的义务。如上文所述，诸多因素会影响检察官决定是否进行辩诉交易，检察官应该评估这些因素。

[1] See Dominick R. Vetri, “Guilty Plea Bargaining: Compromises by Prosecutors to Secure Guilty Pleas,” *University of Pennsylvania Law Review* 112(1964).

第四章

美国检察官在辩诉交易演进中占主导作用的原因探析

第一节

检察官主导辩诉交易的原因的理论研究现状

一、辩诉交易废除危机

20世纪70年代至80年代，美国出现过一波禁止辩诉交易的风潮。本书简要介绍四次辩诉交易废除危机。

第一次是阿拉斯加州总检察长于1975年宣布全州禁止进行所有形式的辩诉交易，给出的理由是为了确保公正、恢复公众对刑事审判制度的信心以及提高检察官的指控技巧。[1] 到了1985年，该州又重申了禁止辩诉交易的指控政策，政策出现稍许扭转，只是禁止检察官对缺乏特殊背景的刑事案件的量刑交易，但允许指控交易。

第二次发生在1975年的得克萨斯州埃尔帕索郡。其做法是由得州的两名地区法官在该郡范围内实施禁止性政策。这两名法官因不满当地的检察官在某些辩诉交易案件中不愿提出适用缓刑的建议的行为，便禁止在其所在法院适用辩诉交易，以保证被告处于相同情形下可以受到同等的对待。后该地法院陪审团审判案件增加，处理案件时间延长，待决案件增多，在实践中，该地的辩诉交易和有罪答辩并没有消失，即使在这种政策下，法庭也会在传讯阶段确定每个作有罪答辩的被告所面对的判决。如果被告选择进行审判，有罪判决的刑期常常比作有罪答辩的刑期要长，而且，地方助理检察官也会和其他检察官一样规避这一禁止政策，另外，法令只是禁止重罪案件适用辩诉交易，郡法院、都市法院和治安法院受理的轻罪案件

[1] Teresa White Carns and John A. Kruse, "Alaska's Ban on Plea Bargaining Reevaluated," *Judicature* 75(1992).

不在禁止范围内。[1]

第三次是加利福尼亚州于1982年举行的公投。公投的结果是禁止在严重的重罪、使用枪炮的重罪以及任何酒精或者麻醉品影响下所犯的违章驾驶罪等案件中适用辩诉交易。但这一禁止不具有绝对性，一方面，法律只是规定禁令适用于高等法院的刑事案件[2]；另一方面，在证据不足、不能取得重要证人证词等情况下，允许适用辩诉交易。因此，辩诉交易在加州仍然存在。

第四次发生在亚利桑那州的马里库帕郡，该郡试图废除检察官作出量刑许诺的交易。[3] 该郡高等法院的五名法官一致同意不再接受建立在量刑许诺基础上的辩诉交易，规定除非在两种例外情形下，“答辩协议不得承诺任何刑期的年限……或者任何非强制性的刑期或者缓刑条件……或者同时执行的或连续执行的量刑。”但是高等法院的这一政策并未得到州最高法院的认同，最高法院裁决这一禁止辩诉交易的司法政策实际上是企图确立地方诉讼规则，因而无效，要求马里库帕郡的法官遵守《亚利桑那州刑事诉讼规则》中关于“当事人可以协商案件的任何方面并且达成协议”的规定，该规定自然包括当事人协议所要施加给被告的量刑，另外，该规则还规定，当事人可以对量刑进行承诺，法官也可以拒绝检察官建议的量刑，也允许被告撤回答辩。

尽管在司法实践中出现了禁止或者废除辩诉交易的个例，但是从目前的情况来看，辩诉交易生命力依然强大。即使在禁止或者废除的地区，辩诉交易也并没有完全消失。学者也提出，完全废除辩诉交易必须对刑事司法制度进行全面更新，需要大量减少重罪数量等。此外，废除辩诉交易也要求法院、检察官办公室以及辩护律师对每一个案件精雕细琢，而且，还要分配部分资源确保向法官提交充分的报告，以便法官获取足够的信息独

[1] Robert A. Weninger, “The Abolition of Plea Bargaining: A Case Study of El Paso County, Texas,” *UCLA Law Review* 35(1987-1988).

[2] Scott W. Howe, “The Value of Plea Bargaining,” *Oklahoma Law Review* 58(2005).

[3] 参见祁建建：《美国辩诉交易研究》，北京大学出版社，2007，第73页。

立判处合适的刑罚。[1] 但是，这种建议具有理想主义色彩，基本难以实现。在刑事司法体系中，辩诉交易非常重要，在发现和提供另一种替代制度之前，要废除辩诉交易是基本不可能的。

二、检察官主导辩诉交易的若干解释理论

辩诉交易在1970年被联邦最高法院宣布合宪之前已经存在了一百多年，尽管遭受非议，但还是呈蓬勃发展态势。为什么辩诉交易会兴起发展？为什么检察官总体上偏好辩诉交易程序？为什么辩诉交易一直没有被联邦最高法院宣布为违宪？学术界出现不同的解释理论，本书拟对其中比较有代表性的解释作一番梳理。

（一）效率理论

最先用于解释辩诉交易的是效率理论，其认为辩诉交易必不可少，即使在未承认辩诉交易的诉讼制度中，检察官与被告人仍然要通过其他的方式进行交易。[2]

（二）威慑理论

威慑理论的主要创立者是伊斯特布鲁克，其认为辩诉交易制度通过检察官的交易将威慑力最大化，同时，对被告人公平地对待，使其获益，从而展示出法律的强制力。[3] 该理论修正了效率最大化理论，并以检察官可以评估如何最好利用审判资源以及如何最好地平衡有罪答辩的确定性与无罪判决的风险性作为立论前提。[4] 该理论进一步提出，检察官应该会

[1] James F. Parker, "Plea Bargaining," *American Journal of Criminal Law* 1(1972): 187.

[2] John H. Langbein, "Understanding the Short History of Plea Bargaining," *Law & Society Review* 13, no. 2(1979).

[3] Frank H. Easterbrook, "Plea Bargaining as Compromise," *Yale Law Journal* 101, no. 8 (1992).

[4] Frank H. Easterbrook, "Criminal Procedure as a Market System," *Journal of Legal Studies* 12 (1983).

以威慑力最大化的评估结果作为交易提议的依据，同时，根据该理论，被告人必然从辩诉交易中获益。在上述基础上，辩护律师必须对审判中的有罪判决可能性和可能的刑罚做出适当的预估。[1] 因此，根据该理论，只有满足以下要素，辩诉交易才具有正当性：第一，辩诉交易必不可少，节省了大量指控和审判资源；第二，辩诉交易成本低于审判，将法律威慑力最大化的同时满足对被告的公平性；第三，检察官控制最后的交易条件；第四，检察官可以得到被告在法律上无罪的信息；第五，为了发挥法律的威慑力，检察官能够评估司法资源的最佳使用方式；第六，检察官本着让威慑力最大化的原则进行诉讼行为；第七，辩护律师可以较为客观地预测有罪判决的可能性以及可能的刑罚；第八，辩护律师主要是在有罪判决可能性和刑罚基础之上进行诉讼；第九，辩诉交易的实际结果是改善了控辩双方的处境；第十，辩诉交易是个别化的，因人而异；第十一，检察官和辩护律师之间积极主动地讨价还价，具有攻击性；第十二，检察官和辩护律师获得充分的信息；第十三，辩护律师只为被告人的利益进行诉讼。

（三）审判近似值理论

该理论首先假定辩诉交易的结果近似于审判的结果，辩诉交易以较低的代价实现经过公正审判所带来的适当诉讼结果。[2] 要达到这种结果，辩诉交易要满足如下两个假设：一是对抗或者合作的交易程序会产生与对抗制审判相似的结果；二是除了与审判结果相似的答辩，检察官也不会接受其他答辩。实际上，辩诉交易很难会产生近似于审判的结果，但在该理论构建下，辩诉交易的理想诉讼结局是尽可能与审判结果一致，有学者提出要实现这一目标，必须符合以下前提：一是检察官和辩护律师如同审判中一样积极主动；二是检察官与辩护律师与在审判程序中相比，所得到的

---

［1］ 威慑理论还隐藏着一项假设，即检察官不会起诉事实上无辜的被告人，在理想状态下，无辜的被告人也不会选择辩诉交易。

［2］ Robert B. Gordon, "Private Settlement as Alternative Adjudication: A Rationale or Negotiation Ethics," *University of Michigan Journal of Law Reform* 18(1985).

资源和信息大体相当，对于资源和信息可以平等使用；三是检察官和辩护律师必须认识到辩诉交易替代法官和陪审团是客观存在，应以各种方式弥补法官和陪审团不出庭的不足，对相关情况做出适当反应；四是检察官必须集中关注被告在法律上的无辜；五是检察官能够并且也愿意推测有罪判决的可能性；六是检察官将其答辩提议建立在辩诉交易会产生公平结果的基础上；七是检察官对最后的答辩提议具有控制权；八是检察官审查交易的结果是否公平的标准不得包含策略和资源因素，也无须将效率放在优先位置；九是检察官必须将“相似案件的被告得到相同结果”作为答辩提议的标准；十是检察官能够得到关于被告人无罪的信息；十一是检察官在整个司法辖区的诉讼行为应具有一致性；十二是被告人能够获得信息；十三是被告人能够传送信息；十四是被告人能够提出答辩提议；十五是被告人能够自由接受或者拒绝答辩。[1]

（四）衡平理论

衡平理论是衡平思想在辩诉交易中的运用。该理论认为辩诉交易制度可以避免僵化的法律对被告人的不利影响，也兼顾被告人的个人情况与案件的特殊情形，实现个案上的正义。对被告人来说，辩诉交易具有弹性，其结果比审判的结果更加公正，原因就在于检察官会公平考量答辩中有罪和量刑的各种因素，调节立法的僵硬所带来的负面影响。辩护律师常常会提出一些情形请求检察官酌情考虑，如“被告人的母亲生命垂危需要照顾”“被告人行为一贯良好”“入狱将使被告人失去工作”“按照某项法律，被告人会因盗窃一块面包被判终身监禁”等，上述理由往往不是检察官指控时通常需要考虑的因素，但在衡平理论下，检察官可以考虑这些因素，决定是否向被告人提出更宽大的答辩提议。

[1] See Fred C. Zacharias, “Structuring the Ethics of Prosecutorial Trial Practice: Can Prosecutors Do Justice?” *Vanderbilt Law Review* 44(1991).

（五）合同自由理论

对合同自由理论阐述最完整的当属罗伯特·斯考特和威廉·斯坦茨。[1] 该理论支持辩诉交易的依据是实用主义原则，认为合同自由在刑事诉讼中予以适用也是一件好事。出于对资源优化配置和规避审判风险的考虑，自愿的交易会让控辩双方取得双赢的结果，即检察官的有罪之网扩大，而被告人也减轻了刑罚。根据该理论，控辩各方都会准确地衡量本方的实际情况和所面临的不利风险，只要当事人未被胁迫，辩诉交易又是建立在对案件事实的实际分析和对审判结果的合理预测基础上，大多数辩诉交易是有益的。合同自由理论成立的结构性假设主要有：一是辩诉交易是经过议价的个别化获益，当事人所作的选择与许诺是有实际价值的；二是控辩双方，尤其是辩护律师都采取了积极行动实现本方的利益，至少如同案件进入审判程序一样积极主动。

第二节

传统的政治法律实践

一、美利坚民族基因——契约精神

研究美国的历史后，我们可以得出这样的结论：美国这个国家是“谈”出来的，“谈”即协商，这不同于现代很多国家主要通过暴力产生的模式。所以，从第一个殖民地开始，协商在美国经济、社会、政治生活中占据特殊的地位，已然内化于美利坚民族并成为最具特质的文化基因。

[1] Robert E. Scott and William J. Stuntz, “Plea Bargaining as Contract,” *Yale Law Journal* 101 (1992).

（一）契约精神在殖民地形成过程中的作用

哥伦布发现新大陆后，人类终于找到一块真正的政治试验场，这块广袤的土地远离欧洲大陆，没有议会、没有权力分配和制约，完全是一片未被开发的土地。15、16 世纪的欧洲刚经历文艺复兴运动和宗教改革运动，很多人改信新教，新教徒们也遭受教会的镇压，纷纷寻找实现梦想的地方，新大陆便成为理想之地。

1. 欧洲早期殖民活动概述

尽管最早到达新大陆的是西班牙和葡萄牙，但这两个国家只是掠夺资源，而不是经营。英国随后才加入对新大陆的扩张，真正对美国产生重大影响的是英国人。1496 年，英王亨利七世向探险家约翰·卡伯特颁布了特许状，赐予他“完全的和自由的权力”，去探索和发现未被基督教徒发现的由异教徒所占领的岛屿、国家、地区和领土，卡伯特到达北美后立即宣布北美领土是英王的财产。由于战事原因，英国对北美没有表现出很大的兴趣，到了 1578 年，英王室向汉弗莱·吉尔伯特颁布开发北美的特许状，允许其与其后裔按自己认为合适的方式管理殖民地，并保证所有移居北美的英国人及其后代享有本土英国人的一切权利。1588 年，英国打败西班牙成为海上霸主，建立了日不落帝国，英国人也加速对北美的殖民活动。

英国在北美建立的第一个永久性殖民地是弗吉尼亚。直接的殖民主体并不是英王政府，而是由英国的一些企业家成立的联合股份公司，即投资者联合起来在一家企业里购买股份，公司利润在所有股东之间分成，损失也由所有股东分担。1606 年，弗吉尼亚公司向英王申请特许状获得批准。特许状对殖民地的管理机制作了非常详细的规定，殖民地的管理机构是一个由 13 人组成的董事会，并赋予弗吉尼亚公司任命殖民地官员、制币、处置和分配土地以及自卫的权力。当年 12 月，公司组织一百多名移民乘坐“苏珊·康斯坦号”“幸运号”和“发现号”轮船向美国驶去。次年 5 月，幸存下来的移民在一个小岛停留下来，并将其称作“詹姆斯敦”。1608 年和 1609 年又有 800 余人来到詹姆斯敦，但是生存条件极为恶劣，移民领导人约翰·史密斯制定了适用于所有移民的规则："不工作者不许吃喝"。为了解决粮食问题，史密斯与当地的土著波瓦坦人谈判获得他们的谷物等。第一个永久性殖民地早期的活动就充满了契约的精神，一方面殖民主体是协商成立的，在殖民地生存也存在与当地土著的合作。

英王授予在北美建立殖民地的特许状基本都有授权殖民者在不违背英国法的前提下根据当地情况制定法律的条款，早期北美殖民者多为英国人，他们带有一种"共同意志和目的的、群体性的移动"[1]，具有共同的法律习俗、语言文化、生活方式和宗教信仰。相似的文化基因具备协商的基础，构筑了美国式的契约精神。

2. 英属殖民地早期的两个契约

英国早期殖民地主要是英王授予特许状而建立的，与此同时，北美还出现了另一种殖民地模式——契约殖民地，主要包括普利茅斯、罗得岛、纽黑文和康涅狄格。这四块殖民地一开始并没有得到英王的特许状。这些殖民地政府组建的方式遵循的是一种契约方式，但不似英王与公司或者业主之间通过特许状而呈现的契约形式，而是一种以宗教原则和理想为基础的平等性契约，这种相互承诺的政治结合形式对后来美国宪政、美国法律以及司法都产生了深远影响。其中最著名的政治契约有两个，分别为《五月花号公约》和《基督教博爱的楷模》。

(1)1620年《五月花号公约》。

英国清教徒威廉·布拉福德因不满英格兰压制宗教信仰自由的做法，1609年和其他一些清教徒前往荷兰希望建立心中理想的王国，他们在莱顿定居下来，并形成了一个庞大的教会团体，据布拉德福的记载："如果在任何时候出现任何争端或突发犯罪的苗头，他们(清教徒)就及时组织或调解，使得友爱、和睦的团结得以继续保持。"[2]清教徒们倾向于使用平等谈判的方式处理纠纷。在定居期间，荷兰也开始实行宗教迫害，定居莱顿

[1] 王希：《原则与妥协：美国宪法的精神与实践》，北京大学出版社，2000，第8页。

[2] 威廉·布拉德福：《普利茅斯开拓史》，吴丹青译，江西人民出版社，2010，第19页。

的清教徒们决定把北美新英格兰地区作为前往的地点，在出发前，清教徒约翰·罗宾逊和威廉·布鲁斯特于1617年12月25日在给埃德文·桑迪斯(时任弗吉尼亚公司主管之一)的回信中写道：“我们以严格而神圣的约定……联结为一个整体，并凭着正直无愧的良心和彼此之间的美好关爱谨守不渝。”

1620年，清教徒们确定了首航的人数和人员名单。7月1日，准备出发的清教徒们拟定了一份协议，内容如下。[1]

1. 所有16岁以上的冒险者和移民都定额为10英镑，10英镑即算作一股。

2. 本人亲自参加航行并奉献钱、物价值10英镑的，其公共储蓄额即算作20英镑，按双倍分配股份。

3. 搭乘者和冒险者保持合股、合作关系7年(除非有意外情况迫使全体人员同意另作规定)，在此期间，所有集体或个人通过贸易、交通运输、加工、捕鱼及其他方式获得的收益，都纳入公共储蓄，直到最终分配之日。

4. 到达美洲以后，应挑出足够数量的合适人选负责海上大小船只的装备补给，剩下的人在陆地上从事房屋建设、农田耕种、绿化栽培以及制造定居者们所需的各样物品。

5. 7年将满，冒险家和定居者平均分配全部资产和收益，包括房屋、土地、全部动产，分配完毕后，所有人之间因本次冒险之旅而起的债务即告终结。

6. 凡今后来本地并欲投入公共储蓄者，可在7年届满时从投入之日起算按比例分配。

7. 携妻、子、仆人出行者，凡满16岁及以上的，分配时每人计为一股，若本人供养妻、子、仆人以生活必需之物品者，可得双倍股份；若年

[1] 威廉·布拉德福：《普利茅斯开拓史》，吴丹青译，江西人民出版社，2010，第38—39页。

龄在10至16岁之间，乘船及分配时，两人算作一人。

8. 10岁以下随行的孩童，没有股份分配，但可得50亩未使用过的土地。

9. 7年届满之前去世者，其遗嘱继承人在分配时享有其生前所拥有的股份比例。

10. 本地全体居民的衣食供给，均出自本地公共储蓄和共同财产。

同年9月，布拉德福和其他清教徒共102人乘坐“五月花号”帆船开始他们通往美洲的冒险航程。他们在11月11日抵达了北美的科德岛，即今天的普利茅斯港。在登陆之前，船上的51名男子拟定了一份协议，主要内容如下。[1]

……在本公约上署名的众人，蒙上帝的恩典，为了上帝的荣耀并促进基督信仰及国王与国家的荣誉，远航至弗吉尼亚北部地区开辟首个殖民地。根据本公约一同在上帝面前庄严盟誓，彼此联合，共同组成公民政治体，为了保持良好秩序及推动实现前述的目标，需不时制定、颁布法案或拟定公正、公平的法律、法规、法令、宪法框架及设立管理机构，并对殖民地普遍适用，我们承诺完全服从并遵守。11月11日，鳕鱼角，签名为证，时英格兰、法兰西及爱尔兰18世国王、苏格兰54世国王詹姆士陛下在位。

这份协议是这些清教徒建立政府的第一块基石。随后，船上的51名男子举行了选举，选举出总督，并商议出第一批法律、法规条文，用于民事和军事管理。可以这样说，《五月花号公约》在美国历史上具有重要的意义。该公约“第一次从民众的角度阐述了国家权力的来源：国家是民众以契约的形式合意组建的，国家的公权力来自民众让渡部分权利的组合。法

[1] 威廉·布拉福德：《普利茅斯开拓史》，吴丹青译，江西人民出版社，2010，第77—78页。

律实施的真正力量源于民众对于国家法律合法性与公正性的认同，出于对法律的敬畏而自愿服从，而不是慑于国家暴力。法律是为了维护全体社会成员的整体利益而不是为了维系某种统治秩序而制定的。”[1]

(2)1630年《基督教博爱的楷模》。

1630年春天，马萨诸塞公司总督约翰·温斯罗普带领700名清教徒乘坐货船在波士顿附近的海湾登陆，登陆前，温斯罗普在船上宣读了一篇名为《基督教博爱的楷模》的布道词，主要内容如下。[2]

清教徒之所以敢冒风险到新大陆去建立新的宗教世界是因为上帝将保持神灵圣洁的使命交给了自己；清教徒是上帝的特别选民，为了信仰能够忍受痛苦和磨难；正是因为这种对上帝的崇敬和服从，清教徒与上帝之间存在着一种特殊的“契约”关系，而清教徒相互之间也因为要完成上帝赋予的神圣使命而结成了一个志同道合的团体，在这个神圣意义的团体中，所有的成员必须团结一致，以兄弟仁情相待，甘愿为了他人的需要牺牲自己的利益，肩负共同的使命，承担相同的责任，享有同等权利。

温斯罗普宣称，清教徒们必须把自己将在新大陆建立的新英格兰看成是在上帝的指引下必须完成的一项神圣使命。他们希望将北美的英格兰建立成为基督教社会的一种典范。温斯罗普还对船上的乘客发表一次演讲，阐明了一种全人类的使命：“所有民族的眼光都在注视着我们”。这种体现制度自信的做法为登陆后快速成立管理机构奠定了基础。

(3)简评。

上述两份契约在实践基础上对传统君权神授理论予以彻底否定，《五月花号公约》比霍布斯的《利维坦》的出版早了31年，比洛克的《政府论》早了69年，比卢梭的《社会契约论》早了142年，这充分说明了理论来自实

[1] 黄鸣鹤：《法治的罗马城》，厦门大学出版社，2003，第31页。

[2] 温晋锋、王赟：《契约国家的理念与实践——以美国为研究视角》，法律出版社，2017，第22页。

践的道理。另外，早期殖民地的契约思想深入人心，普利茅斯殖民地居民在解决内部问题时秉持协商的态度，与当地印第安人的问题与矛盾也是通过缔结和平协议予以解决的，同时也为以后殖民地的政治实践以及美国建国纲领和政治建构奠定了基础。

3. 早期的政治改革实践

到达美洲的清教徒们在契约理论的指引下，按照自己的经验，很快就进行了各种各样的政治构建和政治实践。早期比较有名的有弗吉尼亚的政治改革和马萨诸塞的立法权改革。

(1)弗吉尼亚的政治改革。

弗吉尼亚是英国在北美的第一块殖民地。1611 年，英王颁布第三个特许状，允许殖民地“为建立良好的秩序和政府”而保持一个议会机构，由它来选举董事会成员和制定法律，但议会制定的法律不得与英国法律相冲突。[1] 但是这种高度的授权并没有刺激弗吉尼亚经济的快速发展。1619 年至 1621 年间，为了鼓励移民和提高经济效益，弗吉尼亚公司决定对殖民地的管理体制进行改革。公司向所有社会阶层开放移民，以招收契约劳工的方式来增加殖民地的人口。契约劳工其实就是一种合同性质的非自由劳工，是早期英国贫穷人口移民北美的主要方式，穷人自愿出卖劳力，与殖民者的有产者或者公司的投资人签订合同，前者同意无偿为后者在殖民地服务 4 至 7 年，后者则为前者提供前往北美的船票以及在殖民地的食宿。在合同期间，契约劳工没有人身自由，合同期满后，契约劳工可以获得人身自由，成为自由人，并有希望得到一块土地。另外，弗吉尼亚公司还建立了一种叫作“人头权”的制度，也就是公司的任何股东只要移民殖民地马上可以得到五十英亩的土地，并放松了对殖民地自由人居民的强制性管制，承认他们拥有作为英国人的一切权利。

通过上述经济政策，弗吉尼亚发生了两个主要变化：一是增加了公司的收入；二是改变了殖民地的社会结构，由此引发更为重要的政治领域的

[1] 王希：《原则与妥协：美国宪法的精神与实践》，北京大学出版社，2000，第 10 页。

改革。在政治上，弗吉尼亚先是宣布废止1610年以来实行的军事法规，将英国普通法引入殖民地，接着建立起殖民地议会。殖民地议会由在殖民地的公司拥有股份的人组成，议会以每个城镇两名代表的比例选出22名议员组成殖民地议会，代表殖民者与公司派往殖民地的总督和总督参事(后改为参事会)共同议事，决定殖民地开发和管理的政策，但议会的活动必须遵守英格兰的法律和政治习惯。自1619年开始，弗吉尼亚的政府架构中出现了三个代表不同利益群体的部分：总督、参事会和殖民地议会。前两者是代表总部设在伦敦的公司的利益，后者代表的是殖民地居民的利益。殖民地议会成立伊始并没有得到英国王室的承认，直到1639年，英王才正式承认殖民地议会的合法地位。17世纪60年代，议会获得了完全的立法动议权。

从弗吉尼亚殖民地议会产生过程来看，契约精神贯穿于始终。弗吉尼亚是根据王室特许状而建立的，而持有王室特许状的是弗吉尼亚公司，该公司实际上是由投资人通过合同的形式自由结合和自愿组成，经由王室特许状的承认和许可后，转变为具有政府功能的政治实体，渐渐演变成一种政治权力。构建和行使这种权力就是达成契约和履行契约的过程。

(2)马萨诸塞的立法权改革。

马萨诸塞殖民地刚建立时实行政教合一的政策，将马萨诸塞海湾公司成员的宗教背景作为拥有选举权的前提条件之一，不符合条件的投资人不能参加殖民地投资人代表大会，此时自由民不多，政治权力实际上掌握在以温斯罗普为首的12名公司股东手中。1631年，公司在殖民地居民的强烈要求下吸纳了100多名自由民成为公司成员，根据规定，公司董事会只享有选举总督助理的权利。到了1632年，殖民地居民提出抗议，拒绝支付税金，宣称他们在政府的“奴役”下无发言权，同时出现宗教不宽容的现象。1634年，抗议者要求温斯罗普拿出王室签发的原始特许状，以证实总督是否有权征税以及征税的权限。在投资人的压力下，温斯罗普不得不出示特许状，大家发现特许状中明确规定殖民地的立法权和征税权均属于由投资人组成的代表大会。随后，马萨诸塞投资人代表大会决定，总督和参事会要定期召开殖民地代表大会，会议由每个城镇选出2~3名代表组成，在会议期间，总督、参事会和殖民地居民代表共同商议殖民地的立法问题，从此，立法权重新回到了殖民地代表大会的手中，并拥有绝对权威。[1]

1644年，殖民地代表大会在处理一件确权案件时，与总督助理发生了意见分歧，总督助理担心将来在重大问题上因人数少而利益受损，便提出将殖民地代表大会分为两院，总督助理组成上院，殖民地代表大会组成下院，两院分开举行会议，殖民地所有的法律和决定都必须经过两院的多数通过才能生效。1647年，马萨诸塞殖民地代表大会又允许非投资人参与地方事务。1662年通过的“过渡契约”将选举权扩大至一批准教会成员。当时的马萨诸塞政治思想和法律思想更多来自英国而非清教思想，政府应该是主要官员同“君主的”和“贵族的”特权和权力结合的“混合体”，这些权力受到的唯一限制是必须得到被统治者民主表决的同意。

(3)启示。

通过上述考察，我们发现北美早期殖民地政治实践有一个鲜明的特性：基本没有残酷的相互斗争，而是谈判和妥协，这是契约精神的本质。早期殖民者处理殖民地内外事务被看作是互相的允诺，不管是王室特许状殖民还是契约殖民，都被视为是一份合同。对于特许状殖民来说，公司殖民地保证效忠英王，而英王承诺给予殖民地居民英国人的权利，允许殖民地自己立法，殖民地承诺其制定的法律不得与英国法相悖；在殖民地内部，殖民地政府与当地居民之间也是一种相互允诺的关系。正因为如此，殖民者更加注意契约中载明的权利是否得到保障，契约殖民地的契约精神更加坚实。

(二)协商建国——1787年宪法的制定

1. 履约还是悖约——独立战争的背景

“光荣革命”解决了英国国内的问题。从1689年开始，美洲成为欧洲

[1] 王希：《原则与妥协：美国宪法的精神与实践》，北京大学出版社，2000，第16—17页。

强国必争之地，先后发生了四次较大的战争。最后一次是英法之间的“七年战争”(1756—1763年)，结果是英国胜利，最后签订的《巴黎条约》确立了英国的优势地位。尽管英国胜利了，并从法国、西班牙等国得到大量土地，但是常年战争使得英国政府负债累累，英国政府认为美洲殖民地应该为此支付胜利的代价，便开始加紧对殖民地的经济控制。1764年，时任英国首相乔治·格伦维尔向殖民地利益代表透露要向殖民地人民征税的想法。1764年4月通过的《糖税法》规定了殖民地人民购买的外国商品必须纳税，并规定了每年征收的税款为4万英镑。而1763年，殖民地向英国政府支付的贸易关税只有1800英镑左右，4万英镑无疑会加重殖民地人民的负担。同时，英国议会通过《货币条例》规定了殖民地政府的纸币不能再作为偿付私人债务的合法货币，殖民地也不能发行任何新的纸币，这一规定影响了殖民地人民的经济活动和日常生活。1764年，殖民地又出现战后的经济衰退，失业率很高，殖民地人民对纸币更加渴求，因此，很多殖民地居民认为，英国政府正成为比以前法国军队更大的威胁。

为了进一步充实国库，英国于1765年2月通过《印花税法》。该法是英国议会有史以来在殖民地设立的第一种直接税，该法令要求殖民地对大约50个项目缴纳印花税，报纸、小册子、历书以及船舶出入港证、土地证、遗嘱和大学毕业文凭等均须加贴印花，印花税面值因项目的不同而有差异。英国政府向殖民地显示其议会权威，剥夺殖民地议会传统的征税权力。这些立法出台后，殖民地人民刚开始表现出惊恐，随后就是失望和气愤。1765年夏季之前，殖民地人民还是在法律的框架内进行斗争和抗议。在《糖税法》颁布后，罗得岛的斯蒂芬·霍普金斯发行了一本名叫《殖民地权利考辨》的小册子，要求英国政府尊重殖民地的地位并保障其实质性的政治权利，称“英国公民仅服从他们以某种方式一致通过的法令”。[1] 这种反对的表达方式比较温和。而当《印花税法》通过的消息传到北美殖民地后，殖民地的反抗就超越了法律的约束，演变成严重的骚乱。1765年8

[1] 詹姆斯·柯比·马丁等：《美国史》，范道丰等译，商务印书馆，2014，第150页。

月，塞缪尔·亚当斯在波士顿组织了一个秘密的抵抗组织，名为“自由之子”，组织成员大都为手工艺人和店主，8月14日，波士顿爆发了大游行，游行人群高呼“要自由，要财产，不要印花税”，并引发打砸事件，致使《印花税法》在波士顿无法被执行。1765年10月，各殖民地代表齐聚纽约城，举行反《印花税法》大会，9个殖民地的27位代表参加了会议，并起草了一份代表美洲人权利的宣言，要求英国议会放弃对美洲人征税的权力才能保障殖民地人民“固有的权利和自由”。反抗越来越激烈，英国本土也对此存在不同意见，最终，格伦维尔下台，《印花税法》也于1766年3月被英国议会废除。在这次《印花税法》之争中，马萨诸塞律师詹姆斯·奥蒂斯在其《重申和证明英国殖民地的权利》一文中提出，对《印花税法》的任何反对必然会导向殖民地的反叛和独立，因此，这次风波也成为北美殖民地独立的先声。

2. 独立运动和建国

独立运动的导火索是“波士顿倾茶事件”。事件源于1773年《茶叶法》，该法实质上是帮助东印度公司将印度的茶叶直接运往美洲从而降低成本维持价格优势。殖民地人民很快就意识到：购买更便宜的英国茶，会确认英国议会向殖民地征税的权力。殖民地很多城市的人民爆发了抵抗运动，看见载着东印度公司茶叶的船只便阻止其卸货，并用暴力威胁船主将茶叶运回英国，但马萨诸塞总督拒不允许茶船不卸货就离开，于是才爆发了“波士顿倾茶事件”。这一事件引起英国政府的强烈反应，议会通过了一系列立法，称为“强制法令”。1774年3月，英王批准了《波士顿港口条例》，宣布波士顿港关闭所有贸易，当地人民不缴纳茶叶税就属于违法。同年5月，英国议会通过《马萨诸塞政府条例》，中止该殖民地的王室特许状，将殖民地议会的大多数权力转移至总督，包括任命法官、治安官等，并取消了选举产生的参事会，改为由英王任命。同月，议会通过《司法管理条例》，该法为马萨诸塞海关官员和其他英国政府派驻的官员提供了更大的保护，上述官员被控犯有死罪的罪行时，总督有权将审判地移至其他殖民地或者英国本土。同年6月，议会批准《1765年驻军条例》修正案，赋予军事指挥官让军队住进私人住宅的权力，只要军队支付适当的租金即可。这些法令被殖民地人民称为“不可容忍之法”，一致反对英国政府这种干涉殖民地政治制度、破坏正常的司法程序等做法，激发殖民地人民团结一致地抵制英国。1774 年 9 月 5 日，各殖民地派出代表(佐治亚除外)在费城举行第一届大陆会议，通过了《权利和悲情宣言》，并宣称“美洲人应开始为战争作准备”。北美独立之路已经开启。

1776 年 7 月 2 日，第二届大陆会议代表批准了《独立宣言》，7 月 4 日正式对外公布。宣言向全世界宣布美洲人曾遭受他们母国(英国)残酷的虐待，列举了对英王的种种不满，谴责了英王的独裁专制。宣言高举“天赋人权”思想，否认权利是从法律、政府或者传统中发展出来的，以此构建全新的政治关系，建立一个法治和人道的共和制政府。这份由各殖民地共同签订的契约为美国建国提供了思想保障。联邦宪法便是《独立宣言》的进一步落实，一个新的国家和一种新的政治架构诞生。

联邦宪法制定之前，大部分州制定了自己的州宪法。制宪会议从 1787 年 5 月 22 日开始到 9 月 17 日结束，共计 127 天，正式代表 74 人。制宪会议起初的任务是修改 1781 年的《邦联条例》，经过多次讨论、修改，最后会议通过了联邦宪法。制宪会议之所以开了 127 天，主要是因为与会者都代表各州不同的利益，在许多问题上剑拔弩张，但是大会没有不欢而散，而是以各种各样的妥协化解了分裂。与会者主要在以下三个重大问题上达成妥协：一是大州和小州之间关于在国会中代表名额问题达成的妥协；二是北方和南方之间关于对外贸易的管理和征税问题达成的妥协；三是北方和南方之间关于在征税和代表名额问题上如何计算奴隶人数问题的妥协。[1] 从制宪会议 39 名代表签署联邦宪法草案开始，各个州为是否批准该部宪法进行了为期两年半的争论，联邦宪法才得以最终通过生效。尽管各州对宪法的具体条款有激烈的争论，但是所有的代表都秉持一个理念：

[1] 詹姆斯·麦格雷戈·伯恩斯等:《民治政府——美国政府与政治》，吴爱明等译，中国人民大学出版社，2007，第 21 页。

用一部宪法把美国统一起来。所有的人、所有的机构、所有的州都必须遵守而不是背离共同约定的宪法，联邦宪法第六条规定，当各州的宪法和法律与之相抵触时，每个州的法官都应受全国最高法律的约束。因此，宪法位列最高法律。联邦宪法开宗明义："我们合众国人民，为建立更完善的联邦，树立正义，保障国内安宁，提供共同防务，促进公共福利，并使我们自己和后代得享自由的幸福，特为美利坚合众国制定本宪法。"每个人之间签订的契约是最高的法律。

（三）作为契约的辩诉交易

契约思想在美国政治建构过程中发挥了重要作用，并且渗透到司法领域中。民事领域尊重双方意思自治系民事关系的本质所在。在刑事领域，即使立法没有认可控辩双方对案件处理的合意，但是在司法实践中，也出现了刑事权利处理民事化的趋势。从前文可以看出，辩诉交易实质上就是一种契约，是控辩双方就案件的解决达成的合同。[1] 这种刑事领域的特殊契约将社会矛盾提前到审前不公开地进行处理。正如学者指出的，辩诉交易是"典型的增加价值的协议"[2]。

1. 契约观念在辩诉交易中的独特功能

（1）有助于快速解决纠纷。

不管是民事案件，还是刑事案件，法院是一个解决各种纠纷的裁判场所。刑事诉讼却不同于其他纠纷，其一方当事人是社会和国家，检察官作为社会和国家的代表与被告人之间的纠纷在传统刑事诉讼制度中，侧重于国家公权力的实现、政府权威的伸张和对被告人的严惩等，并没有从根本上解决纠纷，往往是一个判决表面上解决了已有的纠纷，但是判决并没有使被告人信服法律，甚至出现损害被害人利益的情况，从而产生新的纠纷，被告人上诉、申诉等情况常常出现，社会承受巨大的成本。辩诉交易

---

［1］　汪建成：《辩诉交易的理论基础》，《政法论坛》2002 年第 6 期。

［2］　Robert E. Scott and William J. Stuntz, "Plea Bargaining as Contract," *Yale Law Journal* 101 (1992).

正好可以弥补上述缺陷，契约观在刑事诉讼中的导入反映了控辩双方平等的价值取向，通过合意达成纠纷解决的方案，正如黑格尔所言："契约是一个过程，在这个过程中表现出并解决了一个矛盾。"因此，只要是双方当事人自愿、理性地达成协议，那么双方就能通过和平的方式解决纠纷，法官在此所起的作用只是确认契约效力。

(2)有利于提高司法效益。

辩诉交易存在于当事人主义诉讼模式当中。只有当事人主义诉讼模式才会充分挖掘控辩双方各种各样的程序性权利，诉讼的成本昂贵。现代社会基本舍弃了刑事诉讼中的私力救济，即使有也是从属于公力救济。当事人双方都在寻求在公力救济框架内低成本、高效率的审判方式。检察官最先从辩诉交易中看到其经济合理性，因为"双方合意普遍被认为是成本最低、收益最高的选择。"[1]辩诉交易之所以被检察官所青睐，部分原因在于"其帮助案子快速而便宜地通过法院这个流程，证人、陪审员和复杂的程序都不需要了，检察官只需要5~10分钟就能准确预测到案件的处理结果"[2]。

2. 辩诉交易制度的契约内容

辩诉交易实质上是契约，不仅仅是因为其产生于契约观，而是其本身就包含契约的内容。

(1)平等。

辩诉交易的控辩双方具有平等的人格和法律地位，双方诉讼地位上的平等为辩诉交易的进行提供了主体条件，这就是为什么辩诉交易先产生于奉行当事人主义的美国，因为，在当事人主义诉讼模式下，被告人和检察官可以放弃很多程序性权利。控方与辩方进行答辩协商的资本在于其享有的自由裁量权，检察官可以通过放弃部分指控或者同意辩方的量刑提议以换取被告人的有罪答辩。

---

[1] 冀祥德：《建立中国控辩协商制度研究》，北京大学出版社，2006，第65页。
[2] 冀祥德：《建立中国控辩协商制度研究》，北京大学出版社，2006，第65页。

(2)自愿。

自愿是契约达成并对双方有约束力的前提。被告人一旦对检察官提出的辩诉交易提议同意的话，就意味着被告人放弃联邦宪法中规定的三项权利：要求陪审团审判的权利、反对自证其罪的权利和对不利于自己的证人质证的权利。检察官往往因被告人作出有罪答辩而自愿降格指控、减少罪状或提出较轻的量刑建议。

(3)合意。

辩诉交易本身就是控辩双方在意见一致的基础上达成的协议。合意的内容实际上是风险的交换。至今还存在“公正不能用来交易”的说法，但是辩诉交易克服了这种形式正义可能带来的实质不正义，满足了人们对未来生活保持确定性、避免冲突的愿望。[1] 控辩双方的对抗从公开的庭审转变为私底下讨价还价的协议形式。

(4)互利。

从契约的功能角度来看，契约是以当事人双赢为结局的一种交易。在辩诉交易中，没有互利便无法激励控辩双方进行交易，在传统的对抗式审判中结果便是非赢即败，而辩诉交易所体现的对抗式协商却形成了这样的结局：检察官避免了昂贵诉讼成本之下的无罪判决的风险，节约了司法成本并达到使惩罚效果快速化的目的；对于被告人，其避免受到最严重惩罚的风险，同时也避免了长期羁押和公开审判所带来的身体痛苦和精神痛苦，辩诉交易便成为互惠互利的一种制度安排。

(5)诚信。

“契约必须遵守”是契约制度得以实现的基础，也就促进了诚信制度化，诚信通过制度化的手段和社会组织手段予以明确，对守信的人给予奖励，对不守信的人给予惩罚。[2] 在辩诉交易中，被告人不得随意撤回答辩，检察官也不得随意反悔。根据《联邦刑事诉讼规则》第32条(d)项的规

[1] 汪建成：《辩诉交易的理论基础》，《政法论坛》2002年第6期。

[2] 洪波：《论诚信的地位变迁——传统伦理文化的当代转型》，《江海学刊》2003年第3期。

定，只有被告人说明理由，法庭才会允许其撤回有罪答辩。而检察官也要在签署辩诉交易协议后兑现承诺，如果控辩双方有了答辩交易，法庭应该确保被告人获得“应得之物”，而且在确定政府是否履约时可以适用契约法的基本原理，即“如果被告人履行了（辩诉交易）协议中的义务，那么政府（检察官）必须受协议的约束。”[1]

二、分权思想在美利坚的落地生根

（一）分权理论的历史考察

托克维尔认为，不分立的权力，不管是集中于一个人、少数人还是多数人，都将是“暴政的种子”。分权制衡机制被誉为“暴政的克星”。分权思想自古有之。如古希腊柏拉图就提出由品德高尚、智慧超群的“哲学王”统治国家的“理想国”模型，试图通过道德来限制权力，实践证明并不可靠。“一切有权力的人都容易滥用权力，这是万古不易的一条经验。”因此“从事物的性质来说，要防止滥用权力，必须以权力来制约权力。”[2]孟德斯鸠将国家权力予以分解，使得权力结构进行合理化改造。但分权制衡的思想早在古希腊时期就有了。亚里士多德在《政治学》一书中将国家结构分解为三种机能，分别为议事机能、行政机能和审判机能。真正成熟的分权制衡理论当属孟德斯鸠的三权分立制衡理论。根据该理论，国家权力应当一分为三，立法权由议会行使，行政权由君主行使，司法权由法院行使，三种权力各自独立，并通过彼此交叉和互享否决权而相互制约与平衡。

（二）美国的分权实践

分权思想在美国的实践可追溯至殖民地时期。殖民地总督、议会上院和议会下院共享政府权力便是分权思想的早期实践，并且在运作过程中，

[1] 马明亮：《辩诉交易在中国的发展前景》，《中国刑事法杂志》2003年第2期。
[2] 孟德斯鸠：《论法的精神》（上册），张雁深译，商务印书馆，1997，第154页。

代表殖民地人民利益的下院的权力不断扩大。分权思想在全国的落地生根当属联邦宪法的通过。在制宪会议上，来自宾夕法尼亚的莫里斯向代表们说道："最高行政长官一项重要的目标就是控制立法机关。立法机关将不断设法扩大自己的权力，并使之永久化。"还指出："立法的专横，必然使那些富人们成为立法主体的组成部分。"[1]建国者们普遍认为分权是"自由的基本原则"。因此，美国宪法确立联邦制，通过地方和联邦分级治理的方式保障人民主权的行使，一方面，划分州和联邦两级政府之间的权力，借以防范权力集中和滥用；另一方面，把国家权力一分为三，分别由三个不同的部门行使，立法属于国会，行政权属于总统，司法属于联邦法院。这种横向层面的分权包含两层含义。第一层含义是指三个部门在组织上各自独立，主要体现在四个方面：一是各部门分别通过不同的程序产生，参议院由各州选举产生（1912 年以后改由选民直选），众议院由全国选民直选产生，总统由全国选民经选举团间接选举产生，联邦法官由总统提名经参议院同意后任命；二是各部门任期不同，参议员任期 6 年，每两年改选三分之一，众议员任期 2 年，期满全部改选，总统任期 4 年，法官一经任命，除经弹劾罢免外终身任职；三是各部门公职人员薪酬固定，任何部门无权随意变动；四是各部门公职人员不得相互兼职。第二层含义是指三个权力部门在职权上各自独立。国会是国家最高立法机关，拥有最高立法权、宪法修正权和行政司法监督权；总统是国家元首和行政首脑，拥有执行法律的行政权力，主要包括政府官员的任命权、军事统帅权、外交权等；联邦最高法院是最高司法机关，有权裁决联邦政府部门之间、个人与政府之间、州政府之间、个人和个人之间的诉讼案件，判决为终审判决。美国的三权分立有其特殊之处，构成相对合理稳定的平衡结构，分权制衡机制被普遍认为是"防止专制暴政的安全措施"[2]。

---

[1] 玛丽·莫斯特：《美国宪法：实现良治的基础》，刘永艳、宁春辉译，中共党史出版社，2006，第 167 页。

[2] 张定河：《美国政治制度的起源与演变》，中国社会科学出版社，1998，第 133 页。

（三）检察官在美国政治架构中的定位

1. 外观上属于行政官员

从权力架构上看，美国检察官在三权之中属于行政权。华盛顿时期，联邦总检察长便是四名内阁成员之一。如今，组阁成为新总统上任需要解决的头等大事，联邦总检察长依然是总统非常重要的内阁成员。美国学者的观点也是倾向于认为检察官行使的权力属于行政权序列，检察裁量权独立于法官。19 世纪的判例法主流思想把检察裁量权归因于分权理论，认为联邦检察官是行政部门的代理人，因此法院不得对检察官的决定进行审查。[1] 到了现代，检察裁量权依然由分权理论进行解释。从法律规定来看，在刑事程序中，很少有法律对检察裁量权进行了限制，唯一的限制在于宪法规制，主要是平等保护和正当程序条款，而这两个条款并非立法机构和法院对其的固有限制，而是由创设立法机构、行政机构和司法机构的宪法予以规定的。根据分权原理，法官承认广泛的检察裁量权。检察官之所以拥有集中的裁量权，主要原因有二：其一，联邦法律允许检察官自由裁量而不受审查；其二，行政权呈现扩大趋势，现代刑事司法制度也不断扩大检察裁量权。根据联邦法律，公诉人享有独立地、排他地决定是否对某一犯罪进行指控的权力。[2] 联邦法院也表达出恪守分权理论的原则，联邦第二巡回法院指出，“司法机关不愿意对联邦指控发出指令。”[3]除此之外，联邦检察官还享有决定如何指控、何时赦免被告、何时接受答辩交易以及何时撤回起诉的裁量权。检察官一旦作出案件处理决定，法官就不得调查或者审查对两名同罪行被告不同之处理。

2. 实践中行使“准司法权”

基于三权分立的宪政架构，美国检察权属于行政权。检察官被认为是

[1] Rebecca Krauss, “The Theory of Prosecutorial Discretion in Federal Law: Origins and Development,” *Seton Hall Circuit Review* 6(2009).

[2] See Bordenkircher v. Hates, 434 U. S. 357, 364(1978).

[3] Facility v. Rockefellor, 477 F. 2d 375, 379(2d Cir. 1973).

政府在诉讼中行政权的代表，对司法实施监督制衡的机关。联邦和各州的检察官基本都是与行政机关合署办公的，但是，不管是联邦总统，还是各州州长都不能随意免除检察官的职务，检察官行使职权具有弱行政化的特点。另外，检察官基本上是律师协会的成员，实行行业自治，也需要受到律协的管理，检察官处理案件时具有较强的独立性，主要表现在：一是检察裁量权依附于检察官个人，不受行政权力的干预；二是检察官对于行政机关具有独立的起诉权，有时还可以挑战总统的权力。

在司法实践中，尤其是刑事司法运作中，控辩双方就指控罪名以及量刑达成的辩诉交易大量存在，法官往往认可控辩双方的协议径行作出判决，检察官实际上也充当了定分止争的角色，与法官分享了部分司法权。在美国的三权分立的政治体制内，司法机关可以对行政权和立法权行使司法审查权，但是对检察裁量权非常谨慎，联邦最高法院也坚称："检察官的决定长期以来被认为是行政部门的特殊领域。"[1]正因为检察官不同于典型意义上的行政官员，兼具定分止争之裁决功能，笔者将检察裁量权定位为"准司法权"，以此区别于传统的行政权和司法权。

三、选举制的全局性影响

（一）美国独立前的自治实践

在殖民地时期，不管是何种形式的殖民地，殖民地的身份均来自英王的授权。但是"天高皇帝远"，这种授权不足以保证殖民地可持续发展，每个殖民地必须自立、自主地处理当地事务，最为突出的便是政治自治。在独立前，13 个英属殖民地都独立发展出富有特色的政治生活。在各殖民地，英王允许殖民地在不违反英格兰法律的前提下制定一切必要的法律，这为殖民地保持和发展政治自治提供了法律保障。

从权力结构上看，各殖民地普遍建立了代议制议会，享有相当的自治

[1] See Heckler v. Chaney, 470 U. S. 821, 832(1985).

权力。一般来说，多数殖民地的政府架构主要由总督和议会组成，议会上院称为“参事会”，下院称为“大会”，议会是殖民地的立法机构，总督、上院和下院共同商议殖民地事务，总督代表英王，议会代表的是殖民地人民，由于不少殖民地地广人稀，在村镇、教区、郡等地方治理中，殖民地人民掌握着更大的自主权力。从殖民地官员的选任方式也能清楚地展现出殖民地自治的特色。罗得岛、康涅狄格等殖民地的议员和行政官员全部由选民选举产生；马里兰、特拉华、宾夕法尼亚等殖民地的总督和上院议员由英王特许的领主自己选择，下院议员则由选举产生；马萨诸塞等 8 个殖民地的总督和上院人选由英王选任，下院议员也是由选举产生。由于殖民地议会不断扩展自治权力，最后议会掌握了财政权，有力地制约了代表英王的总督的权力。

从立法角度看，北美殖民地居民大都是英国法观念的继承者，但同时其中大多数是清教徒身份，具有创新和改革的意识。在殖民地通过法律来治理体现了英国的法治传统，这也是自治的主要载体，尊重法律、用法律维护秩序和权利是殖民地人民公共生活的习惯。殖民地根据本地的实际需要进行立法是殖民地法治建设的根本出发点，“不同程度地吸收了普通法，并加以改造来适应本地情况”[1]，“创造性地运用英国的法制传统和法律资源。”[2]1641 年，马萨诸塞根据本地发展情况编撰修订《自由权法典》，1648 年经修改后通称《马萨诸塞法律和自由权法典》，后在 1660 年和 1672 年两次修订，成为当时处理民事和刑事案件的法律依据。由此可见，在立法方面，殖民地也具有较强的自主权利。

在司法方面，殖民地司法系统的独立性也在增强。殖民地人民普遍认同“英格兰的法律不适用于殖民地”，因为各殖民地的权力主要由总督和议会以及在形式上独立的司法系统分享。“从管理这里的全体人民考虑，根据特许状，总督、副总督、助理和殖民地选出的代表或代理人，拥有立法

[1] 钱满素：《美国文明》，中国社会科学出版社，2001，第 251 页。
[2] 李剑鸣：《美国的奠基时代：1585—1775》，人民出版社，2001，第 267 页。

和行政的所有权力和权威。”[1]1661 年马萨诸塞会议发表的殖民地宣言就宣称：“根据特许状，总督和公司在名义上是一个政治实体。”[2]不仅殖民地居民享有英国本土人民享有的生命、自由和财产不受无理剥夺，人身保护和陪审团审理，无法院搜查令个人住宅不得搜查，获得公正、快速审判，反对接受过分罚金和保释金，反对酷刑等司法上的权利，而且法院的法官和陪审员是由殖民地本地符合条件的居民担任，如此，促进了殖民地司法自治的发展。

美国的自治传统除了体现在殖民地和英国的关系方面，还体现在内部居民之间的关系中，最为突出的是美国是“一个喜好结社者的国度”，自愿组织在美国独立前就已经持续稳定地成长。独立战争爆发前，自愿组织活动范围不断扩大。支撑自治渗透各个角落的机制有两个：报刊的发展和政治组织的形成。尽管在殖民早期当地没有自由的新闻出版业，但是 1690 年 9 月 25 日，波士顿出现了美国历史上第一份本土报纸——《国内外公共事件报》，不过很快被殖民当局查禁。1704 年 4 月 24 日，波士顿出版了《波士顿新闻信札》，其出版获得当局的许可，并且存续了 72 年才停刊。随后，殖民地报刊业得到快速发展，据学者统计，到独立战争前，约有 50 种报纸在 13 个殖民地出现。[3] 尽管发行规模、种类有限，但也为表达殖民地人民观点、传播自治理念、推动美国革命发挥了重要作用。在独立战争前夕，带有政治诉求的自愿组织开始在殖民地出现。政治组织往往设有联络点，有利于增强战斗力。最有名的是通讯委员会。1764 年波士顿成立了通讯委员会，领导殖民地人民进行抗英斗争，随后的几个月，在马萨诸塞出现了 80 个类似的组织，其他殖民地也相继成立了通讯委员会。[4] 在独立战争期间，通讯委员会也起到了临时性的联合议会的功能，通过通讯委

---

[1] 张骏：《美国的自治传统——从殖民时期到进步时代》，中央编译出版社，2016，第 50 页。

[2] Henry Steele Commager, ed., *Documents of American History* (New York: Meredith Corporation, 1973), p. 34.

[3] 李道揆：《美国政府与美国政治》(上册)，商务印书馆，1999，第 108 页。

[4] 赵梅：《美国公民社会的构建》，中国社会科学出版社，2010，第 176—177 页。

员会的组织、沟通和协调，殖民地人民加强了团结，在维护殖民地自治地位进而争取民族独立方面功不可没。同时，独立战争前政治组织的发展也为政党制奠定了实践基础，在建国后，政党制所体现出来的选举制度对检察官的选任进而对辩诉交易的发展均起着促进作用。

（二）杰克逊主义的深刻影响

1. 地域性政党到政治性政党

19 世纪早期，美国政府机构基本由联邦主义者把持，基本不存在竞争性的政治党派。政治竞选活动方式古板，竞选程序也不是很民主，最突出的表现里大多数州都只是授予有财产的和纳税的成年白人男子投票权，投票方式也采取落后的口头投票，参与投票的人数不到成年白人男子的30%。虽然美国建国后很快就出现了两个政党——联邦党和民主-共和党，但该两党的区别主要在于对地域的控制，联邦党控制新英格兰，民主-共和党控制其他地区。1812 年后，联邦党出现衰落之势，国家在政治上回到一党制的时期，但是民主-共和党也开始出现分裂，1819 年，由于金融恐慌和经济萧条而带来民主-共和党内部对经济管制措施的分歧，1819 年至1920 年国会对奴隶制问题的辩论，最终促使形成两党制的政治。共和党和民主党有着明显的哲学分歧，各自组建了强大的组织，两党在每一州都开展对选民的竞争，两党都有专门从事党务的领导人利用媒体、演说、机会等吸引选民。就此，美国现代政治体制形成。

民主党人杰克逊于 1828 年当选总统后开始推行政治改革，“政党分赃制”便是在杰克逊总统当政时期发展起来的。杰克逊认为由党派支持者轮流担任公职有助于国家实现共和制思想[1]，并将此制度看成是建立强有力政党组织的途径。杰克逊在上台的前 18 个月中，基于政治原因就将 1 万名工作人员调换了近 1 千人，近 20% 的联邦官员在其执政期间被罢免。

---

[1] 詹姆斯·柯比·马丁等：《美国史》，范道丰等译，商务印书馆，2014，第 375 页。

2. 选举权的扩大

19 世纪早期，美国最显著的政治改革就是选举制度，其中之一便是扩大了民主的基础，即取消选举和担任官职的财产限制。英国在 1819 年爆发的经济危机迅速蔓延到美国，很多金融机构倒闭，财富急剧减少。危机激发民众要求取消财产对选举权的约束，因为若严格按照各州宪法对选举权的规定，遭受危机后的民众只有少数才能享有选举的权利。以当时的纽约州为例，在对选举制进行改革之前，只有不到 40% 的成年男子有选举权，这大大限制了民众参政的机会。于是在 1821 年纽约州修改了州宪法，规定只要定期纳税或者服兵役，所有成年白人男子都可享有选举权，1826 年宪法修正案取消了纳税和服兵役的限制，从而真正实现了普选制。到了 1840 年，除了路易斯安那、罗得岛和弗吉尼亚以外，美国其余各州都实现了普选制。除此之外，各州对投票权还降低了居住年限的要求，在大多数州，移民的男性只要有成为当地公民的意愿，就允许其参加投票，在 19 世纪，有 22 个州允许尚未加入美国籍的移民投票。有些州还允许黑人参加投票，1858 年，北方的新罕布什尔、缅因、马萨诸塞和佛蒙特等州赋予自由黑人投票权。政治民主化的结果便是对特权和官僚政治的广泛攻击。当时的教会、法律和医疗行业的人士均认为自己的精英地位被废除了。

普选制遏制了等级化的官僚体制，正如托克维尔所言：“实际上，当所有的公职都是经过选举产生出来的时候，民选的行政委员会只有求于和有惧于选民。在这种条件下，官员之间就不会存在真正的等级差别，因为发号施令权和镇压反抗权不会集中于一人之手，指挥权也不会与惩罚权合并于一人之身。”[1]这种民选的职位意味着如果想要连任就必须得到当地选民的支持和认可，而不是以上级机关唯命是从。

3. 州地方检察官的选举制及其影响

19 世纪 20 年代开始的席卷全国的民主浪潮使得越来越多的司法官员和法律执行官员通过选举产生。19 世纪 20 年代以来，检察官也逐渐实现

[1] 托克维尔：《论美国的民主》(上卷)，董果良译，商务印书馆，1997，第 82 页。

直接选举制，主要是从律师中选任地方检察官。普选制导致各州地方检察官基本上将个人的大部分精力投入到政治性事务中或者当地居民的日常生活中，他们关注自己在选民中的政治形象多于刑事案件的细节。检察官在执行公务时，“不像他们在几乎所有欧陆国家的同行那样是一个按照科层制方式组织起来的政府官僚群体。他们几乎总是单独行动，或者带着几个助手一起工作，不受有效的科层式监管的束缚”[1]。

(1)检察官的选任机制。

在20世纪30年代，30个州规定了检察官是政府部门，通常在郡一级，有些州是在司法巡回区或地区；12个州没有相关规定。缅因州和怀俄明州偶有提及，俄勒冈州要求立法机构规定包含若干个郡的地区选举一名地区检察官。亚利桑那州规定允许立法机构作出变更。内布拉斯加州和明尼苏达州似乎没有要求检察官是郡官员。只有肯塔基州宪法规定每一区域设置两名检察官，其他一些州的州宪法规定设置一名，但没有阻止立法机构设置其他类似办公室。犹他州规定选举郡检察官，同时规定在每一司法区选举一名地区检察官，佛罗里达州宪法规定在每一司法巡回区设置一名州检察官，制定法规定在很多郡另设一名郡律师和一名检察官，堪萨斯、密西西比和佐治亚等州也有类似规定。大部分州宪法规定检察官是官员，并规定了任期、选举产生、限定为政府部门，只有很少的州规定了职位的资质。

21个州的犯罪指控由每个郡检察官负责。各州对行使指控职能的官员的称谓不一样，亚利桑那、衣阿华、堪萨斯、缅因、明尼苏达、蒙大拿、内布拉斯加、俄克拉荷马州称郡检察官，加利福尼亚、内华达、纽约、俄勒冈、宾夕法尼亚和威斯康星州称地区检察官，伊利诺伊、北达科他、南达科他、佛蒙特州称州检察官，爱达荷、密歇根、俄亥俄、华盛顿、西弗吉尼亚州称检察官，怀俄明州称郡和指控官(county and prosecutor

[1] 米尔伊安·R. 达玛什卡:《司法和国家权力的多种面孔》，郑戈译，中国政法大学出版社，2004，第333页。

attorney)，新罕布什尔州称郡律师(county solicitor)，新泽西州称指控官(prosecutor)，特拉华州称副总检察长。马里兰每郡和巴尔的摩城各为一郡，选举一名州检察官；密苏里每郡选举一名检察官；圣路易斯组成一郡，但其检察官只能指控轻罪案件，立法机构设置一名巡回检察官指控重罪案件。

7个州在司法巡回区或地区产生，在亚拉巴马称为巡回律师，在阿堪萨斯和印第安纳称为检察官，在科罗拉多、路易斯安那和新墨西哥称为地区检察官，田纳西宪法和制定法规定了地区检察官办公室，法令称之为地区总检察长。有7个州每个郡选举一名检察官，每个司法巡回区或地区也选举一名。得克萨斯和犹他选举一名郡律师和一名地区检察官，南卡罗来纳选举一名郡律师和一名出庭律师(solicitor)，密西西比选举一名郡检察官和一名地区检察官，肯塔基选举一名郡检察官和一名公共福祉检察官(commonwealth's attorney)，佐治亚应郡大陪审团要求任命一名出庭律师，每一巡回区选举一名总律师(solicitor-general)，佛罗里达每一司法巡回区由州长任命一名州检察官，每个郡选举一名检察官负责轻罪案件。有些郡法院任命一名郡律师负责指控除了死刑案件的其他刑事案件。大部分州所有检察官是选举产生的，例外有，康涅狄格的州检察官和其他检察官由诉讼所在法院任命，特拉华总检察长任命郡检察官，佛罗里达参议院建议和同意由州长任命州检察官，检察官由各郡选举。各州检察官任期主要是两年或四年，另外，纽约任期三年，新泽西五年，路易斯安那六年，田纳西八年。[1]

20世纪30年代，大部分州的检察官是选举产生的，大约在30个州里，郡是检察官选举的区域单位，每郡设一名检察官；在另7个州，在司法巡回区或地区设一名检察官负责为郡行事，另设一名检察官为司法巡回区或地区服务，在这7个州中，地区检察官在地区巡回法院起诉，郡检察

[1] Earl H. De Long and Newman F. Baker, "The Prosecuting Attorney: Provisions of Law Organizing the Office," *Journal of Criminal Law and Criminology* 23(1933).

官在较低级法院指控刑事案件(轻罪和特定重罪)。

(2)检察官职位的政治利益。

检察官的裁量权巨大且几乎没有限制，被视为“当地最有权势的官员”。检察官只要愿意，可以轻而易举地控制所在社区的政治生活。检察官是想要从政的年轻人的首选职位。一项调查显示，加利福尼亚州很多社区习惯招一些大学毕业生到郡检察官办公室，一通过或还没通过州律师考试就被选为检察官。密苏里犯罪调查报告显示检察官的中值年龄在25~29岁，选为检察官之前的从业经验中值在1~4年。伊利诺伊犯罪调查报告显示的中值年龄要高很多，但在西南部分州，密苏里的情况较为典型。[1]从整体上讲，检察官在其法律生涯中很早就获得该职位，也是获得公众注意从而被选举为更好职位的一种成功方法。通过对州长和国会议员的分析，检察官往往是政治生涯的起点。密苏里犯罪调查报告中列举了很多曾担任过检察官的大人物的名单。

个人年龄和经验对乡村的检察官更具优势，乡村检察官候选人因其在社区成长起来而成为公众的“眼睛”。而在城市，候选人在可能被选为检察官之前必须被人熟知，故以忠诚说服其所在党来支持他。入选的检察官往往利用所有资源建立政治支持，偿还之前的政治负债。因此，政治成为其履职最重要的考虑因素，公共福祉居于其后。如在库克郡，没有民主党和共和党的支持，任何人很难被选为州检察官。1912年，威廉·库尼亚作为社会主义者参选检察官，挑战民主党的菲麦克来·霍伊恩和共和党的路易斯·伦那克，统计绝大部分选票后，库尼亚以微弱优势获胜，剩余的选票听说都投给了霍伊恩，尽管可疑，但无法证实，最后霍伊恩获得122000票，伦那克113000票，库尼亚107000票。1916年，库尼亚再次参选。[2]1900年以后，库克郡大部分州检察官是有能力的律师或行政官，如果其没

[1] Newman F. Baker and Earl H. De Long, “The Prosecuting Attorney and His Office,” *Journal of Criminal Law and Criminology* 25(1935).

[2] Newman F. Baker and Earl H. De Long, “The Prosecuting Attorney and His Office,” *Journal of Criminal Law and Criminology* 25(1935).

有提供充分的服务，那是因为是机器政治的产物，不是因为乡村检察官的工作能力问题。

(3)检察官和其助手的政治关联。

检察官也是基于政治利益挑选下属。检察官比其他官员更受下属行为的摆布，下属的错误极易损害其政治生涯。州检察官的时间和注意力几乎被政治事务所占据，不可能对下属给予必要的监督和控制。他必须在与刑事指控关系不紧密的政党政治事务上花很多时间。州检察官个人给予足够关注的案件是宣传性案件，目的是使其名字出现在公众面前，这是获得选民支持的基础，检察官会命令其办公室发起一场反敲诈、机动车盗窃和其他犯罪问题的运动，偶尔参与询问证人，通常出席法庭公开日审判以求其照片登上报纸，一般不亲自实施一次完整的指控，对其安排参与利益相关案件的助理行使一般监督。敏感或公众关注的案件只是很少数。大量案件由其下属处理，首席助理及其他下属也深深牵涉政治。

(4)普选对检察官办公室运作的影响。

普选主要在两个方面影响检察官办公室的运行：一是政治因素考虑占用了本应履行本职(刑事指控)工作的大量时间。这一因素在城市和乡村有所不同，敏感的谋杀案的宣传价值对城市检察官的影响要稍微大点，其选举靠的是组织的强度和让公众注意的能力，乡村检察官更依靠个人朋友和熟人圈，这是个人政治(personal politics)和机器政治(machine politics)的区别，乡村检察官利用其职位交朋友，而城市检察官却是利用该职位让政治心腹臣服于他。二是检察官将职位视为临时性的位置。检察官职位不像需要特别技能的职位，只是传送带。如此，他们在刑事司法运行的问题上没有真正建立起利益关联，对犯罪学毫无兴趣，对与犯罪相关的社会问题认识很少。检察官很少就其职位相关进行写作，几乎没有检察官订阅犯罪学杂志，检察官也不支持协会对犯罪和刑罚的研究。刑法和犯罪学杂志编辑发现，在20世纪30年代以前，很难获得检察官的订阅和稿件，而法官、监狱官员、社会服务工作者给予了忠诚的支持。检察官是有野心、收入低、暂时性的官员，从事该职位主要是为了个人进步，他对所在社区的犯罪原因、缓刑或假释的适用、一般刑罚学的话题不了解或者没有兴趣，对他来讲，该职位没有出现巨大的社会意义。

第三节

检察官进行辩诉交易的社会学解析
——实现社会控制的手段

解释检察官热衷辩诉交易的理论主要有两种：一是案件压力，辩诉交易是使案件处理更有效率的替代方案。持这种观点的主要是20世纪六七十年代的学者，如波斯纳、科勒、休曼等。二是辩诉交易可以为检察官和被告人带来利益，很多赞成辩诉交易的学者主要是从这一理论进行阐述，如阿尔舒勒、兰德斯、菲利等。限制辩诉交易的后果便是进入审判的案件剧增，使得法院难以承受巨大的案件量。尽管亚利桑那州马里科帕郡禁止对某些类型的犯罪进行降格指控、减少罪状和提出量刑建议，但没有出现审判案件的增加。[1] 这种情况非常少见，限制辩诉交易的大部分地区都出现了案件量增加的情况，在纽约，在新的禁毒法基础上限制辩诉交易使未决案件等待期间平均增加约45天。在艾奥瓦州黑鹰郡，禁止减少罪状、降格指控和提出量刑建议，导致进入审判的案件增加了50%[2]；在中西部一个城郊的郡，禁止对贩毒罪进行降格指控，导致实质性地增加了审判比例。[3] 在亚利桑那州皮马郡，禁止辩诉交易的结果便是民事案件听证全部停止。在得克萨斯州的厄尔巴索和贝尔顿，废除辩诉交易之后出现了案

---

[1] Moise Berger, "The Case Against Plea Bargaining," *American Bar Association Journal* 62 (1976).

[2] "The Elimination of Plea Bargaining in Black Hawk County: A Case Study," *Iowa Law Review* 60(1975).

[3] Thomas Church Jr., "Plea Bargains, Concessions and the Courts: Analysis of a Quasi-Experiment." *Law & Society Review* 10, no. 3(1976): 377-401.

件量的压力。阿尔舒勒教授通过对美国很多城市的司法运行进行观察后发现，1968 年较之 1958 年刑事案件量翻倍，然而刑事法官的数量却保持不变。[1] 因此，人均办案量呈现上升趋势。辩诉交易制度使法庭能够在资源不足的情况下减少案件处理的压力。废除辩诉交易并非明智之举，联邦最高法院也从效率-成本的角度认可了辩诉交易。

美国的辩诉交易制度是世界上最为彻底的认罪协商制度，如何解释是美国而不是英国、法国等国家成为辩诉交易的发源地需要理论的支撑和论证。我们通过考察美国政治、社会演变史会发现，美国的政治、社会的变迁与其他国家存在根本上的不同，前面对辩诉交易制度的兴起和发展从政治的角度作了一定的探索思考，美国学者玛丽·沃格尔在对美国社会变迁、社会冲突的研究中发现了辩诉交易兴起的因子，并认为法院（法官）是实现社会控制的主体。[2] 不可否认，沃格尔的观点对于如何解释辩诉交易在美国的兴起具有很好的启发意义。不过，沃格尔忽视了在辩诉交易制度中，检察官是占主导地位，检察官一般享有辩诉交易启动的权力，法官也基本不会也不愿意成为辩诉交易一方，实践中，法官同意控辩双方的辩诉交易的比例很高，也就是说，检察官在辩诉交易程序中起到重要作用，因此，笔者认为，检察官通过辩诉交易实现对社会控制的功能。

一、法律的社会控制理论

人类是一种社会性动物。因此，纯粹以个人本位作为法律的目的并不符合人类的发展史，实际上，只要有人类，社会利益必然成为立法者需要考虑的因素之一。但是，以社会本位作为立法出发点，直到 19 世纪末 20 世纪初的社会法学才完成这一命题的理论论证和制度构建。社会法学是从

[1] Albert W. Alschuler, "The Prosecutor's Role in Plea Bargaining," *The University of Chicago Law Review* 36(1968).

[2] 可参见：Mary E. Vogel, "The Social Origins of Plea Bargaining: Conflict and the Law in the Process of State Formation, 1830-1860," *Law & Society Review* 33, no. 1(1999); Mary E. Vogel, *Coercion to Compromise: Plea Bargaining, the Courts and the Making of Political Authority* (Oxford: Oxford University of Press, 2007).

社会本位出发，把法学的传统方法与社会学的概念、观念、理论和方法结合起来研究法律现象。它注重法律的社会目的、作用和效果，强调不同社会利益的整合。庞德是较为系统地运用社会控制理论阐述法律及其实际运行的学者，他从文明的角度将法律看作是社会控制的一种手段。近代以来，社会控制成为国家的主要职能，主要通过法律来行使，并通过设置专职的官员、团体或者机构系统来运用国家的强制力。庞德的社会控制理论主要内容有以下三个方面。

（一）法律目的理论

庞德从历史的视角对法律的目的进行了充分的探讨。庞德抛弃了以往从政治角度观察法律发展史的传统观点[1]，指出政治组织的类型与法律类型存在发展不一致的情况，认为要根据法律规则的类型来揭示其所具有的重要特征，将已然成熟的法律发展史分为五个阶段：第一，原始法阶段，该阶段社会控制还依赖于宗教、血亲或者伦理习惯来实现。[2] 法律是所有社会控制力量中最为薄弱的一种，原始法阶段法律的目的具有唯一性——维持治安或和平，手段是和解，具体表现为限制私力救济、满足被害方的报复要求和提供纯粹机械的审讯方式。第二，严格法阶段，主权国家的兴起，国家压倒宗教成为社会控制的机构，法律出现世俗化倾向，该阶段法律的目的出现分化，首要目的变为法律救济适用中的确定性，手段也变为法律上的补救，规则和形式成为和平规制社会的手段。第三，衡平法和自然法阶段，该阶段法律的目的是与伦理行为和善良之道德相符合，最大的特点是将法律和道德等同，法律到了自由裁量的阶段。第四，法律的成熟阶段，法律的目的在于确保机会平等和取得物的安全，注重契约的

---

[1] 20世纪初，法律史学家维诺格拉道夫持该种典型观点，其将法律的历史分为六个阶段：(1)图腾社会原始状态的法律；(2)部落法；(3)公民法，即城邦社会中的法律；(4)中世纪法律，实际上是教会法和封建法的结合；(5)个人主义的法律；(6)社会化的法律。参见王婧：《庞德：通过法律的社会控制》，黑龙江大学出版社，2010，第111页。

[2] 参见罗斯科·庞德：《法理学》(第1卷)，邓正来译，中国政法大学出版社，2004，第373页。

观念，坚持把财产权和契约视为基本的理念，也就是坚持将意志作为法律结果的原因。第五，社会化阶段，该阶段的法律从抽象的平等过渡到根据各人负担能力而调整负担，法律的目的从个人利益转向社会利益，以最少的阻碍和浪费来尽可能满足人们的要求[1]，对契约自由的限制、审视契约义务的合理性等均是美国19世纪末20世纪初出现的新趋势，正如耶林所言，“现在轻视财产权而重视人”。

在社会控制理论的框架下，法律有三个层面的含义：第一个层面，法律就是法律秩序，它是通过有系统、有秩序地运用政治组织和社会强力来调整关系和安排行为的制度；第二个层面，法律是一批据以作出司法或行政决定的权威性资料、根据或指示，通常是指财产法和契约法；第三个层面，法律即司法和行政过程，指为维护法律秩序而根据权威性指示来解决各种争端的过程。[2]

（二）社会工程论

庞德在《法律史解释》中第一次使用“社会工程”的概念，在《通过法律的社会控制》和《法的任务》中作了进一步的发展。庞德指出：“社会工程被认为是一个过程，一种活动，而不只是被认为是一种知识体系，或者一种固定的建筑秩序。”[3]人们对工程师的评价在于其所负责的工程质量和效率，而非根据其工作本身是否符合一个传统的理想模式来进行的。如果把法律比作是社会工程，那么也应该用类似于考察工程师的方法来考察立法者、法官、法学家等的工作，这就要求从事法律工作的人要研究法律秩序，而不要去争论法律的本质；要考虑利益、主张和要求，而不要去考虑法定的权利；要考虑人们所保障和满足的东西，而不仅仅考虑怎样去做它；要根据法律秩序、法律主体的活动，而不是根据法律、经验和制度来考虑；要注意考虑调整各种关系或调和、协调各种不同的主张和要求的活

[1] 吕世伦主编《西方法律思潮源流论》（第二版），中国人民大学出版社，2008，第301页。
[2] 参见何勤华、严存生：《西方法理学史》，清华大学出版社，2008，第103页。
[3] 庞德：《法律史解释》，邓正来译，中国法制出版社，2002，第225页。

动，而不是调整、调和、协调本身。总之，“我们越清楚地认识到我们正在做什么和为什么这样做，我们的社会工程将越有效”[1]。庞德把法律秩序看成是一种过程，即经由司法、行政机构或者法律律令的指导而实现的有序化或者条理化的过程。

综上，庞德的社会工程理论主要内容为：第一，法律必须稳定，但不能静止不变；第二，人类社会出现社会化进程，社会利益逐渐取代个人利益，合作开始取代竞争，法律也应该相应地“社会化”；第三，法律是一项“社会工程”，应该通过法学家、法官、立法者进行设计和改造；第四，必须注重法律的作用和效果。[2]

（三）利益学说

利益学说也是庞德社会控制理论中重要组成部分。所谓利益，就是“人类个别的或者在集团社会中谋求得到满足的一种欲望或要求”[3]。个人之间、群体之间、社群或社会中的人们之间的矛盾和冲突导致利益之间的冲突不可避免，法律便是确认、协调、保障相关利益的制度性设计。利益可分为个人利益、公共利益和社会利益。

个人利益是指直接包含在个人生活中并以这种生活的名义而提出的各种要求、需要和愿望。庞德又将个人利益进一步划分为人格利益、家庭利益和物质利益。

公共利益是指在政治性组织的社会生活中以该组织的名义提出的主张、要求和愿望。公共利益包含两部分，一是作为法人的国家利益，具体包括国家的人格利益和国家的物质利益；二是作为社会利益监护者的国家利益，这种利益与社会利益有不少重合之处。

社会利益指的是存在于文明社会的社会生活中，并以各种社会生活的

---

［1］ 庞德：《法律史解释》，曹玉堂、杨知译，华夏出版社，1989，第 154 页。

［2］ 朱淑丽、杨金勇：《社会学法学》，载何勤华主编《西方法学流派撮要》，中国政法大学出版社，2003，第 60 页。

［3］ 庞德：《通过法律的社会控制》，沈宗灵译，商务印书馆，1984，第 81 页。

名义而提出的主张、要求和愿望。庞德对社会利益的论述投入很多笔墨。根据《通过法律的社会控制》和《法理学》等著作的阐述，社会利益可分为六个方面：第一，公共安全，包括个人的人身安全、身体安全、和平和公共秩序、所有权不受侵害和交易安全等；第二，社会制度的安全，包含家庭制度的安全、宗教制度的安全、政治制度的安全和经济制度的安全；第三，公共道德，如制止不诚实的行为、反对腐败、反对赌博等；第四，保护社会资源，包括保护自然资源和保护社会人力资源；第五，一般进步，包含政治进步、经济进步和文化发展；第六，个人生活，主要有三种表现形式，即个人自我主张、个人机会和个人生活条件。

人的个人主义本性决定每个人都力图扩大自己的个人利益，利益冲突不可避免，因此，在“社会化法律时代”的20世纪，法律的任务就在于使人的合作本能与利己本能之间保持均衡，以便使最大多数的利益或人类文明中最重要的利益产生效果，同时使其他利益的牺牲降到最低。立法往往落后于实际需要，因此，允许一些降低社会利益牺牲的实践做法，在刑事诉讼领域，辩诉交易便是检察官从社会利益优化的角度逐步发展起来的。

二、社会控制视角下的检察官与辩诉交易

本书将以庞德社会控制理论基本原理对早期检察官启动和适用辩诉交易程序进行深入分析。通过启蒙运动和工业革命，人类社会的生产生活方式发生翻天覆地的变化，人的个体被贝卡利亚、边沁等功利主义思想家定义为理性的行动者，此时已经从宗教等组织或集体的制约压力中得到解放，工业化、移民、城市化和世俗化的强大力量把个人从组织控制中释放出来，这种非正式控制的缺失却成为犯罪率上升和越轨行为增多的因素之一[1]，这种情况在19世纪初的美国和欧洲尤为突出。在这一社会进程中，法律的社会控制功能日益凸显，社会的各个角落都能感觉到它的影响。从19世纪初开始，美国的制定法呈现井喷之势。联邦宪法至今已有27个修

[1] 詹姆斯·克里斯：《社会控制》，纳雪沙译，电子工业出版社，2012，第7页。

正案，其中在18、19世纪通过的修正案有15个，1900年至1970年通过的修正案有10个；涉及刑事领域的修正案主要集中在1789年通过的权利法案和1868年生效的第十四修正案。而其他的刑事领域制定法也在19世纪尤其是从进步主义时代开始出现大幅度增长。这种刑事立法的井喷不仅加强了对社会的控制，而且为检察官在与被告人交易时提供了丰富的筹码和手段，从而实现对犯罪的控制。

这是问题的一方面，另一方面，在经济社会层面，美国19世纪经济的增长是西方世界的一个奇迹，国民生产总值年均增长率为3.5%～4%，远远高于英国和其他欧洲国家，19世纪美国经济的增长主要归功于生产要素供给的增多而不是技术进步，在劳动力、自然资源和资本三个要素中，劳动力供给的增长被认为对19世纪的经济增长作出了最大贡献，它的重要性是资本积累的2倍，是自然资源存量的增加量的5倍。检察官之所以会启动辩诉交易，收益-成本的自利考虑固然重要，因为美国的检察官尤其是地区检察官承担了太多的会影响自己职业生涯的非刑事司法工作，自利的考虑客观上也节省了纳税人的钱和法官的工作量。另外，辩诉交易开始于19世纪初，这是一个国家构建、实现“山巅之城”梦想的工业化进程时期。在这一进程中，人口出现结构性变化，国内和国际移民同步进行，而这一时期也是辩诉交易兴起和蓬勃发展的时期，人口结构性变化是否与辩诉交易的发展史存在关联性？检察官是否通过辩诉交易达到一定的社会控制从而推动工业化，为“美国梦”贡献自己的力量？笔者认为，辩诉交易与美国人口变化有必然联系，代表公共利益的检察官受民主化和普选的深刻影响，在工业化的进程中既要控制犯罪，也要保障工业化所需的劳动力充足，检察官通过辩诉交易比通过审判更容易实现上述两个目的，通过保障公共安全、社会制度安全、公共道德和人力资本等方式促进社会利益的增加。

（一）人口结构变迁视角下辩诉交易与检察官的社会控制

从美国人口变迁史来看，移民导致了北美殖民地的形成。美国人口大幅增长始于18世纪末19世纪初，1790年，美国没有一个人口超过5万的城市。进入19世纪之后，随着1815年以后美国工业化逐步拉开，特别是美国南北战争后工业化的全面展开，美国城市的数量与规模都呈现出明显的增长（详见表4-1）。美国人口普查资料显示，1790年全国仅有24座城市，且规模不大，人口最多的纽约市仅33131人，人口次之的费城为28522人，波士顿为18320人。[1] 人口增长的重要原因之一是移民显著增多，如此庞大的外来人口为美国提供了丰富的劳动力资源，带来了大量的资金和先进的技术，为美国日后的腾飞做出了巨大贡献。

表4-1　1860—1920年美国总人口、城市人口和城市人口比例[2]

	1860年	1870年	1880年	1890年	1900年	1910年	1920年
全国总人口/万	3144.33	3855.84	5018.92	6297.98	7621.22	9222.85	10602.15
全国城市人口/万	621.65	990.24	1412.97	2210.63	3021.48	4206.40	5425.33
全国城市人口比例	19.77%	25.68%	28.15%	35.10%	39.65%	45.61%	51.17%

1. 外国移民的情况

美国政府自1819年开始专门针对国际移民进行载客登记，至1880年共有1000多万合法移民入境，1819年至1920年期间，超过3370万移民从国外来到美国。事实上，美国外来人口要远远超过合法移民，以1850年为例，全国的外国出生人口为224.5万人，远远高于合法移民37.0万人。美国历史上出现了三次人数较多的“移民潮”，分别为19世纪四五十年代，19世纪80年代以及1900年至1914年期间。有经济学家统计，在美国经

[1] 随笑宇：《美国东北部城市的外来移民及其影响（1880-1920）》，博士学位论文，东北师范大学，2012，第21页。

[2] 随笑宇：《美国东北部城市的外来移民及其影响（1880-1920）》，博士学位论文，东北师范大学，2012，第23页。

济相对繁荣的时期外国移民人数增多：1843 年开始持续到 1857 年的恐慌；美国战后经济上升时期（1865—1873 年）；19 世纪 80 年代的经济高峰时期；19 世纪 90 年代一直到一战结束的经济持续繁荣阶段。20 世纪 20 年代新的移民法案限制移民潮的出现。与移民高潮的来临类似，移民人数出现低潮的对应时期是 1837 年、1857 年和 1873 年的经济恐慌以及 19 世纪 90 年代的持续经济混乱。[1] 总之，移民潮的波动大体上与经济走势的波动同步，更为重要的是移民成为 19 世纪后半叶形成的全球性劳动力市场的组成部分。19 世纪 20 年代年平均移民数量大约为 14000 人，到 50 年代增长为每年差不多 26 万人，到 1911 年和 1914 年平均每年近 100 万人，在 19 世纪 20 年代至 1914 年，移民年平均增长率为 4.9%，其中在 1914 年一战爆发前的 14 年内，有 6 年的移民每年超过了 100 万人。移民的成分也存在阶段特征，1821 年至 1890 年间，82% 的移民来自北欧和西欧，8% 的人来自中欧、东欧和南欧。1891 年至 1920 年之间，只有 25% 的移民来自北欧和西欧，来自中欧、东欧和南欧的移民比例增长到 64%。

另外，移民在地域的分布上也颇具特点，他们更多地集中在经济交通发达的地区，且分布随着时代、产业和社会环境等方面的综合因素的改变而发生改变。1850 年，59% 的外国出生人口居住在东北部，29% 在中西部，南部和西部分别仅占 10.8% 和 1.2%。随着工业革命和西进运动的深入，外国出生总人口在 1880 年达到 667.99 万人，较 30 年前上涨 197.6%。其分布区域也有所改变，东北部所占的份额明显下降，而中西部吸引了越来越多的外来移民，其人数与东北部基本相当，分别占移民总数的 42.1% 和 43.7%，而南部下降到 6.7%，西部上升至 7.5%。[2] 19 世纪 50 年代，波士顿、纽约城一半以上的居民是移民，费城 30% 的户主出生在欧洲。到

[1] 斯坦利·L. 恩格尔曼、罗伯特·E. 高尔曼主编《剑桥美国经济史：漫长的 19 世纪》，王珏、李淑清译，中国人民大学出版社，2008，第 132 页。

[2] 随笑宇：《美国东北部城市的外来移民及其影响（1880-1920）》，博士学位论文，东北师范大学，2012，第 26 页。

1860 年，新奥尔良 40% 的人口是移民。[1]

2. 劳动力人口的变化

1800 年的美国是个高生育率的国家，此后出生率持续下降，这一过程到 20 世纪 40 年代才结束。生育率的下降导致人口老龄化，劳动力人口不足，这是美国在 19 世纪 80 年代以前对移民没有限制的原因之一。踏上美国土地的外国移民主要到东北部和中西部，根据相关统计，在 1860 年，南方人口中只有 5.6% 的白人是在国外出生的，而 19.3% 的东北部白人人口和 17.4% 的中西部白人人口的出生地在国外。到了 1910 年，外国出生的人口在东北部人口中的比例上升到了 26.2%，中西部的为 17.4%，而南部的这个比例却下降到了 3.5%。[2] 如表 4-2 所示，在一个世纪里，美国劳动力以平均每年 2.8% 的比例增长。从劳动力的行业或者职业的分布来看，19 世纪劳动结构最重要的变化是劳动力从农业中转移出来，1800 年有近三分之一的劳动力从事农业生产，到 1850 年，农业劳动力的比重下降了 14 个百分点，到 1900 年，只有 36% 的劳动力受雇于农业部门，其中，新英格兰地区的农业劳动力比重更低，在美国南北战争前就已经下降至 40% 以下。制造业是最重要的承接农业劳动力的部门，据统计，1820 年之前不存在这种情况，到 1840 年制造业雇佣了近三分之一的工人，到 1860 年制造业工人所占比例上升至 37%。另外，采矿业、建筑业、批发商和零售商提供的就业机会也迅速增多。根据 1850 年 10 种主要职业的男性自由人口普查，有将近一半的劳动力是农民，体力劳动者占比约 17%，铁匠、木匠、砖瓦匠和泥水匠占了自由男性工人总数的 6.5%。职员和商人占了 3.8%。到 1900 年，从事非农职业的男性中，有 30% 从事白领工作，还有 39% 是熟练工匠和半熟练蓝领工人。[3]

---

[1] 霍华德·丘达柯夫，朱迪丝·史密斯，彼得·鲍德温：《美国城市社会的演变》，熊茜超、郭旻天译，上海社会科学院出版社，2016，第 65 页。

[2] 斯坦利·L. 恩格尔曼、罗伯特·E. 高尔曼主编《剑桥美国经济史：漫长的 19 世纪》，王珏、李淑清译，中国人民大学出版社，2008，第 131 页。

[3] 斯坦利·L. 恩格尔曼、罗伯特·E. 高尔曼主编《剑桥美国经济史：漫长的 19 世纪》，王珏、李淑清译，中国人民大学出版社，2008，第 155 页。

表 4-2 1800—1900 年美国劳动力及总人口情况[1]

年份	劳动力/万	总人口/万	劳动参与率
1800	1712	5308	32.3%
1810	2337	7240	32.3%
1820	3150	9638	33.7%
1830	4272	12866	33.2%
1840	5778	17069	33.9%
1850	8192	23192	35.3%
1860	11290	31443	35.9%
1870	12809	38558	33.2%
1880	17392	50156	34.7%
1890	23547	62948	37.4%
1900	29073	75995	38.3%

3. 人口变迁与辩诉交易

通过 19 世纪辩诉交易的实践可以看出，辩诉交易与美国人口变迁存在相关性。以马萨诸塞州、纽约州、康涅狄格州和加利福尼亚州为例，马萨诸塞州位于美国东北部，属于新英格兰地区。从 19 世纪 60 年代开始马萨诸塞州最高法院谋杀案件中明示辩诉交易的数量出现大幅度增长，从 50 年代的 7 件，到 60 年代飙升至 25 件。该州从 1860 年至 1870 年，有罪答辩率从 47%降到 40%，此后的 15 年呈现上升趋势，到 1885 年达到 75%，之后有罪答辩率又在下降，到 1895 年，降至 60%，再之后有罪答辩率又上升，到 1900 年达到 80%，之后基本保持这一比例。纽约州辩诉交易的情况与马萨诸塞州类似，从 1860 年开始有罪答辩数量超过无罪答辩数量，1860 年有罪答辩率达 60%，以后的 10 年呈缓慢下降趋势，到 1870 年降至

[1] 斯坦利·L. 恩格尔曼、罗伯特·E. 高尔曼主编《剑桥美国经济史：漫长的 19 世纪》，王珏、李淑清译，中国人民大学出版社，2008，第 150 页。

50%，此后又转为上升趋势，到1879年，有罪答辩率增加至70%，1890年有罪答辩率上升至近75%。康涅狄格州也出现类似情况，1880年至1918年，被告人作有罪答辩的比例整体呈上升趋势，比例在80%~90%之间浮动。加利福尼亚州的有罪答辩率较低，但也存在这一趋势，在19世纪80年代，有罪答辩率只有12%，到90年代时上升至19%，1900年至1910年间有罪答辩率增加至32%。

前文已述，19世纪四五十年代，19世纪80年代以及1900年至1914年期间被称为美国历史的三次“移民潮”，这三个时间段也是美国经济发展的黄金期。与此同时，我们会发现，马萨诸塞州从1870年开始有罪答辩率呈现猛涨趋势，一直维持在60%以上，1900年更是达到80%，随后基本保持稳定，这也是移民人数大量增长的时期，检察官为了让美国经济有源源不断的劳动力，保持工业化所需要的人力资本，希望通过辩诉交易减少其服刑的时间，从而可以使被告人更快地进入劳动力市场。

（二）检察官通过辩诉交易应对社会冲突

19世纪早期，随着城市化、外来移民数量的增加，经济的发展，作坊和工厂建筑的普及，工作的组织形式和阶层结构得到改变，城市的发展形成了陌生人之间的联系，移民的来源呈现时段差异，起初他们大多数是到美国东北部的新兴工业区寻找工作机会，随后的西部开发时期，大量来自东南亚的移民涌入美国西部，在西部边疆定居，形成了美国多民族、多宗教的多元文化社会，社会冲突在所难免。1848年开始的加利福尼亚淘金热产生了一些极端的暴力、渎职和有组织犯罪。同时，社会阶层分化出精英阶层和劳工阶层，19世纪30年代，早期美国工业有产者和无产者之间日益加剧的不平等发展成阶层对抗。杰克逊总统统治时期，出现一股公开蔑视法律的不满情绪，格雷森写于1830年的《罪恶揭秘》一书描述了该时期美国生活中普遍存在的对法律的不满情绪，认为：“这种方法通过把人类崇高的道德本能变为避免法律起诉行为的欺骗手段，进而贬低了人类的自我意义和社会责任。简言之，法律是一种精明而凶险的工具，一个自命清高的陷阱，是加在每个人身上的负担，它有伤风化、影响社会进步。”人们担心社会底层之间的大量冲突通过法外或者政治途径予以解决，希望在刑事诉讼中追求可以控制案件处理的方式。

随着工业化的不断深化，新的法律意识出现，主要表现在：第一，人是社会的存在而不是孤立的个体；第二，个人权利的相对化；第三，普通法的实用主义；第四，人民的福祉应在规制良好的社会中获得。[1] 检察官通过辩诉交易中的“从宽机制”一方面纠正了过于严厉的刑法规定，另一方面也缓和了社会组织之间的紧张关系，实现中产阶级和劳动阶级的稳定，“促进当地精英成员和劳工阶层之间的互惠关系”[2]。在工业化时期，财富集中，据统计，前 10 名家族的财富占比从 1774 年的 49.65% 上升至 1860 年的 73%。[3] 在 1828 年至 1848 年，波士顿最富有的两千人中，94% 的人本身出生在富人家庭，费城的这一比例为 92%，纽约为 95%，工人通过罢工等形式对此表示不满。劳动力也出现分化，部分劳动力由于没有一技之长或者懒惰，往往难以维持生计，这部分人群容易成为犯罪的主体，公众也对犯罪表示极度的恐惧，同时存在大量的犯罪是由有工作的人实施的，辩诉交易就被检察官用来平息社会公众的不满情绪，从而达到对社会的控制，一方面追究被告人的刑事责任，另一方面采用从宽的手段激励被告人从牢狱之灾中解脱出来去工作。移民的大量涌入导致劳工和种族冲突加剧，之前根植于乡村生活的岛屿社区共享的义务规范在工业化时期减少了，因此，为了应对社会危机，政府采取的法律途径有，一是选举权的扩大，二是法官调整裁判政策，三是检察官启动辩诉交易的刑事司法程序，等等。几乎所有人都在抱怨社会冲突损害了其生活质量，检察官想出了辩诉交易来应对暴力、财产犯罪和日益增长的政治压力。正因为对社会冲突

[1] Mary E. Vogel, *Coercion to Compromise: Plea Bargaining, the Courts and the Making of Political Authority* (Oxford: Oxford University of Press, 2007), p. 62.

[2] Mary E. Vogel, *Coercion to Compromise: Plea Bargaining, the Courts and the Making of Political Authority* (Oxford: Oxford University of Press, 2007), p. 61.

[3] Mary E. Vogel, “The Social Origins of Plea Bargaining: Conflict and the Law in the Process of State Formation, 1830-1860,” *Law & Society Review* 33, no. 1(1999).

的应激反应，很多城市的领导者都致力于培育公众生活的秩序和预见性，在社会冲突最为极端的犯罪中，检察官便是通过辩诉交易达到控辩双方刑事诉讼可预见的期待。在社会冲突较为激烈的时代，非正式的诉讼程序革新往往会出现，这种革新首先需要习惯的权力，然后才是规则的力量，最后用法律的形式固定，[1] 辩诉交易的发展史便是遵循这种路径。辩诉交易实际上是检察官的量刑政策，包括刑期及其他方面。在19世纪社会冲突以及犯罪率上升的历史背景下，出现了一次关于刑罚目的的大讨论，取得了这样的共识，即刑罚更多的是对被告人性格的培养，而非单纯惩罚，强调刑罚的迅速性和精确性。辩诉交易便是在这一学术讨论中得到发展的。辩诉交易不仅保护了秩序和财产，还创造了一种避免过分使用强制力的方法来达到社会控制。从治国理念变迁的角度来看，19世纪兴起和发展起来的辩诉交易，作为一种新的社会控制形式，展现出从精英主导社会到大众同意(popular consent)的转变。

[1] Mary E. Vogel, "The Social Origins of Plea Bargaining: Conflict and the Law in the Process of State Formation, 1830-1860," *Law & Society Review* 33, no. 1(1999).

第五章

美国辩诉交易演进中检察官的作用对我国的启示

“我是谁?”是检察官制度自创立以来一直困扰各国的身份认同命题。具有现代意义的检察制度历史很短，美国检察制度始于殖民地时期，也一直存在“行政官”和“司法官”的角色争论，从美国三权分立的政治体制来看，更多学者倾向于将检察权划归为行政权范畴。但是，行政权要求的下级服从上级原则在检察制度中表现得不是很明显，其具有较高的独立性，检察官在刑事诉讼中也享有巨大的裁量权，在辩诉交易中表现得尤为明显。我国于2016年开始在18个城市试点认罪认罚从宽制度。经过两年的试点，2018年新修订的刑事诉讼法吸收了试点的经验成果，检察机关成为认罪认罚程序的主导者，并且获得了不少的裁量权。认罪认罚中特殊不起诉的确立将进一步推动我国朝起诉便宜主义转向。认罪认罚从宽制度出现的时间较短，需要从历史长达200年的辩诉交易中获取有益的经验，在比较中不断完善认罪认罚从宽制度。

第一节

中美两国检察官的定位

一、美国检察官在国家权力结构中的定位

美国联邦宪法中没有关于检察官的规定，在1789年《联邦司法法》中的最后部分规定了联邦总检察长一职，被认为与法官一样同属于司法官。但是自从总检察长成为总统内阁一员后，学者普遍将检察官看作是行政官员。如今，美国联邦检察机关和联邦司法部是合署办公，没有严格分立。联邦总检察长兼任司法部部长，其既是联邦司法系统的行政首脑，又是联邦检察系统的首长。

（一）从检察官与政府首脑的关系来看

尽管绝大多数州的地方检察官通过选举产生，但是各州的总检察长基

本是采用任命制，是州政府的一员。联邦总检察长和联邦检察官都是由总统直接任命。以联邦检察官为例，联邦总检察长与总统同进同退，受总统的影响较大。联邦总检察长承担为政府各部门提供法律咨询及起草法律草案等工作，总检察长领导与管辖联邦调查局，有权调动与指挥联邦调查局及其分支机构进行侦查活动。

（二）从检察官与法官的关系来看

联邦法官和联邦检察官一样也均由总统任命。在19世纪初，检察官被看作是法院的次要人物，是法官的助手，检察官的性质是司法官。检察官，无论是地方检察官、县（郡）检察官或司法部长，都是在宪法的司法条款中提到的，即使在那些对地方官员和县级官员写有专门条款的各州，至少就前半个世纪而言，检察官是被列在那些规定州的法院系统官员的条款中的小项内的。在最早的美国人眼中，检察官显然只是法院系统中的一个小角色。[1] 随着美国行政权的扩张，检察系统逐渐从法院系统中剥离，成为行政机关的一部分，与司法机关形成互相制约的关系，检察官在行使其公诉职能的过程中，既是控诉的一方当事人，也是行政权力的象征。

（三）美国检察官在公诉中的职权

起诉权被认为是检察官最为重要的职权。犯罪嫌疑人一旦被逮捕，其被定罪量刑的风险大增，其命运很大程度上由检察官掌控。正如美国刑诉法学者约书亚·德雷斯勒与艾伦·C. 迈克尔斯指出，至少在逮捕后，是否提起刑事案件的决定权几乎完全掌握在检察官的手中。[2] 检察官可决定起诉与否、起诉对象、起诉罪名与罪数、起诉时间以及是否撤诉等。在关于罪名选择上，检察官可以以重罪起诉也可以以轻罪起诉，可以以一罪起诉也可以以数罪起诉，还可以在适用犯罪嫌疑人犯罪行为的法律出现重叠

---

［1］ 琼·雅各比：《美国检察官研究》，周叶谦等译，中国检察出版社，1990，第29页。

［2］ 约书亚·德雷斯勒、艾伦·C. 迈克尔斯：《美国刑事诉讼法精解》，魏晓娜译，北京大学出版社，2009，第114页。

时进行取舍。[1] 在庭审阶段，根据《联邦刑事诉讼规则》等法律的规定，检察官在庭审过程中享有起诉变更的权力。

二、我国检察机关的宪法定位及现状

（一）我国检察机关的宪法定位

新中国成立后，我国借鉴了苏联经验建立起我国的检察制度。我国检察机关的宪法定位在宪法文本中曾发生过重大变化，主要是从认可检察机关的一般监督权到取消一般监督权的过程。根据2018年通过的宪法修正案，我国检察机关的宪法定位没有发生变化，宪法第134条规定，中华人民共和国人民检察院是国家的法律监督机关。如何理解“国家的法律监督机关”？我国宪法是对我国各项政治制度的规定，因此，“国家的法律监督机关”就不是一项诉讼制度的表述，而是我国的一项政治制度。第一，应该从宪法整体上理解“国家的法律监督机关”的含义，检察机关是在权力机关之下与行政机关、监察机关、审判机关、军事机关并列的法律监督机关。我国宪法第62条和第67条规定，全国人大及全国人大常委会行使的职权都包括“监督宪法的实施”一项，而对全国人大及其常委会制定修改的法律的监督实施并没有作出明确的列举，笔者认为，这不是立法者的疏忽，这恰好与“国家的法律监督机关”相互映衬，可以进一步推断，检察机关监督由全国人大及其常委会制定的法律的实施。第二，检察机关是“专门”的法律监督机关，也就是说检察机关的法律监督不同于舆论监督、党的监督、监察监督、群众监督等监督制度，它是仅次于全国人大及其常委会行使国家法律的监督权力，具有很高的权威性、严肃性和强制性。第三，检察机关是“国家”的法律监督机关。这意味着，检察机关进行监督是代表国家行使监督职责，其以是否危害国家利益为标准，只有发生了涉及国家利益的行为，检察机关才予以监督。第四，检察机关是“法律”的监督

[1] 李学军主编《美国刑事诉讼规则》，中国检察出版社，2003，第309页。

机关。宪法规定检察机关的职权在于依照法律的规定对法律的遵守和执行进行监督，目的在于维护国家法制的统一。从宪法文本来看，监督宪法的实施的权力不属于检察机关，只有全国人大及其常委会才有权监督宪法的实施，对违反宪法的行为予以监督纠正，这是保证国家的最高权力始终掌握在代表全体人民意志的最高权力机关的需要。在宪法之下，最高权力机关制定的法律在全国得到一致遵守和实施，宪法和法律才会有权威，检察机关的监督就是在这一意义上的监督。

因此，《中华人民共和国人民检察院组织法》《中华人民共和国刑事诉讼法》《中华人民共和国民事诉讼法》《中华人民共和国行政诉讼法》等法律对检察机关职权的规定，是宪法关于"国家的法律监督机关"的具体体现。

（二）存在的问题

检察机关在应然层面具有很高的宪法地位，然而，一直以来，我国学界和实务界都对"法律监督"的理解有意或者无意地出现了偏差，甚至出现要求取消检察机关法律监督者身份的声音。如有学者提出："我们主张取消刑事诉讼中检察机关法律监督者的身份，并不是要求取消检察机关的上述权力，而是因为按照诉讼的规律，在三角诉讼结构中，审判应处于中心地位，但不能以高于审判者的所谓法律监督者的身份对审判实施监督。"[1]还有的学者对法律监督提出了质疑，认为法律监督的存在"导致检察机关的法律监督权在实际上成为一种绝对的、难以接受任何权力制约的国家权力"[2]。而在检察实务界也普遍存在这样的倾向，一是以诉讼监督或实际上的诉讼监督来替代法律监督。[3] 从各级检察机关的工作报告可以看出，检察机关进行法律监督的范围基本限于诉讼领域，检察机关的工作就是诉讼监督工作。甚至由最高人民检察院起草的《中华人民共和国人

[1] 陈卫东：《我国检察权的反思与重构——以公诉权为核心的分析》，《法学研究》2002 年第 2 期。

[2] 郝银钟：《检察权质疑》，《中国人民大学学报》1999 年第 3 期。

[3] 蒋德海：《控权型检察制度研究》，人民出版社，2012，第 169 页。

民检察院组织法》也是将检察机关的职权基本限定在诉讼中。二是长期将法律监督和检察权混同，根据学者的理解，“检察权一般被认为是与法律监督同等语义的概念。”[1] 检察权，是指为了实现检察职能，国家法律赋予检察机关的各项职权的总称。[2] 学者认为，法律监督和检察权是一体的，检察机关行使检察权是实行法律监督的具体表现形式，法律监督则是检察权的本质属性，二者是一个事物的两个方面。[3] 这种将检察权和法律监督等同的观点必然导致法律监督的手段和检察手段的混同，局限于对检察权的研究，而忽视对法律监督的深入研究，最后的结果必然是无法厘清法律监督的内涵，也就在实践中导致法律监督名存实亡。

不论是将诉讼监督等同于法律监督，还是将检察权等同于法律监督，都不利于当前的司法体制改革、国家权力结构的完善，乃至国家治理体系的构建，法律监督将进一步受到遏制。

三、改革思路

从制度产生机制来看，法律监督源于我国授权性的国家政体，其不同于西方的分权制度，即将国家权力分为几个部分加以制约和抗衡。根据我国宪法规定，行政机关、监察机关、审判机关和检察机关都由人民代表大会(简称人大)产生，对其负责，受其监督。检察机关的法律监督来源于最高权力机关的授权，并有宪法明确规定，其正当性毋庸置疑。

法律监督是实现政治制度和司法制度互动的制度安排。法律监督是维护国家政治制度和政治体制的重要力量，与行政权、监察权和审判权平行的专门的国家权力，是“由人民代表大会制度决定和产生的一项法律监督制度”[4]。同时，检察机关被宪法授予以公诉为核心的司法权。从功能上看，法律监督的功能是控制约束权力，防止其他国家权力的滥用，司法权

---

[1] 郝银钟：《中国检察权研究》，《刑事法评论》(第五卷)，中国政法大学出版社，2000，第94页。

[2] 朱孝清、张智辉：《检察学》，中国检察出版社，2010，第319页。

[3] 朱孝清、张智辉：《检察学》，中国检察出版社，2010，第326页。

[4] 王桂五主编《中华人民共和国检察制度研究》，法律出版社，1991，第165页。

的目的在于追究犯罪，维护法律的权威，保障社会的基本秩序。2018 年修改的《中华人民共和国人民检察院组织法》对检察机关的职权作出重大修改，除了为适应监察体制改革而对自侦权作出调整外，最为重要的修改之处在于：对检察机关的职权增加了一项，即“法律规定的其他职权”，这一开放性的规定为进一步区分诉讼活动和非诉讼活动的法律监督提供了依据。

另外，应进一步规范检察建议的法律效力，可以考虑通过检察建议、检察通告等手段，加强法律监督的权威。随着制度建设的逐步完善，我国法律监督将会形成一种有机联系，从而有力推动我国民主、法治建设和现代国家治理体系的构建。

第二节

中美两国检察官裁量权的演变

一、美国检察官裁量权的自由与限制

应该说，美国检察官几乎不受约束的检察裁量权是辩诉交易得以兴起的重要制度基础。在美国，检察官几乎垄断了刑事诉讼的指控。尽管美国的指控制度有大陪审团审查模式、法官预审模式和混合模式，个别地方还存在刑事私诉。大陪审团审查和法官预审模式的设立初衷是为了约束检察官的裁量权，但在实践中，检察官的自由裁量权依然非常大。当然，检察官的自由裁量权不是毫无限制的，主要受到内部的裁量政策和案例法上抗辩事由的限制。

（一）检察官刑事裁量权的范围

蒙大拿州最高法院在判例中认为，检察官有决定何时提起指控以及何时终止指控的权力，只受法律规定的限制。[1] 由于检察官资源有限，检察官享有广泛的裁量权是必要的。根据判例法和制定法，检察官一般享有以下裁量权。

(1)不起诉。这项权力得到美国法院的普遍承认。加利福尼亚州最高法院认为，检察官不仅决定是否违反法律，而且综合所有事实决定是否具有正当性。[2] 蒙大拿州有 76% 的检察官认为即使证据充足也可以在一定条件下不起诉。[3]

(2)选择指控罪名。法院认为这项权力是检察官最重要的职能。亚利桑那州法院承认检察官对于暴力犯罪降格指控以及对社区范围内特定多发犯罪降格指控的政策。

(3)建议量刑。一些州的制定法规定检察官有义务协助法官量刑。大部分法官是请求检察官出具量刑建议并予以充分考虑。甚至有些州的检察官几乎可以保证被告人获得其想要的量刑。亚拉巴马州最高法院认为，法官无权采纳陪审团后于检察官与被告人协议量刑而提出的量刑建议。[4]

(4)辩诉交易。检察官可以许诺被告人以降格指控、建议从轻量刑、不指控主要罪行或者减少罪名等方式换取被告人的有罪答辩。有些州的法律也明文规定了可以交易的情形，如蒙大拿州的制定法就有规定，如果被害人获得民事救济或者告知法庭获得赔偿，则允许对轻罪进行交易。[5]

(5)撤回起诉或者向法院申请驳回起诉。有些州赋予检察官在庭审时可以撤回起诉的权力，有些州禁止检察官提出撤回起诉，但允许向法庭申请驳回起诉。检察官提出的理由主要有：控方证人死亡、技术性原因、证据不足等。在蒙大拿州起诉至法院的公诉书中，有 62.1% 经检察官提起而

---

[1] See Halladay v. State Bank of Fairfield, 66 Mont. 111, 212 Pac. 861(1923).

[2] Wilson v. Sharp, 42 Cal. 2d 675, 268 P. 2d 1062, 1065(1954).

[3] Shelton C. Williams, "Discretion Exercised by Montana County Attorneys in Criminal Prosecution," *Montana Law Review* 28(1966).

[4] Shelton C. Williams, "Discretion Exercised by Montana County Attorneys in Criminal Prosecution," *Montana Law Review* 28(1966).

[5] See Shelton C. Williams, "Discretion Exercised by Montana County Attorneys in Criminal Prosecution," *Montana Law Review* 28(1966).

驳回起诉。[1]

(二)裁量权之主要限制

1. 成文的指控准则

(1)自制的规则。即检察官办公室采用的内部标准。最有名的是联邦司法部的《联邦起诉原则》，有一些地方检察官办公室也会采用正式的成文标准，在这些标准中包括了指导检察官进行辩诉交易的政策和实践的指南。

(2)模范标准。为了推动检察官办公室采纳标准，一些行业组织也会采用模范起诉标准，作为指导检察官行为的一部分。比较著名的是《国家起诉标准》。根据美国地区检察官协会《国家起诉标准》的规定，检察官在决定是否提出指控时应当重视“审前分流”，考虑非刑事化处置的可能性，主要考虑因素有：第一，犯罪的性质与严重程度；第二，被告人的特殊情况或者困难；第三，被告人是否是初犯；第四，被告人是否可能合作，并从分流程序中获益；第五，被告人是否满意诉讼的替代程序；第六，被告人是否可能再犯；第七，有关被告人归化的规定；第八，被害人的意见；第九，涉案法律执行机构的建议；第十，分流对社会的影响；第十一，任何减轻的情节。[2]

(3)立法指南。有些州通过立法规定检察官起诉时应考虑的因素。华盛顿州在《刑事法典》中有专门规定检察官决定是否起诉时应该遵循“证据充足性”条款，并禁止检察官通过过度指控获取被告人的有罪答辩。[3]

(4)司法部的《美国检察官手册》。这些政策的目的在于帮助检察官在辩诉交易时恪尽职守，保证交易的规范性。其中最为主要的政策是公共利

[1] Shelton C. Williams, “Discretion Exercised by Montana County Attorneys in Criminal Prosecution,” *Montana Law Review* 28(1966).

[2] 祁建建：《美国辩诉交易制度研究》，北京大学出版社，2007，第97页。

[3] Peter Krug, “Prosecutorial Discretion and Its Limits,” *American Journal of Comparative Law Supplement* 50(2002).

益原则。检察官作出减轻量刑的许诺应当具备两个条件之一：第一，辩诉交易要求检察官提出量刑建议；第二，作出减轻量刑的建议有利于公共利益。检察官应当站在有利于公共利益的角度，根据下列四个刑罚目的来考虑被告人犯罪行为的严重性、背景以及个性特点：第一，威慑被告人以及其他人不为犯罪行为；第二，保护公共利益不受被告人进一步侵害；第三，保证公正惩罚被告人；第四，促进对于被告人的矫正与改造。

2. 案例法上主要的抗辩事由

(1)歧视性起诉。在“Oyler v. Boles”案中，美国联邦最高法院确定了“在作出起诉决定时，有意识地进行选择本身并不违反联邦宪法的规定”的合法性推定原则。[1] 在其他相关案例中，法院确立了推翻合法性推定的规则：第一，被告人只要能够证明其他与其状况相同或相似的被告人未被起诉；第二，检察官所做的选择是基于“偏见”或者“恶意”，也就是基于宪法所不允许的考量因素(如被告人的种族)作出选择。此外，在“United States v. Armstrong”一案中，联邦最高法院为检察官开示有关“恶意”的证据设置了详细的标准。

(2)报复性起诉。报复性起诉的概念起源于1969年“North Carolina v. Pearce”一案，1974年的“Blackledge v. Perry”一案正式确立报复性起诉规则。联邦最高法院认为，报复性起诉抗辩的出发点在于“担心报复性的动机违反宪法，阻碍被告人行使其合法诉讼权利。”[2]美国司法确立了“恶意推定规则”，如有相当的可能性认为检察官的起诉具有报复性，那么即可提出一项可反驳的推定。[3] 美国的“报复性起诉”抗辩实际上是一种违宪审查。

---

[1] Oyler v. Boles, 368 U.S. 448(1962).

[2] 高通：《美国禁止报复性起诉规则研究》，《国家检察官学院学报》2011年第1期。

[3] U.S. v. Johnson, 221 F. 3d 83, 94(2d Cir. 2000).

二、我国检察官裁量权的变迁及运行中存在的问题

（一）我国公诉裁量权的变迁

检察制度是社会发展到一定阶段的产物。公诉职能一直以来都是检察官的主要职能，但是对于裁量权的规定各异。

1. 我国现代检察制度的产生和裁量权的演变

我国现代意义上的检察制度始于清末变法修律。1906 年，清政府颁行《大理院审判编制法》，正式引入检察制度。该法第 12 条规定："凡大理院以下审判厅局均须设有检察官，其检察局附属该衙署之内，检察官于刑事有提起公诉之责，检察官可请求用正当之法律，检察官监视判决后正当施行。"[1]根据 1907 年《高等以下各级审判厅试办章程》第 97 条的规定，检察官行使的职权包括：刑事提起公诉、收受诉状请求预审及公判、指挥司法警察官逮捕犯罪者、调查事实搜集证据、民事保护公益陈述意见、监督审判并纠正其违误、监视判决之执行和查核审判统计表。[2]

2. 北洋政府时期检察官的裁量权

北洋政府时期，实行检察与审判分立。根据有关法律规定，检察官的职权主要包括：（1）实行侦查处分，检察官得行使对人或对物的强制处分权；（2）提起公诉，除告诉乃理之罪允许被害人有起诉之权外，其余罪名均须由检察官提起公诉，审判厅方予受理；（3）实行公诉，检察官须莅庭与刑事被告在审判机关实行诉讼之行为，审判机关之判决妥当者即依法执行，若有不当者，依上诉方法而施攻击；（4）指挥裁判之执行，且仍维持检察官应就特定民事事件，担任诉讼人或公益代表人的做法；（5）有限地参与民事诉讼。检察官享有一定的不起诉裁量权，根据 1915 年《京师地方检察厅暂行处务规则》的相关规定，检察官可以在侦查中或侦查终结后，

[1] 闵钐编《中国检察史资料选编》，中国检察出版社，2008，第 3 页。
[2] 闵钐编《中国检察史资料选编》，中国检察出版社，2008，第 10 页。

如果认为无检举之必要及证据不充分应不起诉，或有确实不能进行情状，可以作出中止处分的决定。[1] 因北洋政府存续时间较短，又常年战乱，大多数县一级未设置新式法院，检察事务仍由知县代理。

3. 南京国民政府时期的公诉裁量权

南京国民政府取法德、日等国，公诉制度采用了起诉法定主义和起诉便宜主义并重的做法。1928 年的刑事诉讼法第 245 条规定，“检察官认为案件具有下列情形者不起诉：①属于初级法院管辖者；②情节轻微以不起诉为有实益者；③被害人不希望处罚者。”[2]这种不起诉制度有较为严格的限制，第一条实际上是对案件性质的界定，第三条意味着不起诉的案件必须要有被害人。1935 年新颁布的刑事诉讼法扩大了起诉便宜主义，第 232 条规定了不起诉的基本制度，除了其中行使不起诉裁量权必须考虑犯罪动机及目的、犯罪时所受刺激、犯罪手段、犯罪行为人生活状况、犯罪行为人品行、犯罪行为人智识程度、犯罪行为人与被害人的关系、犯罪行为人违反义务之程度、犯罪造成的危险或损害和犯罪后的态度等因素。除此之外，该法还创设了另一项不起诉制度，即第 233 条，“被告犯数罪时，其一罪已受或应受重刑之判决，检察官认为他罪虽行起诉于应执行之刑无重大关系者，得为不起诉之处分。”[3]该条主要从诉讼经济的角度进行规定。另外，该法还把符合不起诉条件作为起诉后撤回起诉的情形之一，第 248 条规定：“检察官于第一审辩论终结前，发见有应不起诉或以不起诉为适当之情形者，得撤回起诉。”综上，在民国时期，检察官的公诉裁量权不仅在审前行使，而且在审判中也可行使。

4. 新中国成立初期的免予起诉

新民主主义革命时期，起诉法定主义占据绝对主导地位，这与当时革命环境密切相关。新中国第一次采用起诉便宜主义是免予起诉制度的建立。在 1956 年的“肃反”运动中，鉴于大量反革命分子投案自首，检察机

[1] 闵钐编《中国检察史资料选编》，中国检察出版社，2008，第 43 页。

[2] 闵钐编《中国检察史资料选编》，中国检察出版社，2008，第 106 页。

[3] 闵钐编《中国检察史资料选编》，中国检察出版社，2008，第 153 页。

关创造出免予起诉的制度。1956年4月25日，全国人大常委会通过《关于处理在押日本侵略中国战争中战争犯罪分子的决定》，规定："对于次要的或者悔罪表现较好的日本战争犯罪分子，可以从宽处理，免予起诉。"时任最高人民检察院检察长张鼎丞于1957年7月1日在第一届全国人民代表大会第四次会议上作《关于一九五六年以来检察工作情况的报告》中提到，"根据21个省、市检察院和专门检察院的统计，在1956年，经检察机关作出免予起诉决定的共18400余人。"[1]免予起诉得到普遍运用，《人民日报》还做过专门报道。[2] 其适用范围还是有严格限制的，张鼎丞于1958年在《关于第四次全国检察工作会议的总结》中强调："关于免予起诉的策略，实际证明有它的积极作用，不应当取消；但在适用范围上，除少数有特殊政治意义的案件外，一般案件不宜采用。"[3]可见，免予起诉制度只限于特定类型的案件。1963的刑事诉讼法草案中第三编第三章专门规定了免予起诉，根据第122条规定，如果被告人确有显著悔罪、立功表现或者罪行较轻、有悔罪表现的，检察机关可以对其免予起诉。1979年的刑事诉讼法将该制度予以保留得以正式化。从上述规定来看，免予起诉是没有罪名限制的，适用范围也很广。但是，20世纪八九十年代，免予起诉制度被滥用，检察机关在自侦案件中出现了不严格适用免予起诉的情况，广受质疑，1996年修改后的刑事诉讼法取消了免予起诉制度。

5. 酌定不起诉制度的建立

尽管废除了免予起诉制度，但是起诉便宜主义在20世纪下半叶兴起，1996年修改刑事诉讼法时将免予起诉的合理因素移植到酌定不起诉。根据1996年刑事诉讼法的规定，酌定不起诉不同于免予起诉，其一，酌定不起诉只具有终止刑事诉讼的效力，不具有定罪效力；其二，酌定不起诉的适用条件必须同时具备"犯罪情节轻微"和"依照刑法不需要判处刑罚或者免除刑罚"两个条件。从法条文本来看，酌定不起诉的适用范围较免予起诉

[1] 闵钐编《中国检察史资料选编》，中国检察出版社，2008，第546页。

[2] 孙谦主编《人民检察制度的历史变迁》，中国检察出版社，2014，第325—326页。

[3] 闵钐编《中国检察史资料选编》，中国检察出版社2008年版，第621页。

有所缩小，且酌定不起诉制度更符合现代法治原则。

6. 认罪认罚从宽制度的试点和确立

党的十八届四中全会通过的《中共中央关于全面推进依法治国重大问题的决定》中提出“完善刑事诉讼中认罪认罚从宽制度”，随后，全国人大常委会于2016年9月3日通过了《关于授权最高人民法院、最高人民检察院在部分地区开展刑事案件认罪认罚从宽制度试点工作的决定》，正式授权北京、天津、上海、广州、深圳等18个城市开展认罪认罚从宽制度试点工作。2016年11月16日，“两高三部”[1]联合颁布了《关于在部分地区开展刑事案件认罪认罚从宽试点工作的办法》，该办法对认罪认罚从宽制度做了进一步细化。2018年新修订的刑事诉讼法根据试点效果正式在法律文本中予以确认，认罪认罚从宽制度成为我国一项重要的刑事司法制度。2019年10月，“两高三部”发布《关于适用认罪认罚从宽制度的指导意见》，2019年12月，最高人民检察院发布《人民检察院刑事诉讼规则》，2021年12月，最高人民检察院相继印发《人民检察院办理认罪认罚案件听取意见同步录音录像规定》《人民检察院办理认罪认罚案件开展量刑建议工作的指导意见》，上述规定进一步规范了认罪认罚从宽制度的适用。

（二）我国检察裁量权存在的问题

1. 检察裁量权行使界限不明晰

根据《元照英美法词典》的解释，“裁量权即酌定决定的自由，指公务人员根据授权法的规定，在特定的环境下根据自己的判断和良知执行公务，不受任何他人干涉或者控制的权力或权利。”[2]根据学者的解释，检察裁量权是指“检察机关或者检察官在行使检察权过程中依法享有的行为选择权”[3]。检察裁量权涉及检察权的各项权能，根据我国宪法和法律的规定，检察机关的裁量权大致包括三项内容：公诉权、逮捕权和诉讼监督

[1] 指最高人民法院、最高人民检察院、公安部、国家安全部、司法部。

[2] 薛波主编《元照英美法词典》，法律出版社，2013，第420页。

[3] 王守安：《检察裁量权论》，博士学位论文，中国政法大学，2008。

权，其中最主要的是公诉权。我国刑事诉讼法等法律对检察裁量权的规定不可谓不全面，既包括不予批捕，也包括酌定不起诉，还有特殊不起诉等，然而，我国酌定不起诉率依然偏低。主要是因为立法并没有对酌定不起诉、特殊不起诉的标准作出明确的界定，各地的执法理念和执法标准不一，检察官难以准确把握不起诉等裁量权的行使边界。

2. 不起诉裁量权适用效果不理想

通过对近年来最高人民检察院工作报告的解读，我们会发现，酌定不起诉率不是很高。[1] 而其他国家检察官行使不起诉裁量权的比例较高。据统计，英国检察官裁量后作出不起诉的案件占审查案件总数的12%[2]；有关资料显示，日本检察官裁量不起诉的案件比例在40%左右。[3] 我国之所以会出现酌定不起诉率不高的现象，除了传统的起诉法定主义模式的影响外，更为直接的限制因素是检察官适用不起诉的案件必须经过层层审批。按照《人民检察院刑事诉讼规则》第406条的规定，人民检察院对于犯罪情节轻微、依照刑法规定不需要判处刑罚或者免除刑罚的，经检察长或者检察委员会决定，可以作出不起诉决定。在实践中，检察官提出不起诉意见后，至检察长或者检察委员会决定之前，还需要经过检察官联席会议讨论、部门负责人审核、分管领导审批等关口，这些程序设置明显限制了检察官行使不起诉裁量权。

3. 检察裁量权行使的理论支撑缺乏

现行刑事诉讼法赋予了检察机关不批捕、不起诉的裁量权。但立法对检察官行使裁量权时要考虑的因素主要集中在“犯罪情节”等问题。这对于连接刑事实体法和刑事程序法，促使检察官关注实体法具有一定功用。然而，使用实体法上的“犯罪情节”的概念作为检察裁量权行使的理论依据并

[1] 详见2018年至2021年最高人民检察院工作报告。

[2] 何家弘：《刑事司法大趋势——以欧盟刑事司法一体化为视角》，中国检察出版社，2005，第296页。

[3] 樊崇义主编《刑事审前程序改革与展望》，中国人民公安大学出版社，2005，第752—753页。

不合理，因为，“犯罪情节”概念无法涵盖所有检察裁量权的范围，比如抗诉、撤回起诉等职权的行使都无法使用该概念进行解释。到目前为止，检察裁量权行使还没有得到合适理论的充分解释和支持。这种现状招致两个不利后果：一是检察官不愿意充分行使法律赋予的裁量权；二是在检察权运行过程中过度强调对裁量权的监督制约，检察官不敢依照法律规定行使裁量权。检察官“底气不足”还会使得有些裁量权的规定成为极少适用的“僵尸条款”，如2018年新修订的刑事诉讼法第182条第1款在吸收《关于在部分地区开展刑事案件认罪认罚从宽制度试点工作的办法》第9条和第13条立法旨意的基础上稍作文字修改，正式确认了检察机关享有撤销案件的核准权和不起诉的裁量权。但是自2016年9月试点以来，没有检索到相关案例的公开报道，这种司法实践的“冷场”局面与检察裁量权行使的理论支撑缺乏不无关系。可喜的是，司法解释层面开始先行，“两高三部”于2024年6月发布《关于依法惩治“台独”顽固分子分裂国家、煽动分裂国家犯罪的意见》第15条对刑事诉讼法第182条第1款提供了应用场景。

三、完善我国检察裁量权的路径

（一）以公共利益标准塑造检察裁量权行使边界

“检察机关是公共利益的代表”得到了我国理论界、实践部门的普遍认同。[1] 检察裁量权行使是一种公共利益性质的司法活动。确立公共利益作为检察裁量权行使的标准意义在于：一是公共利益标准为检察裁量权划定了行使边界。参照美国、英国等国家的经验做法，结合我国检察机关的宪法定位，检察机关在行使裁量权时应当考虑的公共利益因素主要有犯罪行为的社会危害性、国家利益、特定社区或社会团体的利益、犯罪嫌疑人或被告人个体因素、被害人的因素、诉讼效率等。二是公共利益标准为检

[1] 参见姜伟：《论公诉的刑事政策》，《中国刑事法杂志》2002年第3期；林劲松：《起诉便宜原则中的公共利益衡量》；徐静村主编《21世纪中国刑事程序改革研究》，法律出版社，2003，第409页；蔡巍：《检察官自由裁量权比较研究》，博士学位论文，中国政法大学，2009。

察裁量权行使排除外来干涉和“恶意行使”提供了理论依据。“检察官是公共利益的代表”本身就排除了检察官以个人利益为目的行使裁量权，使检察官行使裁量权具有合法性。检察官在综合衡量公共利益相关因素后行使裁量权不得受其他个人、社会团体、其他国家机关的干涉，检察官也有权排除上述个人和组织的干预。

（二）保障检察裁量权依法独立行使

“排除政治势力对于刑事诉讼程序的影响，是良好立法和公正行政的基本条件。”[1]在监察体制改革和新一轮司法体制改革的背景下，健全依法独立行使检察官裁量权的外部保障，有利于检察官抵御、排除外来干涉，切实维护司法公正，提高司法效率，树立司法权威。

1. 理顺检察机关与监察委员会的关系

设立国家监察委员会，有助于构建国家统一的反腐力量，也是加强党领导反腐败工作的有力举措，监察体制改革的目的是通过新设监察委员会来全方位规范和制约公权力的运行。2018 年 3 月 20 日通过、2024 年修正的《中华人民共和国监察法》（简称监察法）第 4 条第 2 款规定了监察机关办理职务违法和职务犯罪案件，应当与审判机关、检察机关、执法部门互相配合，互相制约。第十三届全国人民代表大会通过的宪法修正案并未改变检察机关是法律监督机关的宪法定位，监察监督的对象是公职人员，而检察监督针对的是国家机关。因此，加强检察机关对监察委员会的监督制约是履行宪法定位的必然要求，应该通过立法或者司法解释，“明确公诉引导侦查的法律地位、效力、方式和程序，并探索建立检察机关对侦查活动的同步审查机制”[2]，以期科学构建监检两机关之间的刑事诉讼架构。

2. 完善检察官职业保障制度

目前，全国各级检察机关基本落实了物质待遇方面的保障，笔者主要

---

[1] 华格纳：《理想检察官的目标》，转引自林钰雄《刑事诉讼法》，中国人民出版社，2005，第 119 页。

[2] 张伟：《监察体制改革背景下检察机关的机遇、挑战和出路》，《湖北警官学院学报》2018 年第 1 期。

针对身份保障方面进行阐述。当前我国在法律层面基本确立了检察官身份保障制度。如《中华人民共和国检察官法》第 9 条规定："检察官非因法定事由、非经法定程序，不被免职、降职、辞退或处分。"另外，《检察人员执法过错责任追究条例》进一步规范了检察人员的豁免权问题。[1] 但这些规定简单、笼统，缺乏具体操作程序，建议立法进一步细化对检察人员免职、降职、辞退或处分"法定事由"的具体情形，"法定程序"也应该包括启动程序，调查程序，检察官知情权、陈述权和申辩权等权利保障以及决定程序。

第三节

美国检察官在辩诉交易中的作用对认罪认罚从宽制度的启示

2018 年，全国人大常委会通过了刑事诉讼法修正案，正式将认罪认罚从宽制度上升为一项刑事司法制度。通过对认罪认罚从宽制度的相关条文和立法精神的研究，我们发现，认罪认罚从宽制度并非照搬美国的辩诉交易制度，两者存在一定的相似之处，同时，两者也有明显的差异。

一、辩诉交易与认罪认罚从宽制度的比较

（一）两者相同之处

1. 都具有节约司法资源之功能

随着刑法修正案八和刑法修正案九的出台，我国刑事司法领域凸显出

[1] 该条例第 13 条规定，在执法办案过程中，虽然有错误发生，但具有下列情形之一的，不追究检察人员的执法过错责任：（一）检察人员没有故意或者过失的；（二）有关法律、纪律规定免予追究或者不予追究的。

犯罪轻刑化倾向，有限的司法资源无法满足案件量的日益增长。近几年，我国司法机关办理的刑事案件数量居高不下，2021 年全国法院刑事一审收案 125.6 万件，同比上升 11.5%，2023 年全国法院刑事一审收案 124.4 万件，同比上升 19.7%；2021 年全国各级检察机关共提起公诉 174.9 万人，同比上升 11.2%，2023 年全国各级检察机关共提起公诉 168.8 万人，同比上升 17.3%。[1] 另外，刑事案件日益呈现复杂性，新型案件时有出现，有限的司法资源更是捉襟见肘，案多人少的矛盾日益突出。

美国最早的辩诉交易可以追溯至 1804 年。19 世纪的美国，工业突飞猛进，经济迅速发展，随之而来产生了很多社会问题，犯罪活动快速增长便是其中之一。另外，当时的美国检察官很多是兼职的，除了处理公诉案件外，还代理民事案件。案件量的增长使得检察官面临极大的压力。“为了迅速、及时解决积案，一些城市的检察官开始采用与被告人协商和交易的方式结案。……由于此种方式方便、快捷，能够有效地提高诉讼效率，节省诉讼资源，尽快扫清积案，因此在美国绝大部分州得到广泛采用。”[2]20 世纪 20 年代和 60 年代，美国相继出现了“犯罪浪潮”，传统的犯罪不断增加，其他的如贩毒、有组织犯罪以及无被害人犯罪大幅度增长，司法资源的增长难以应对案件的成倍增长，美国的刑事案件中有 90% 是通过有罪答辩进行结案的。

不管是在美国，还是在中国，针对刑事案件的新变化，如果严格按照当事人主义和对抗制诉讼模式处理案件将无法满足司法实践的需要，必须改革案件审理程序以便适应刑事司法的新常态。

2. 适用的前提均是被告人自愿认罪

被告人自愿原则是辩诉交易的“帝王条款”，也是辩诉交易的合法性源泉。[3] 在“布雷迪诉合众国”一案中，美国联邦最高法院提出了自愿的标准，即以实际上或可能的身体伤害以及精神胁迫而使被告人作出的有罪答

[1] 参见 2022 年、2024 年最高人民法院、最高人民检察院工作报告。

[2] 刘根菊：《确立中国式辩诉交易程序之我见》，《政法论坛》2002 年第 6 期。

[3] 张智辉主编《辩诉交易制度比较研究》，中国方正出版社，2009，第 3 页。

辩不适用辩诉交易；检察官以给予宽大机会或者这方面的承诺鼓励被告人作出有罪答辩不违反宪法第五修正案，被告人仅仅是由于害怕检控方有证据证明案件或因之而受到严厉的刑事处罚，以此作出的有罪答辩不违背自愿原则；被告人基于对死刑判决的恐惧而作出的有罪答辩不违背自愿原则。[1] 根据《联邦刑事诉讼规则》的规定，答辩时法院必须亲自告知被告人以下事项：认罪的性质、刑期以及其他附加刑；如果被告人没有委托律师，告知其有权聘请律师或请求律师援助；被告人有权作无罪辩护；有权请求陪审团审判并聘请律师以及履行相应的举证程序；一旦作出有罪答辩就意味着放弃接受审判的权利等。[2] 我国2012年刑事诉讼法第50条规定“不得强迫任何人证实自己有罪”，这一总则条款对诉讼的每一个环节都具有约束力，对认罪认罚从宽制度也不例外。2018年修订的刑事诉讼法规定了认罪认罚从宽制度，其中有多个条文涉及了“自愿”的问题，第15条在总则中原则性地强调了自愿性原则；第162条第2款规定了“犯罪嫌疑人自愿认罪的，应当记录在案”；第174条规定了自愿性表现形式——认罪认罚具结书必须有律师在场；第182条规定了特殊情况下自愿认罪认罚可以撤销案件或者不起诉；第190条第2款强调了法院对认罪认罚自愿性的审查职责；第201条从反面规定了“被告人违背意愿认罪认罚”，法院可以不采纳检察院指控的罪名和量刑建议。

因此，侦查机关、检察机关既不能通过暴力、威胁、欺骗等方式逼迫犯罪嫌疑人、被告人认罪认罚，这是中美两国刑事诉讼中对犯罪嫌疑人、被告人进行保护的一致性要求。

3. 程序上都进行简化

从我国认罪认罚试点情况来看，速裁程序和简易程序为其主要的审理程序。根据刑事诉讼法的相关规定，基层人民法院管辖的可能判处三年有期徒刑以下刑罚的案件，案件事实清楚，证据确实、充分，被告人认罪认

---

[1] Brady v. United States，397 U. S. 742，745(1970).

[2] 参见《美国联邦刑事诉讼规则和证据规则》，卞建林译，中国政法大学出版社，1998，第43—44页。

罚并同意适用速裁程序的，可以适用速裁程序。速裁程序对普通程序大为简化，甚至比简易程序还要简化，根据第224条，适用速裁程序审理案件，不受送达期限的限制，不进行法庭调查、法庭辩论。同时，适用速裁程序的案件的审理时间大为缩短，根据第225条，适用速裁程序审理案件，人民法院应当在受理后十日以内审结；对可能判处的有期徒刑超过一年的，可以延长至十五日。而简易程序也较普通程序减少了庭审的相关环节，根据第219条，适用简易程序审理案件，不受关于送达期限、讯问被告人、询问证人、鉴定人、出示证据、法庭辩论程序规定的限制。审理期限也较短，适用简易程序审理案件，人民法院应当在受理后二十日以内审结；对可能判处的有期徒刑超过三年的，可以延长至一个半月。在美国，通过辩诉交易的刑事程序与陪审团审判相比，程序上实现了极大的简化，经过自愿认罪而作出有罪答辩的案件，不需要经过审判环节，直接进入量刑程序。虽然法官在进入量刑程序之前要审查被告人认罪是否自愿，有罪答辩是否具有事实基础，但是相对于陪审团审判而言，时间大为缩短，程序也大为简化。

认罪认罚从宽制度和辩诉交易都是由于犯罪嫌疑人、被告人自愿认罪而产生，以“繁简分流”为主要内容的诉讼效率改革成为我国刑事司法领域和美国刑事诉讼的主流导向，通过节省简单案件耗费的司法资源，将优势资源集中于复杂案件的处理，确保案件审理质量以维护司法权威。

4. 被告人原则上均获得从轻处理

在我国，犯罪嫌疑人之所以会选择适用认罪认罚程序，最主要的原因在于其可以获得较轻的处理，既包括程序方面，也包括实体方面。根据2018年刑事诉讼法第15条规定，犯罪嫌疑人、被告人自愿如实供述自己的罪行，承认指控的犯罪事实愿意接受处罚的，可以依法从宽处理。检察官在适用认罪认罚程序时也会因为犯罪嫌疑人认罪认罚而提出较轻的量刑建议，根据刑事诉讼法第201条的规定，对于认罪认罚案件，人民法院依法作出判决时，一般应当采纳人民检察院指控的罪名和量刑建议；如果经审理认定被告人的行为不构成犯罪或者不应当追究其刑事责任、被告人违背意愿认罪认罚、被告人否认指控的犯罪事实、起诉指控的罪名与审理认定的罪名不一致等情形，法院可以不采纳检察机关的量刑建议。在实践中，从2016年以来的试点情况来看，检察机关的量刑建议采纳率都在90%以上。[1] 说明被告人在实体方面得到较轻的处理。

在美国，辩诉交易的主要类型是指控交易和量刑交易，以指控交易为例，指控交易表现为两类：一类是罪名交易，另一类是罪数交易。罪名交易是指检察官允诺比本应指控的涉嫌罪名要轻的另一罪名要求被告人认罪或者允诺以某一较为“体面”的罪名起诉以换取被告人的认罪，如以轻伤害罪起诉被告人猥亵儿童的行为。所谓罪数交易是指当嫌疑人犯有数罪时，检察官为争取嫌疑人承认有罪，许诺将本应指控的数个犯罪改为仅指控其中一个或者几个主要罪行。[2] 被告人一般均会得到量刑减让。

（二）两者之差异

1. 司法理念不同

我国认罪认罚从宽制度尽管借鉴了辩诉交易的一些合理要素，但是整体上属于一项具有中国特色的司法制度。认罪认罚不仅追求司法效率，更为重要的是其还是宽严相济刑事司法政策的体现，应该说其是刑事实体法上关于坦白、自首等相关规定在刑事程序法上的整体概括。而且，认罪认罚从宽制度是在刑事速裁程序基础上进一步拓宽案件适用范围和优化制度的设计。在证明标准方面，根据学界主流观点，认罪认罚从宽制度依然适用“事实清楚、证据确实充分”的证明标准，定罪量刑的依据依然要达到“事实清楚、证据确实充分”。

辩诉交易却与之不同，辩诉交易只要被告人自愿认罪，基于人的理性预设，没有人会将自己限于不利境地，无须法庭调查直接进入量刑程序，定罪量刑的基础不仅仅要求事实基础，而且还受到当事人意思表示的约

[1] 根据相关试点地区检察院官网、工作报告和工作简报等信息途径统计分析得出的结果。
[2] 何勤华主编《美国法律发达史》，上海人民出版社，1998，第355页。

束，在这一过程中并不适用正当程序中的“排除合理怀疑”的证明标准。

2. 协商的内容不同

我国刑事诉讼法对认罪认罚从宽制度是否有协商内容、如何协商等均保持克制的态度，刑事诉讼法中没有出现“协商”两字，能够捕捉到协商精神的是第182条规定的特殊不起诉，该条第1款规定：“犯罪嫌疑人自愿如实供述涉嫌犯罪的事实，有重大立功或者案件涉及国家重大利益的，经最高人民检察院核准，公安机关可以撤销案件，人民检察院可以作出不起诉决定，也可以对涉嫌数罪中的一项或者多项不起诉”。其中“可以对涉嫌数罪中的一项或者多项不起诉”条文就暗含控辩双方可以就指控犯罪进行协商之意。但是该条却设定了非常严格的适用条件，既要求犯罪嫌疑人有“重大立功或者案件涉及国家重大利益的”，而且还需要最高人民检察院核准，大部分犯罪嫌疑人难以适用该条而获得指控罪名的“优惠”。

而辩诉交易适用范围要广泛得多，控辩双方可以就罪名、罪数和量刑进行协商，可以减少罪名，也可以降格指控，比如将“一级谋杀”改为“二级谋杀”，或者将“强奸”改为“性骚扰”等，美国有些州甚至死刑都可以进行协商交易。

3. 是否具有合同效力不同

很多美国学者和法院将辩诉交易理解为合同、契约，适用合同法的相关原则。控辩双方在达成辩诉交易之前，必须充分了解“要价”和“对价”，经常出现控辩双方反复磋商的情况。在承认合同有效性的前提下，犯罪嫌疑人、被告人作有罪答辩的自愿性、明知性要求很高。“根据美国最高法院判例以及一些州的规定，被告人应该了解认罪答辩的直接后果，也就是明确的、即时的、多数情况下自动发生的且与量刑的性质或者刑期有关的影响。”[1]在辩诉交易达成后，控辩双方就依照交易协议中的内容履行各自的义务，如果一方违约，另一方就没有义务继续履行。如被告不遵守协

[1] 祁建建：《美国辩诉交易制度研究》，北京大学出版社，2007，第47页。

商约定时，检察官亦无须履行协商的约定，若已履行可请求法院恢复原状，[1] 如果“被告人没有享受到对辩诉交易所预期的起诉或判决让步，抑或检察官未能谋求辩诉交易承诺的让步或又对这些让步提出了反对意见”[2]，被告人则有权撤回答辩。美国律师协会也引用“合同目的落空”的规则对控方违反辩诉交易的约定进行了规制。[3]

而反观我国的认罪认罚从宽制度，尽管有学者提出了适当引入合同的相关规定增强认罪认罚对控辩双方的约束力，但从刑事诉讼法的条文来看，认罪认罚从宽制度的“契约味”不浓，控辩双方欠缺真正能够讨价还价的筹码，法条中没有规定认罪认罚具结书对控辩双方的效力，也没有规定如果其中一方违反具结书的救济手段。

4. 兴起发展的模式不同

从制度发生学的角度看，认罪认罚从宽制度和辩诉交易制度经历了截然不同的历程。我国认罪认罚从宽制度是依据顶层设计而作出的安排，是自上而下的制度设计，各级检察机关只需要按照已经公布的试点办法操作即可。辩诉交易的兴起发展走的却是另一条道路，其是检察官个人经验和理性选择的结果，是一种自下而上的司法实践的产物，早期的辩诉交易因地而异，有的州排斥辩诉交易，有的州检察官倾向于适用辩诉交易制度。到现在，辩诉交易制度在美国各州发展并不平衡。

二、认罪认罚从宽制度中检察官面临的困境

官方的统计数据显示，2023 年全国检察机关适用认罪认罚从宽制度审结案件 2000048 人，认罪认罚适用率 90. 3%。[4] 令人担心的是，检察机关等相关利益主体是否会对认罪认罚从宽制度尤其是认罪认罚协商程序真正

---

[1] 王兆鹏：《美国刑事诉讼法》，北京大学出版社，2014，第 678 页。

[2] 樊崇义、徐歌旋：《认罪认罚从宽制度与辩诉交易制度的异同及其启示》，《中州学刊》2017 年第 3 期。

[3] 控方违反约定或者其他原因导致被告人在辩诉交易中约定的权利不能实现的话，被告人有权撤回有罪答辩。

[4] 详见最高人民检察院 2024 年 3 月发布的《刑事检察工作白皮书(2023)》。

感兴趣，在目前我国法律制度框架、司法运作机制下，这是值得探讨的问题。

（一）控辩双方的协商成本过高

投入产出是诉讼行为不可回避的规则。如果一项规则适用成本过高，在实践中往往会遭到相关利益主体的弃用而被边缘化。对于检察官来讲，适用认罪认罚协商程序比较确定的收益在于，较之正式审判能减少检察官在法院的时间、精力投入。而由此带来的成本上升也是显而易见的，第一，不管是通知值班律师，还是告知嫌疑人认罪认罚的法律后果，都会消耗检察官大量的办案时间和精力。第二，一般来讲，即使嫌疑人在侦查阶段认罪，检察官在审查起诉时只有通过提审才能了解其认罪是否真实自愿，因此，提审时一般不会让嫌疑人签署具结书，在第二次会见嫌疑人时才会让嫌疑人签署。第三，刑事诉讼法对嫌疑人、被告人撤回具结书几乎没有实质性的限制，导致嫌疑人、被告人可以随意撤回认罪认罚的意思表示，使得检察官之前的工作付诸东流。第四，量刑建议适用缓刑时，还需要进行调查评估，尤其对于户籍是外地的嫌疑人，这项工作耗时耗力。

（二）公诉检察官适用认罪认罚协商程序存在职业风险

（1）监督主体太多。适用认罪认罚协商程序要征求被害人及代理人意见，受到法院的审查，且党委政法委员会、人大、监察委员会可能对其进行监督，一旦上述主体提出异议，检察机关就要承担被纠正的风险。

（2）适用认罪认罚协商程序的案件，一部分诉至法院，一部分作酌定不起诉处理。实践中，酌定不起诉的一般程序是集体讨论——科室负责人审批——分管检察长审批等，拟作酌定不起诉的还可能经过检委会专职委员审批和检委会讨论环节。除非是法律和政策有相关规定或者要求外，若检察官高频适用认罪认罚协商程序，可能会被认为在认罪认罚案件中未恪守客观义务，从而引发职业伦理争议，导致不利于自身的职业发展。

（3）社会对公权力的依法行使缺乏应有的信任。当检察官启动认罪认罚协商程序后，即使严格遵循法定程序，仍可能触发社会公众对检察裁量权的质疑。这种因素往往给检察官启动程序时造成一定的心理压力，使其顾虑重重而放弃。

(4)检察官顾忌被害人的态度。2018年新修改的刑事诉讼法没有规定被害人的态度对适用认罪认罚程序是否产生影响，检察官和法官在办理认罪认罚案件时，可以预料到该类案件的处理与其他案件的处理有较大差异，如果被害人对适用认罪认罚程序有异议，必然会有所顾忌由此带来的诉讼风险而选择终止适用认罪认罚程序。

(三)量刑权的归属影响了检察官对认罪认罚协商的热情

认罪认罚从宽制度鼓励公诉检察官提出精确的量刑建议。对检察院来讲，精确性量刑建议固然扩大了其自由裁量的权力，尽管法院受到“一般应当采纳人民检察院指控的罪名和量刑建议”规定的约束，但是硬约束不强，而且法院不采纳的话，只需说明不采纳的理由，并没有规定如何说明理由，说理的程度要到何种限度，因此，检察官在提出精确性量刑建议的时候，必然会考虑法院不接受的后果，如果法院不接受的话，之前启动认罪认罚协商程序的工作不仅付诸东流，还会引来被告人以及辩护律师的责备，在这种心理的作用下，检察官必然不会提出精确性量刑建议，甚至对认罪认罚协商程序的热情也会大打折扣。上述担忧也得到统计数据的支持，有学者对J省检察院、法院系统的1876人(其中检察官1435人，法官345人)进行问卷调查，在关于“量刑建议是否侵犯了法官的审判权”这一问题的回答是，检察官认为侵犯的占16.04%，而法官认为侵犯的占37.68%。[1]

(四)现行多重制度的叠加冲击认罪认罚协商程序的适用

从实体法来看，比如刑法关于自首、坦白等的处罚规定均体现了“从

---

[1] 张国轩：《检察机关量刑建议问题研究》，博士学位论文，中国政法大学，2009，第38—41页。

宽”的精神，刑法分则中也有不少关于类似的条文，刑法第383条规定，“犯贪污罪，在提起公诉前如实供述自己罪行、真诚悔罪、积极退赃，避免、减少损害后果的发生，可以从轻、减轻或者免除处罚。”第390条规定了行贿罪的“从宽处理”的情形。

从程序法的角度看，刑事诉讼法第177条规定，对于犯罪情节轻微，依照刑法规定不需要判处刑罚或者免除刑罚的案件，人民检察院可以作出不起诉决定。显然，犯罪嫌疑人认罪可以纳入到“犯罪情节轻微”解释范畴内。刑事诉讼法规定了附条件不起诉、简易程序、当事人和解的公诉案件诉讼程序。检察官可以借助上述规定对刑事案件进行“繁简分流”、提高诉讼效率，减少控辩对抗，检察官可能会选择已有的法律制度处理案件，降低对认罪认罚协商程序的适用频率。

三、关于认罪认罚从宽制度中检察官作用的思考——以特殊不起诉为例

（一）我国检察机关在认罪认罚从宽制度中的作用

1. 认罪协商的主导者

检察机关作为认罪协商的主导者及启动者具有先天优势，法律赋予检察机关公诉职能，包括起诉和不起诉的权力。侦查机关的主要职能是收集与犯罪以及犯罪人有关的证据，为后续的诉讼进程提供足够的证据材料，从而使案件达到“事实清楚，证据确实充分”程度。法院作为审判机关，应该处于中立的立场，负责对检察机关提起公诉以及刑事自诉案件审查证据，从而形成内心确信的“法律事实”继而作出判决。因此，公安机关和法院只有在个别情况下才适合主导或者启动认罪协商程序。另外，法律规定的办案期限也给予检察机关充分的时间与犯罪嫌疑人、被告人进行协商。

2. 案件分流的过滤器

我国刑事诉讼法已经专门规定了认罪认罚案件适用的诉讼程序，涉及的认罪认罚程序主要有不起诉程序、速裁程序、简易程序和普通程序。认

罪认罚从宽制度为构建刑事案件分流体系提供了契机，根据有关学者的研究，应以认罪认罚案件适用简化程序为起点，实现认罪认罚案件与不认罪认罚案件分流，从而优化配置司法资源。检察机关通过审查证据，已经基本了解案情，知悉犯罪嫌疑人、被告人的认罪认罚情况，对于符合刑事诉讼法第 177 条规定的案件不起诉，对于其他案件，提起公诉时可以建议适用速裁程序、简易程序或者普通程序。在司法实践中，法院一般不会主动要求适用简易程序和速裁程序，也不会擅自转为普通程序以延长审理期限。由此可见，检察机关在案件分流过程中起着非常积极的作用。

3. 量刑处罚的建议者

检察机关对于适用认罪认罚程序的案件，起诉到法院时有权向法院提出轻缓处理的量刑建议，对刑罚的种类和幅度予以确定，可以借鉴深圳等地的做法，对于可能判处三年以下有期徒刑、拘役、管制的，检察机关的量刑建议应当提出确定的刑期，对于可能判处三年以上有期徒刑的，检察机关可以提出相对确定的刑期，以显示适用认罪认罚程序的实际效果。对于检察机关的量刑建议，如果没有违反法律的规定以及公平的要求，法院应该予以采纳，法院如果不采纳量刑建议应该说明不采纳的理由。一方面，由于确定性的量刑预期可以促使犯罪嫌疑人、被告人理解其认罪认罚的法律后果，另一方面，法院采纳量刑建议有利于提高量刑建议的权威性，提高认罪认罚制度的社会公信力。

4. 认罪认罚程序的监督者

我国宪法第 134 条规定，人民检察院是国家的法律监督机关。检察机关在认罪认罚程序中作为监督主体是宪法赋予的职责所在。在推行认罪认罚从宽制度过程中，侦查机关可能为了追求犯罪嫌疑人的“认罪”而强迫其认罪，侦查机关也会出现怠于侦查的行为，对于犯罪嫌疑人罪轻、无罪的证据不予收集或者不积极收集，检察机关可以通过主动参与、事前监督等方式纠正侦查机关的侦查惰性和渎职行为。在审判阶段，对于法院决定适用认罪认罚程序的案件，也可能会出现违背被告人认罪自愿性以及量刑畸轻畸重等问题，检察机关可以通过检察建议、抗诉等手段进行法律监督。

因此，检察机关应从法律监督的角度出发，管控认罪认罚程序中的侦查机关、审判机关可能存在的法律风险，保障认罪认罚程序的公正性。

（二）完善认罪认罚从宽制度中特殊不起诉的制约机制[1]

2018 年新修订的刑事诉讼法第 182 条第 1 款对特殊不起诉制度的确立将进一步推动我国朝起诉便宜主义转向。我国的特殊不起诉并非对案件数量陡增、司法资源不足等现实困境作出的选择，而是站在维护国家利益层面和犯罪嫌疑人诉讼权利的角度扩大检察裁量权的积极尝试。该制度实际上暗含指控协商的因素，可以借鉴美国辩诉交易的合理要素，在我国刑事司法法律和政策的框架内，构建合理的特殊不起诉制约机制。

1．确立公共利益衡量原则

我国刑事诉讼法对公诉裁量权行使的规定较为笼统、模糊，各地在适用时形成了不同的地区标准，造成人为的“法律适用差异”，有必要确立统一的公共利益标准以指导公诉裁量，尽管不可能对公共利益标准进行完全细化，但是可以结合我国基本国情、刑事政策以及已有的法律制度供给，借鉴德日的立法模式以及英美对公共利益因素的表述方式，在刑事诉讼法中详细列举应该起诉和可以不起诉的公共利益因素。

（1）犯罪行为本身。犯罪行为本身的因素主要指犯罪性质和犯罪危害性。犯罪性质是检察机关适用公共利益考量时需要首先考虑的因素，一般而言，犯罪性质越严重，危害性就越大，对其提起公诉就越符合公共利益，具体而言，犯罪的行为手段、对象、罪过形式、主观动机、所造成的危害结果以及在共同犯罪中行为的地位等方面是考察犯罪行为本身的主要内容。

（2）犯罪嫌疑人自身因素。检察官在特殊不起诉中，还需要全面掌握和审查犯罪嫌疑人的各种情况。结合我国刑事立法和国外有益经验，犯罪

[1]　该部分主要内容参考裴仕彬：《认罪认罚程序中选择起诉的效力与规范适用》，《河南财经政法大学学报》2018 年第 6 期。

嫌疑人自身因素包括以下几个方面：第一，犯罪嫌疑人的个人情况，包括年龄、职业、精神状况、生活经历及家庭情况等；第二，犯罪前的情况，主要核实是否有前科、犯罪前的一贯表现等；第三，犯罪后的表现，即是否对已犯行为悔罪、是否积极赔偿被害人损失、是否构成自首和立功以及有无逃跑、隐匿、毁灭证据行为等；第四，犯罪嫌疑人的人格及主观恶性，主要是衡量犯罪嫌疑人再次犯罪的可能性。

(3)被害人因素。被害人的因素已经成为影响犯罪嫌疑人刑事责任大小的重要因素之一，主要包括：被害人是否有过错；被害人是否原谅犯罪嫌疑人；是否针对特定人群的犯罪行为，如针对残疾人的抢夺行为应该成为提起公诉的理由之一。

(4)特定社区之影响。检察机关在决定是否提起公诉时，要考虑当地居民对该犯罪行为的评价，对于严重危害当地社会治安和居民生命财产安全的罪行以及当地居民深恶痛绝的犯罪，检察机关应当以提起公诉为首要考虑，如部分经济发达地区开展的打击“两抢一盗”专项斗争，便是回应当地居民对治安状况诉求而作出的安排。

(5)国家利益。大多数时候，国家利益是作为立法目的而在法律中予以标明的。认罪认罚从宽制度将国家利益作为特殊不起诉的适用条件予以确认，说明立法机关已经注意到，国家利益标准不仅仅是宣言性的立法层面问题，更是具体操作的司法层面问题。国家利益主要包括国家国防安全、政治安全、国际关系、国家秘密、重大经济秩序等利益。如果对某些案件提起公诉将损害国家重大利益的话，检察机关应当作出不起诉的决定。

(6)诉讼经济。司法制度负担过于沉重直接产生了起诉便宜主义。正如“迟到的正义非正义”，对于那些会造成程序严重拖延、司法资源严重浪费的案件可以考虑将其在审前予以分流。

2. 构建特殊不起诉的制约机制

“公诉权的存在和运作就是国家意志进行刑事诉讼程序的具体表现。

要想这种国家意志得到正确行使，公诉权必须受到合理的制约。”[1]根据我国刑事诉讼法和相关法律的规定，对检察机关行使特殊不起诉的制约主要包括以下几种措施和途径。

(1)公安机关的复核。根据刑事诉讼法第179条规定，公安机关认为不起诉的决定有错误时，可以要求复议，如果意见不被接受，可以向上一级人民检察院提请复核。这是公安机关对刑事诉讼法所规定的不起诉的制约机制，但认罪认罚程序中的特殊不起诉经过最高人民检察院批准环节，公安机关依据刑事诉讼法第179条的规定直接向办理案件的检察机关提出复议不合理。对于检察机关根据刑事诉讼法第182条作出的不起诉决定以及不予起诉(部分起诉)决定，公安机关认为检察机关的决定有错误，建议由办理案件的公安机关层报公安部，由公安部向最高人民检察院要求复议。

(2)被害人的制约。根据刑事诉讼法第180条规定：“对于有被害人的案件，决定不起诉的，人民检察院应当将不起诉决定书送达被害人。被害人如果不服，可以自收到决定书后七日以内向上一级人民检察院申诉，请求提起公诉。人民检察院应当将复查决定告知被害人。对人民检察院维持不起诉决定的，被害人可以向人民法院起诉。被害人也可以不经申诉，直接向人民法院起诉。人民法院受理案件后，人民检察院应当将有关案件材料移送人民法院。”该规定也适用于检察机关特殊不起诉中作出的不起诉决定。而对于提起公诉中的不予起诉，不予起诉的犯罪行为中的被害人是否享有申诉或者自诉的权利，法律没有明文规定，笔者认为，可以参照刑事诉讼中自诉案件包括“被害人有证据证明对被告人侵犯自己人身、财产权利的行为应当依法追究刑事责任，而公安机关或者人民检察院不予追究被告人刑事责任的案件”的规定，被害人可以自行向法院起诉。

(3)最高人民检察院的制约。现行《人民检察院刑事诉讼规则》第425条规定：“最高人民检察院对地方各级人民检察院的起诉、不起诉决定，

[1] 赵永红：《公诉权制约研究》，《中央政法管理干部学院学报》1999年第4期。

上级人民检察院对下级人民检察院的起诉、不起诉决定，发现确有错误的，应当予以撤销或者指令下级人民检察院纠正。”在检察系统内，奉行检察一体化原则，上下级检察机关是领导与被领导的关系。对下级检察机关的司法活动，上级检察机关有权力也有义务监督。为保证特殊不起诉权正确行使，办理案件的检察机关在特殊不起诉中作出的决定，也需要上级检察机关的监督，鉴于特殊不起诉是经过最高人民检察院的批准，建议由最高人民检察院行使撤销权或者指令下级人民检察院纠正。

(4)各级监察委员会的制约。《中华人民共和国监察法》赋予监察委员会对所有行使公权力的公职人员监督、调查、处置的权力，同时，将检察机关职务犯罪侦查权整体剥离。监察机关对于涉嫌职务犯罪的调查权并非侦查权，但实际上行使的是侦查权能，因此，刑事诉讼法有关侦查机关权利义务的规定是否适用还需要立法机关进一步明确。根据刑事诉讼法的规定，认罪认罚中特殊不起诉适用包括职务犯罪的所有罪名，监察法也没有排斥职务犯罪适用刑事诉讼法第 182 条。特殊不起诉虽然以检察机关的名义作出，但是案件是由具体的检察官办理。因此，监察委员会与公安机关等侦查机关相比，其对检察机关涉及职务犯罪的特殊不起诉的监督略有不同，根据监察法和刑事诉讼法的相关规定，监察委员会可以通过以下途径予以制约：第一，对检察官的监察权，根据监察法第 15 条，人民检察院的公务员是监察的范围，因此，如果检察官在行使选择起诉时涉嫌职务犯罪，监察机关有权对其进行立案调查；第二，提出从宽处罚的建议权。根据监察法第 34 条规定，对于具有重大立功表现或者案件涉及国家重大利益等情形的，监察机关经领导人员集体研究，并报上一级监察机关批准，可以在移送人民检察院时提出从宽处罚的建议；第三，对不起诉提请复议权。根据监察法第 54 条第 4 款，监察机关认为不起诉的决定有错误的，可以向上一级人民检察院提请复议，鉴于选择起诉经过最高人民检察院批准，建议监察机关层报上级监察机关，由国家监察委员会向最高人民检察院提请复议。

(三)增强检察机关认罪认罚协商的动力

特殊不起诉制度作为暗含指控协商的制度设计，其与辩诉交易中的指控交易极为类似。我国刑事诉讼法和司法政策对此似乎没有做好充分的准备，美国的指控交易离不开检察官享有一定程度的裁量权和配套的激励机制。特殊不起诉尽管适用条件极为苛刻，但是在实践中仍然具有较强的激励犯罪嫌疑人、被告人认罪认罚的作用，为借鉴美国式的辩诉交易制度打开了一个“口子”。但是，检察官启动特殊不起诉却存在很多制度上的困难，因此，有必要借鉴美国检察官在辩诉交易中的作用，完善我国特殊不起诉的配套制度。

1. 突出控辩双方的主体地位

对于认罪认罚协商的主体，控辩双方需要满足两个条件：一是地位平等；二是意思自治。

关于地位平等。我国刑事诉讼程序依然还处于职权主义诉讼模式下运作，控方作为强大的国家代理人的角色，天然具有强大的诉讼优势。对控方权力进行一定限制，保障辩方权利落到实处才有可能保证控辩双方地位平等。具体来说，对于嫌疑人、被告人来讲，其在被法院宣判判决前应被视为无罪；证明被告人有罪的证明责任在于控方，辩方不得被强迫自证其罪；为了对抗侦查机关的刑讯逼供行为，确立非法证据排除规则，保障嫌疑人、被告人获得有效法律帮助的权利。总的来讲，整个刑事司法程序要在正当程序模式下运行。

关于意思自治。这就要求尊重认罪认罚协商主体的自由处分权。控辩双方都应该成为程序的主体，具有启动、继续、终止程序和选择程序的权利，同时还具有通过行使诉讼权利自由处分自己的实体权利。当然，有权利必然有义务，权利的行使有其限度。对于嫌疑人、被告人来说，首先，赋予其认罪认罚撤回权是保障认罪认罚自愿性的救济性权利。“约定必须遵守”是意思自治的应有之义。根据美国《联邦刑事诉讼规则》的规定，只有被告人说明理由，法庭才允许其撤回有罪答辩。在我国，可以因撤回时间的不同赋予嫌疑人、被告人不同限制的撤回权，可以将撤回权划分为以下三种形式：第一，法院审查前的自由撤回；第二，法院审查后的限制撤回，即被告人向法院提出“公正且合理”的理由，法院才允许撤回；第三，判决生效后的例外撤回，只有在被告人证明认罪认罚协议导致“明显不正义”的特殊情形下，法院才有可能准许其撤回。[1] 其次，嫌疑人、被告人行使撤回权后，其协商时所作的有罪供述不得作为定罪的依据。对检察官来讲，阻碍其行使自由裁量权的主要因素在于行政化体制，在我国，检察官个人没有独立的不起诉权以及变更强制措施权，而要受到内部领导甚至是上级检察机关的制约。适当扩大检察官的自由裁量权成为提高诉讼效率、优化资源配置的有效手段。因此，一是要适当扩大相对不起诉的适用范围，建议将相对不起诉的范围扩展到可能判处三年以下有期徒刑的大部分案件；二是借鉴美国等国的认罪协商制度，完善检察官自由裁量权的内容，不仅可以在法律规定的范围内与犯罪嫌疑人开展认罪认罚协商，还可以决定变更强制措施以及向法院提出量刑建议。

2. 提高协商主体的决策能力

决定控辩双方决策能力的条件主要是：一是协商筹码；二是决策信息。

从控辩双方的协商筹码来看，控辩双方都希望在认罪认罚协商过程中，量刑减让的幅度足够大，嫌疑人可以认罪认罚换取更轻的刑事处罚；检察官则可以更轻的量刑建议来换取嫌疑人的认罪认罚。现行我国量刑指导意见存在制定主体不适宜、对量刑减让有诸多限制、灵活性不够等问题，可以从以下几方面进行改革：第一，关于量刑指导意见的制定主体，建议由独立于侦查机关、检察机关和审判机关的第三方机构进行制定，借鉴美国的量刑委员会制度，由量刑委员会起草量刑指导意见报全国人大审核批准后实施；第二，关于涵盖的罪名范围，针对现行量刑指导意见涉及

[1] 参见孔冠颖：《认罪认罚自愿性判断标准及其保障》，《国家检察官学院学报》2017 年第 1 期。

罪名太少的问题，进一步将范围扩大至刑法所规定的所有罪名；第三，关于量刑指导意见的内容，应详细规定量刑政策、量刑基准、量刑幅度、认罪协商、适用原则、司法主体裁量权等内容；第四，为了适应司法实践的多样性和易变性，量刑委员会原则上每年要向全国人大提交量刑指导意见的修正案，以满足司法实践的需要。另外，还可以考虑优化非监禁刑罚措施，借鉴美国等国的做法，创设一些非监禁刑罚措施，以激励犯罪嫌疑人、被告人认罪认罚。通过要求犯罪嫌疑人、被告人提供一定时间的社区服务或义工服务、向法律援助基金或者刑事被害人救助基金缴纳一定数额的金钱、吊销驾驶证、营业执照、发布禁止令或者支付一定数额的罚金来代替监禁刑。

从控辩双方的决策信息来看，刑事诉讼并非一个自由竞争的市场，控辩双方不可能通过自由竞争的市场机制来获取其所需要的对方的所有信息，控辩双方均有可能拥有对方或者法院不可核实的信息，在此种情况下，要么会出现证据突袭，要么就可能出现刑讯逼供。因此，证据开示制度便成为解决信息不对称的法律规则。刑事诉讼法将辩护律师参与诉讼的时间提前至侦查阶段，侦查机关可以向辩护律师开示一些证据。在审查阶段，辩护律师可以阅卷，辩护律师需要向嫌疑人、被告人一一展示从控方获取的证据，从而实现被告人的证据知悉权。刑事诉讼法规定了辩护律师的证据开示义务，即对于能够证明犯罪嫌疑人不在场、未达到刑事责任年龄、属于依法不负刑事责任的精神病人的证据，辩方有义务向控方开示。

3. 落实庭审实质化

美国辩诉交易正是在判决不确定性比较高的对抗制诉讼模式，尤其是陪审团审判和司法判例制度的助推下不断发展。在我国，“人民陪审员”与美国的“陪审团审判”是两回事，也没有建立司法判例制度，而是采取庭审实质化的方式和法律帮助的有效性规则充当认罪认罚协商程序的“助推器”。控辩双方通过协商，互相分担诉讼风险，从而增强了控辩双方进行认罪认罚协商的动力。

庭审实质化是“以审判为中心”的诉讼制度改革的重要内容。庭审实质化改革要求突出庭审对证据的审查。首先，强化侦查人员、证人出庭作证，一方面限制书面证言的效力，另一方面为确立传闻证据排除规则扫清障碍。其次，充实庭审调查程序。之前我国庭审过程存在“虚化”的现象，完善辩方的质证权，“凡是针对单个证据或证据群组进行的质证性辩论，无论是争辩其客观性、合法性，还是争辩其相关性即证明力，均应在庭审调查阶段展开。”[1]再次，改革裁判方式，加强当庭裁判和庭审分析。庭审实质化改革有助于我国刑事诉讼模式从职权主义朝当事人主义转变。庭审实质化改革加强了对被告人基本人权的保障，而对控方的权力进行了抑制，庭审加强了控辩双方的辩论，控辩双方面临着比职权主义更高的诉讼风险。因此，“由于预先难以知道在风险的减少中哪一方享有优势，当事各方减少不确定性和可能受挫造成的社会损失的唯一途径是自愿交易。”[2]

完善值班律师提供有效法律帮助的机制。允许犯罪嫌疑人、被告人通过辩护律师得到有效法律帮助以对抗强大的控诉机关，既是程序公正的必然内涵，也是实现实体公正的前提和基础。[3] 刑事诉讼法没有赋予值班律师阅卷权，很难给予犯罪嫌疑人、被告人有效的法律帮助，最终沦为认罪认罚程序的见证人。鉴于此，首先，赋予值班律师会见嫌疑人的权利和阅卷权，嫌疑人、被告人也享有主动提出会见值班律师的权利，这是保障法律帮助有效性的前提。其次，加大经费保障力度，从而吸引优秀的律师尤其是刑辩律师加入值班律师行列。最后，建立法律帮助有效性的考评机制。司法行政部门、律师行业组织等机构可以采取形式审查、实质审查、问卷调查等方式对值班律师进行质量评估，通过案件补贴、表彰等方式给予物质和精神奖励。

4. 构建认罪认罚协商的“契约”秩序

不可否认，认罪认罚协商本质上是“控辩双方就案件的解决所达成的

---

[1] 龙宗智：《庭审实质化的路径和方法》，《法学研究》2015年第5期。

[2] 罗伯特·E. 司各特、威廉姆·J. 斯汤兹：《作为合同的辩诉交易》，载《外国刑事诉讼制度探微》，法律出版社，2000，第187页。

[3] 陈卫东、亢晶晶：《我国律师辩护保障体系的完善》，《中国人民大学学报》2016年第3期。

合同”。意思自治是合同的本质所在。由于刑事诉讼本身的特点，它关系到社会公共秩序和社会的基本秩序，因此，意思自治也是有所限制的，诚如博登海默所言：“自由必须受到某些限制才是自由社会的经验。”认罪认罚协商的“契约”秩序不仅仅是尊重个人自由，而是尊重个人自由和实现公共利益的契约秩序。

(1)被告人对适用认罪认罚程序所做出的裁决原则上不得上诉。被告人如果可以随意推翻自己签署的具结书，不仅浪费有限的司法资源，而且认罪认罚程序的有效性也将动摇，有损认罪认罚程序的权威。因此，建议合理限制被告人的上诉权，按照认罪认罚程序作出的裁决原则上不得上诉，但如果存在以下理由的可以提出上诉：第一，申请撤回协商合意；第二，被告人认罪认罚并非出于自愿；第三，协商合意明显不当或显失公平；第四，法院认定的事实与协商合意的事实不符；第五，法院没有按照量刑建议判决等情形。

(2)赋予检察官适当的协商策略。嫌疑人是否选择认罪认罚程序是其自由，但是嫌疑人一旦选择了认罪认罚程序，检察官所提出的一些要求可能存在一定的胁迫性，但不必然导致协商无效，比如，检察官对选择认罪认罚程序的嫌疑人出具量刑建议，并告知如果不接受该量刑建议，将会调整为更严厉的量刑建议。只要不是为了报复嫌疑人并且有充分的事实基础，应该属于检察官的正常策略，有利于在尊重嫌疑人意思自治的基础上，兼顾社会公共利益的维护和实现。

结　语

在美国，犯罪嫌疑人一旦被逮捕，便意味着踏上了刑事司法之路，其被定罪量刑的风险陡增。其命运如同学者指出的那样，至少在逮捕后，是否提起刑事案件的决定权几乎完全掌握在检察官的手中。[1] 检察官享有巨大的起诉裁量权是美国刑事司法制度中最为突出的特征，这也是辩诉交易起源于美国的制度基础。从辩诉交易的出现到兴起，再到蓬勃发展，最后得到联邦最高法院的合宪性确认，通过对辩诉交易演进过程的追溯和考察，可以得出几个规律性的认识。

首先，检察官在辩诉交易发展史中占主导地位。这源于检察官拥有较大的指控裁量权。如前所述，美国检察官可以指控全部罪行，也可以指控部分罪行，甚至可以不指控任何罪行。这种广泛的指控裁量权与美国对犯罪圈划得比较宽泛不无关系。《美国模范刑法典》将犯罪分为重罪、轻罪、微罪和违警罪四种，前三种相当于我国刑法规定的犯罪行为，违警罪相当于我国违反治安处罚法的行为。同时，美国法律规定被告人的合法抗辩理由范围很广，包括紧急避险、正当防卫、公务行为、执法行为、获得被害人同意、家庭管教行为、被迫行为、未成年、精神病、醉态、警察圈套等。在美国，很容易触犯刑法规定，也有很多机会排除承担刑事责任，这些环节很大程度上由检察官掌控。另外，美国刑法没有牵连犯、吸收犯和想象竞合犯等概念。比如被告人撬开他人房门进入屋内偷走一部手机构成两个罪：破门入户罪和盗窃罪。检察官可以通过减少罪数指控的方式与被

[1] 约书亚·德雷斯勒、艾伦·C. 迈克尔斯：《美国刑事诉讼法精解》，魏晓娜译，北京大学出版社，2009，第 114 页。

告人达成辩诉交易。

其次，辩诉交易是检察官进行社会控制的一种手段。检察官成为政策制定者角色，灵活地处理刑事案件，借此整合美国社会的政治与经济精英阶层。[1] 德国的赫尔曼教授曾指出，有罪答辩和辩诉交易均扎根于个人自由和独立的观念。[2] 19 世纪以来，社会秩序越来越不能单纯依靠法律强制来维持，法律的普适性和形式上的平等性也极易滑向僵化的后果，蕴含着控辩双方合意的辩诉交易就充当了稳定的法律制度与鲜活的社会生活之间的“调节器”。

最后，对检察官进行辩诉交易的规制不断加强。辩诉交易出现和兴起的初期，除了刑法的规定外，很少有实质上能够制约检察官进行辩诉交易的制度安排。那时，联邦和各州鲜有保障被告人权利的刑事诉讼法典，法官的违宪审查机制在检察官指控领域也属于“真空地带”。检察官基本是依靠理性思维、自然法原理和宪法精神尝试进行辩诉交易。随着辩诉交易的蓬勃发展，加强对检察官进行辩诉交易的规制的呼声日益高涨，答辩自愿性、被告人获得辩护权、反对自我归罪、事实基础规则等不断受到立法和判例法的关注。尤其是辩诉交易得到联邦最高法院认可以后，检察官进行辩诉交易的权力得到进一步约束，主要表现为：法官对辩诉交易的审查、证据开示制度的普遍适用和加强对被害人意见的吸收。与此同时，在美国历史上还出现了废除辩诉交易的尝试，但没有动摇辩诉交易制度在美国的地位。

美国的辩诉交易制度也跨越太平洋和大西洋，波及其他国家和地区。从 20 世纪 70 年代开始，世界范围内出现了刑事法网扩大和司法资源日益紧张的趋势，国家追诉的目的也从惩罚犯罪转变为控制犯罪，不管是英美法系其他国家，还是大陆法系国家都不同程度地借鉴了美国辩诉交易制度，不断扩大刑事速裁程序处理案件的适用范围。我国自 1996 年刑事诉讼

---

[1] Mary E. Vogel, “The Social Origins of Plea Bargaining: Conflict and the Law in the Process of State Formation, 1830-1860,” *Law & Society Review* 33, no. 1(1999).

[2] 熊秋红：《刑事辩护论》，法律出版社，1998，第 331 页。

法和1997年刑法修订以来，刑事法网日益严密，司法资源严重短缺，案件大量积压；抗辩式诉讼机制和当事人主义的引入、无罪推定原则的确立使得检察官败诉的风险越来越大。在这种困境下，我国提出建立认罪认罚从宽制度，从美国辩诉交易制度中借鉴合理因素。从正式的制度构建来看，我国的认罪认罚从宽制度吸收借鉴了美国辩诉交易中自愿性、律师全覆盖、法官审查和交易内容的合理因素。尤其是2018年新修订的刑事诉讼法第182条第1款规定的特殊不起诉制度，实质性地借鉴了美国辩诉交易的核心内容，为检察官进行认罪认罚协商提供了更有价值的协商筹码。

同时，美国辩诉交易的演进史也告诉我们，辩诉交易兴起于美国特有的制度土壤，与我国认罪认罚从宽制度存在跨制度、跨文化以及跨法系等现实问题。同时，辩诉交易对于整个司法系统而言也不是“包治百病”的“灵丹妙药”。我们需要在充分总结我国司法实践经验的基础上，通过理论探讨、实践探索、适时颁布司法解释、发布指导性案例等途径不断完善细化认罪认罚协商程序的适用规则。

参考文献

一、中文著作

［1］蔡巍. 检察官自由裁量权比较研究［M］. 北京：中国检察出版社，2009.

［2］陈瑞华. 比较刑事诉讼法［M］. 北京：中国人民大学出版社，2010.

［3］高鸿均，程汉大. 英美法原论［M］. 北京：北京大学出版社，2013.

［4］何勤华. 美国法律发达史［M］. 上海：上海人民出版社，1998.

［5］何勤华，夏菲. 西方刑法史［M］. 北京：北京大学出版社，2006.

［6］胡晓进. 自由的天性：十九世纪美国的律师与法学院［M］. 北京：中国政法大学出版社，2014.

［7］黄绍湘. 美国早期发展史：1492－1823［M］. 北京：人民出版社，1957.

［8］冀祥德. 建立中国控辩协商制度研究［M］. 北京：北京大学出版社，2006.

［9］蒋劲松. 美国国会史［M］. 海口：海南出版社，1992.

［10］黎敏. 西方检察制度史研究：历史缘起与类型化差异［M］. 北京：清华大学出版社，2010.

［11］李道揆. 美国政府和美国政治［M］. 北京：商务印书馆，1999.

［12］李剑鸣. 大转折的年代：美国进步主义运动研究［M］. 天津：天津教育出版社，1999.

[13] 马跃. 美国刑事司法制度[M]. 北京：中国政法大学出版社，2004.

[14] 祁建建. 美国辩诉交易研究[M]. 北京：北京大学出版社，2007.

[15] 宋冰. 读本：美国与德国司法制度及司法程序[M]. 北京：中国政法大学出版社，1998.

[16] 王希. 原则与妥协：美国宪法的精神与实践[M]. 北京：北京大学出版社，2000.

[17] 温晋锋，王赟. 契约国家的理念与实践：以美国为研究视角[M]. 北京：法律出版社，2017.

[18] 王兆鹏. 美国刑事诉讼法[M]. 2 版. 北京：北京大学出版社，2014.

[19] 徐爱国. 西方刑法思想史[M]. 北京：中国民主法制出版社，2016.

[20] 张定河. 美国政治制度的起源与演变[M]. 北京：中国社会科学出版社，1998.

[21] 张鸿巍. 美国检察制度研究[M]. 北京：人民出版社，2009.

[22] 张骏. 美国的自治传统：从殖民时期到进步时代[M]. 北京：中央编译出版社，2016.

[23] 张智辉. 辩诉交易制度比较研究[M]. 北京：中国方正出版社，2009.

二、中文译著

[1] 托克维尔. 论美国的民主[M]. 董果良，译. 北京：商务印书馆，1997.

[2] 林克，卡顿. 一九〇〇年以来的美国史[M]. 刘绪贻，等译. 北京：中国社会科学出版社，1983.

[3] 卢拉，韦德. 跨国视角下的检察官[M]. 杨先德，译. 北京：法律出版社，2016.

［4］斯黛丽，弗兰克．美国刑事法院诉讼程序［M］．陈卫东，徐美君，译．北京：中国人民大学出版社，2002．

［5］戴维斯．专横的正义：美国检察官的权力［M］．李昌林，陈川陵，译．北京：中国法制出版社，2012．

［6］方纳．给我自由！一部美国的历史［M］．王希，译．北京：商务印书馆，2010．

［7］伍德沃德，阿姆斯特朗．美国最高法院内幕［M］．熊必俊，等译．南宁：广西人民出版社，1983．

［8］塞利格曼．美国企业史［M］．复旦大学资本主义国家经济研究所，译．上海：上海人民出版社，1975．

［9］施瓦茨．美国法律史［M］．王军，洪德，杨静辉，译．北京：法律出版社，2011．

［10］施瓦茨．美国最高法院史［M］．毕洪海，柯翀，石明磊，译．北京：中国政法大学出版社，2005．

［11］阿克曼．建国之父的失败：杰斐逊、马歇尔与总统制民主的兴起［M］．江照信，译．北京：中国政法大学出版社，2013．

［12］阿克曼．我们人民：奠基［M］．汪庆华，译．北京：中国政法大学出版社，2013．

［13］阿克曼．我们人民：转型［M］．田雷，译．北京：中国政法大学出版社，2014．

［14］霍尔．改革中的人民：清教与新英格兰公共生活的转型［M］．张媛，译．南京：译林出版社，2016．

［15］博登海默．公正的审判：美国历史上刑事被告的权利［M］．杨明成，赖静，译．北京：商务印书馆，2009．

［16］杜蒙德．现代美国：1896-1946［M］．宋岳亭，译．北京：商务印书馆，1984．

［17］克罗斯．美国联邦上诉法院的裁判之道［M］．曹斐，译．北京：北京大学出版社，2011．

[18] 伍德. 美利坚共和国的缔造：1776-1787[M]. 朱妍兰，译. 南京：译林出版社，2016.

[19] 佩里. 择案而审：美国最高法院案件受理议程表的形成[M]. 傅玉林，韩玉婷，高娜，译. 北京：中国政法大学出版社，2010.

[20] 汉密尔顿，杰伊，麦迪逊. 联邦党人文集[M]. 程逢如，等译. 北京：商务印书馆，2015.

[21] 丘达柯夫，史密斯，鲍德温. 美国城市社会的演变[M]. 熊茜超，郭旻天，译. 上海：上海社会科学院出版社，2016.

[22] 西格尔，斯皮斯，蓓娜莎. 美国司法体系中的最高法院[M]. 刘哲玮，杨微波，译. 北京：北京大学出版社，2011.

[23] 弗兰克. 初审法院：美国司法中的神话与现实[M]. 赵承寿，译. 北京：中国政法大学出版社，2007.

[24] 帕金，米勒，等. 美国史[M]. 葛腾飞，张金兰，译. 北京：东方出版中心，2013.

[25] 沃尔夫. 司法能动主义：自由的保障还是安全的威胁[M]. 黄金荣，译. 北京：中国政法大学出版社，2004.

[26] 弗里德曼. 美国法律史[M]. 苏彦新，等译. 北京：中国社会科学出版社，2007.

[27] 弗里德曼. 二十世纪美国法律史[M]. 周大伟，等译. 北京：北京大学出版社，2016.

[28] 波斯纳. 联邦法院：挑战与改革[M]. 邓海平，译. 北京：中国政法大学出版社，2002.

[29] 威布. 自治：美国民主的文化史[M]. 李振广，译. 北京：商务印书馆，2007.

[30] 斯蒂文斯. 法学院：19 世纪 50 年代到 20 世纪 80 年代的美国法学教育[M]. 闫亚林，李新成，付欣，译. 北京：中国政法大学出版社，2003.

[31] 菲利. 程序即是惩罚：基层刑事法院的案件处理[M]. 魏晓娜，

译. 北京：中国政法大学出版社，2014.

［32］梅里亚姆. 美国政治思想：1865-1917［M］. 朱曾汶，译. 北京：商务印书馆，1984.

［33］美国量刑委员会. 美国量刑指南［M］. 王世洲，等译. 北京：北京大学出版社，1995.

［34］霍维茨. 美国法的变迁：1780-1860［M］. 谢鸿飞，译. 北京：中国政法大学出版社，2004.

［35］费希尔. 辩诉交易的胜利：美国辩诉交易史［M］. 郭志媛，译. 北京：中国政法大学出版社，2012.

［36］雅各比. 美国检察官研究［M］. 周叶谦，刘赓书，赵文科，等译. 北京：中国检察出版社，1990.

［37］菲尔德曼. 从前现代主义到后现代主义的美国法律思想：一次思想航行［M］. 李国庆，译. 北京：中国政法大学出版社，2005.

［38］毕贝斯. 庭审之外的辩诉交易［M］. 杨先德，廖钰，译. 北京：中国法制出版社，2018.

［39］恩格尔曼，高尔曼. 剑桥美国经济史：漫长的 19 世纪［M］. 王珏，李淑清，译. 北京：中国人民大学出版社，2008.

［40］拉费弗，伊斯雷尔，金. 刑事诉讼法［M］. 卞建林，沙丽金，译. 北京：中国政法大学出版社，2003.

［41］帕灵顿. 美国思想史［M］. 陈永国，译. 长春：吉林人民出版社，2002.

［42］兰博约. 对抗式刑事审判的起源［M］. 王志强，译. 上海：复旦大学出版社，2010.

［43］德雷斯勒，迈克尔斯. 美国刑事诉讼法精解［M］. 魏晓娜，译. 北京：北京大学出版社，2009.

［44］马丁，罗伯茨，明茨，等. 美国史［M］. 范道丰，柏克，曹大鹏，等译. 北京：商务印书馆，2014.

［45］小岛武司等. 司法制度的历史与未来［M］. 汪祖兴，译. 北京：

法律出版社，2000.

[46] 波尔. 美国平等的历程[M]. 张聚国，译. 北京：商务印书馆，2010.

[47] 麦高伟，米尔斯基. 陪审制度与辩诉交易：一部真实的历史[M]. 陈碧，王戈，等译. 北京：中国检察出版社，2006.

[48] 西蒙斯. 美国早期史：从殖民地建立到独立[M]. 朱绛，等译. 北京：商务印书馆，1994.

三、中文论文

[1] 曹达全. 试析美国辩诉交易中控辩力量对比及其启示[J]. 安徽农业大学学报(社会科学版)，2003(5)：58-62.

[2] 陈瑞华. 认罪认罚从宽制度的若干争议问题[J]. 中国法学，2017(1)：35-52.

[3] 陈卫东. 认罪认罚从宽制度研究[J]. 中国法学，2016(2)：48-64.

[4] 邓思清. 检察官权力清单制度初探[J]. 国家检察官学院学报，2016，24(6)：48-61，170.

[5] 杜民霞. 略论美国辩诉交易制度及检察官的作用[J]. 犯罪研究，2003(3)：77-80.

[6] 樊崇义，李思远. 认罪认罚从宽程序中的三个问题[J]. 人民检察，2016(8)：5-9.

[7] 樊崇义，徐歌旋. 认罪认罚从宽制度与辩诉交易制度的异同及其启示[J]. 中州学刊，2017(3)：44-51.

[8] 顾永忠. 关于"完善认罪认罚从宽制度"的几个理论问题[J]. 当代法学，2016，30(6)：129-137.

[9] 郭林将. 辩诉交易公信力的发展进路：以检察官职业品格为中心的分析[J]. 法学杂志，2010，31(8)：100-102.

[10] 郭明文. 美国死刑案件有罪答辩自愿性探微[J]. 政法学刊，

2010，27(3)：36-41.

[11] 何家弘. 美国检察制度的历史研究[J]. 法治论丛，1994(2)：4.

[12] 胡铭，张传玺. 认罪认罚从宽制度中的法律监督[J]. 昆明理工大学学报(社会科学版)，2017，17(2)：1-11.

[13] 孔冠颖. 认罪认罚自愿性判断标准及其保障[J]. 国家检察官学院学报，2017，25(1)：20-30，171-172.

[14] 闵春雷. 认罪认罚从宽制度中的程序简化[J]. 苏州大学学报(社会科学版)，2017，38(2)：48-56.

[15] 裴苍龄. 辩诉交易"易"什么[J]. 河北法学，2017，35(8)：2-13.

[16] 裴仕彬. 认罪认罚程序中选择起诉的效力与规范适用[J]. 河南财经政法大学学报，2018，33(6)：123-131.

[17] 彭昕. 辩诉交易：一种政治学路径的思考[J]. 四川警察学院学报，2017，29(1)：134-139.

[18] 祁建建. 美国辩诉交易中的有效辩护权[J]. 比较法研究，2015(6)：126-142.

[19] 史立梅. 美国有罪答辩的事实基础制度对我国的启示[J]. 国家检察官学院学报，2017，25(1)：31-42，172.

[20] 孙远. 论认罪认罚案件的证明标准[J]. 法律适用，2016(11)：14-19.

[21] 谭世贵. 实体法与程序法双重视角下的认罪认罚从宽制度研究[J]. 法学杂志，2016，37(8)：15-25.

[22] 谭世贵，陶永强. 实体法视野下认罪认罚从宽制度的完善[J]. 人民法治，2017(1)：16-19.

[23] 王皇玉. 认罪协商程序之法社会学考察：以台湾刑事司法改革为例[J]. 台大法学论丛，2008，37(4)：65-113.

[24] 王敏远. 认罪认罚从宽制度疑难问题研究[J]. 中国法学，2017(1)：17-34.

[25] 魏东，李红. 认罪认罚从宽制度的检讨与完善[J]. 法治研究，2017(1)：71-81.

[26] 魏晓娜. 完善认罪认罚从宽制度：中国语境下的关键词展开[J]. 法学研究，2016，38(4)：79-98.

[27] 吴鸣. 精神病犯罪的辩诉交易：GBMI 裁定下美国精神障碍犯罪人转处及启示[J]. 西南政法大学学报，2017，19(4)：40-49.

[28] 肖凯. 美国金融检察的监管功能：以暂缓起诉协议为例[J]. 法学，2012(5)：149-153.

[29] 熊秋红. 认罪认罚从宽的理论审视与制度完善[J]. 法学，2016(10)：97-110.

[30] 杨百胜. 辩诉交易制度探源及其他：以美国为例[J]. 湖北大学学报(哲学社会科学版)，2003(4)：51-58.

[31] 张晨，杨珍，林竹静. 检察环节认罪认罚从宽制度的构建与完善[J]. 上海政法学院学报(法治论丛)，2017(2)：137-145.

[32] 张鸿巍. 美国未成年人辩诉交易运行机制研究[J]. 中国刑事法杂志，2013(8)：123-127.

[33] 张宏宇. 美国辩诉交易程序中被告人认罪自愿性保障及对中国的启示[J]. 齐齐哈尔大学学报(哲学社会科学版)，2017(3)：89-92，113.

[34] 张建伟. 认罪认罚从宽处理：内涵解读与技术分析[J]. 法律适用，2016(11)：2-8.

[35] 张进德. 刑事诉讼效率的追求与美国辩诉交易的兴起：以对抗制的衰退为中心[J]. 法律适用，2011(1)：112-115.

[36] 朱孝清. 认罪认罚从宽制度的几个问题[J]. 法治研究，2016(5)：35-44.

[37] 程乐其，胡人斌. 美国联邦司法制度中的有罪答辩和辩诉交易[J]. 公安学刊(浙江警察学院学报)，2009(6)：30-36.

四、中文学位论文

［1］柴晓宇. 刑事证据开示制度研究［D］. 上海：复旦大学，2014.

［2］冯景合. 检察权及其独立行使问题研究［D］. 长春：吉林大学，2006.

［3］郭起飞. 詹姆斯·麦迪逊多元主义政治思想研究［D］. 大连：大连理工大学，2012.

［4］郝丽芳. 美国联邦司法政治研究［D］. 天津：南开大学，2013.

［5］金柯宏. 美国辩诉交易制度的历史考察与价值分析［D］. 重庆：西南政法大学，2010.

［6］李秀红. 乔治·华盛顿与美国总统制的初步实践［D］. 长春：东北师范大学，2010.

［7］聂施恒. 美国检察制度研究［D］. 长春：吉林大学，2011.

［8］阮丹生. 审前程序检察官自由裁量权研究［D］. 重庆：西南政法大学，2004.

［9］王涵. 美国进步时代的政府治理：1890-1920［D］. 上海：复旦大学，2009.

［10］王守安. 检察裁量权论［D］. 北京：中国政法大学，2008.

［11］肖芳婷. 禁酒令与辩诉交易的成型：1851-1919［D］. 上海：华东政法大学，2016.

［12］徐白. 美国检察权滥用及规制研究［D］. 重庆：西南政法大学，2016.

［13］徐彪. 美国现代辩诉交易制度研究［D］. 合肥：安徽大学，2016.

［14］徐凤利. 论检察官在辩诉交易制度中的自由裁量权［D］. 南京：南京师范大学，2007.

五、英文学位论文及著作

［1］PREWITT A L. American lawyers and social ferment: prelude to progressivism, 1870-1900[D]. Evanston: Northwestern University, 1973.

[2] OSTROM B. An economic analysis of plea bargaining process[D]. Washington: University of Washington, 1988.

[3] IRVIN C B. Perceptions and plea bargaining in Mississippi[D]. Hattiesburg: The University of Southern Mississippi, 2005.

[4] SMITH C E. John Paul Stevens: Defender of rights in criminal justice [M]. Lexington: Lexington Books, 2015.

[5] FLAHERTY D H. Essays in the history of early American law[M]. Chapel Hill: University of North Carolina Press, 1969.

[6] BOWEN D M. An analysis of alternative methods of plea negotiations [D]. Seattle: University of Washington, 2002.

[7] SAVITSKY D R. The problem with plea bargaining: Differential subjective decision making as an engine of racial disparity in the United States prison system[D]. Ithaca: Cornell University, 2009.

[8] MAYNARD D W. Inside plea bargaining: the language of negotiation [M]. New York: Plenum Press, 1984.

[9] FISHMAN E. New York City's criminal justice system, 1895-1932 [D]. New York: Columbia University, 1980.

[10] KRAMER G M. Plea bargaining recommendations by criminal defense attorneys: Legal, psychological, and substance abuse rehabilitative influences [D]. Philadelphia: Drexel University, 2005.

[11] JORDAN G H. Creating a women's legal culture: Women lawyers in Illinois, 1855-1939[D]. Urbana: University of Illinois Press at Urbana-Champaign, 1993.

[12] GRAVER H P. Judges against justice: On judges when the rule of law is under attack[M]. Heidelberg: Springer, 2015.

[13] MILLER H S, MCDONALD W F, CRAMER J A. Plea bargaining in the United States[M]. Washington, D. C.: Georgetown University Press,

1978.

[14] HUSSEMANN J M. Negotiating justice: Defendant perspectives of plea bargaining in American criminal courts [M]. Minneapolis: University of Minnesota Press, 2013.

[15] WORRALL J L, NUGENT-BORAKOVE M E. The changing role of the American prosecutor [M]. Albany: State University of New York Press, 2008.

[16] SPILLANE J F, WOLCOTT D B. A history of modern American criminal justice[M]. Thousand Oaks: SAGE Publications, 2013.

[17] HALL K L. The magic mirror: Law in American history [M]. New York: Oxford University Press, 1989.

[18] PARKER K M. Custom and history: Common law thought and the historical imagination in nineteenth century America [M]. Princeton: Princeton University Press, 2007.

[19] FRIEDMAN L M. Crime and punishment of American history [M]. New York: Basic Books, 1993.

[20] FRIEDMAN L M, PERCIVAL R V. Roots of justice: Crime and punishment in Alameda County, California, 1870 – 1910 [M]. Chapel Hill: University of North Carolina Press, 1981.

[21] WHITE L D. The republican era: 1869 – 1901, a study in administrative history[M]. New York: The Macmillan Company, 1958.

[22] TOBIAS M. Old Dartmouth on trial: The transformation of the academic community in nineteenth-century America[M]. New York: New York University Press, 1977.

[23] BEEMAN M P. New Deal justice: Tom Clark and the Warren Court, 1953–1967[M]. Austin: University of Texas Press, 1993.

[24] VOGEL M E. Coercion to compromise: Plea bargaining, the courts and the making of political authority [M]. Oxford: Oxford University Press,

2007.

[25] VOGEL M E. Courts of trade：Social conflict and the emergence of plea bargaining in Boston，Massachusetts，1830 – 1890 [M]. Cambridge：Harvard University Press，1988.

[26] SACKS M R. Don't I have a right to bail? A study of bail decisions / outcomes and their effects on plea bargaining sentencing[M]. New York：City University of New York Press，2011.

[27] HEUMANN M. Plea bargaining：The experiences of prosecutors，judges，and defense attorneys [M]. Chicago：University of Chicago Press，1978.

[28] ROTH M P. Crime and punishment：A history of the criminal justice system[M]. Boston：Cengage Learning，2010.

[29] BARONE P A. Plea bargaining：The lived experience of female prosecutorial discretion and decision-making [M]. Minneapolis：Capella University Press，2013.

[30] KING P J. Utilitarian jurisprudence in America：The influence of Bentham and Austin on American legal thought in the nineteenth century[M]. Urbana：University of Illinois Press，1958.

[31] FOSDICK R. Criminal justice in Cleveland[M]. Cleveland：The Cleveland Foundation，1922.

[32] RAUXLOH R. Plea bargaining in national and international law[M]. Abingdon：Routledge，2012.

[33] MCKENZIE R L. Motivational factors to plea bargain in Georgia：Public versus private attorney [M]. Minneapolis：Capella University Press，2015.

[34] HOCK R R. Negotiated felony dispositions：The determinates of plea bargaining[M]. Berkeley：University of California Press，1989.

[35] HEPHNER S T. Negotiation：The strength of court workgroup and the

guilty plea process[M]. Huntsville: Sam Houston State University Press, 2002.

[36] MARTIN T J. Critical theory, formal law, and the plea negotiation process: Achieving substantive procedural discourse [M]. Ottawa: Carleton University Press, 1996.

[37] U. S. DEPARTMENT OF JUSTICE. Two hundred years of American criminal justice[M]. Honolulu: University Press of the Pacific, 2005.

[38] NOVAK W J. The people's welfare: Law and regulation in nineteenth-century America[M]. Chapel Hill: University of North Carolina Press, 1996.

[39] WIECEK W M. The lost world of classical legal thought: Law and ideology in America[M]. Oxford: Oxford University Press, 1998.

六、英文论文

[1] JUNEJA A. A holistic framework to aid responsible plea-bargaining by prosecutors[J]. New York University Journal of Legislation and Public Policy, 2017, 11.

[2] MATHENY A R. A bibliography on plea bargaining[J]. Law & Society Review, 1979, 13(2): 661-687.

[3] ALSHULER A W. The changing plea bargaining debate[J]. California Law Review, 1981, 69(3): 652-730.

[4] ALSHULER A W. The defense attorney's role in plea bargaining[J]. Yale Law Journal, 1975, 84.

[5] ALSHULER A W. Plea bargaining and its history[J]. Law & Society Review, 1979, 13(2): 221-245.

[6] ALSHULER A W. The prosecutor's role in plea bargaining [J]. University of Chicago Law Review, 1968, 36(1): 50-112.

[7] ALSHULER A W. The trial judge's role in plea bargaining [J]. Columbia Law Review, 1976, 76(7).

[8] CARRUTHERS A L. Guilty plea colloquies in Michigan after Padilla

[J]. University of Detroit Mercy Law Review, 2013, 90.

[9] LASHLY A V. Phases of the Missouri crime survey[J]. St. Louis Law Review, 1926, 11(3): 171-188.

[10] LASHLY A V. The Illinois crime survey[J]. Journal of Criminal Law and Criminology, 1930, 20(4): 588-605.

[11] ANDREWS B G. The role of the prosecutor in Utah[J]. Utah Law Review, 1956, 5.

[12] GERSTEIN C. Plea bargaining and prosecutorial motives [J]. University of New Hampshire Law Review, 2016, 15.

[13] REINHOLTSEN D A. The role of California's attorney general and district attorneys in protecting the consumer[J]. University of California Davis Law Review, 1971, 4: 55-56.

[14] PAPKE D R. Mr. District Attorney the prosecutor during the golden age of radio[J]. University of Toledo Law Review, 2003, 34.

[15] GIFFORD D G. Meaningful reform of plea bargaining: the control of prosecutorial discretion[J]. University of Illinois Law Review, 1983, 1983(1): 37-98.

[16] LIEB D. Vindicating vindictiveness: prosecutorial discretion and plea bargaining, past and future [J]. Yale Law Journal, 2013, 123 (4): 862-1117.

[17] DE LONG E H, BAKER N F. The prosecuting attorney, provisions of law organizing the office[J]. Journal of Criminal Law and Criminology, 1933, 23(6): 926-963.

[18] DE LONG E H, BAKER N F. Powers and duties of the prosecuting attorney: quasi-criminal and civil[J]. Journal of Criminal Law and Criminology, 1934, 25(1): 21-52.

[19] DE LONG E H. Powers and duties of the prosecuting attorney-general in criminal prosecution[J]. Journal of Criminal Law and Criminology, 1934, 25

(3): 358-400.

[20] DE LONG E H, BAKER N F. The prosecuting attorney: the process of prosecution[J]. Journal of Criminal Law and Criminology, 1935, 26(1): 3-21.

[21] ANDREWS E L. The federal attorney-generalship[J]. American Law Review, 1909, 43.

[22] MILOSLAVICH E L. The district attorney as criminologist [J]. Marquette Law Review, 1932, 16(2): 113-119.

[23] VAN DEN HAAG E. Limiting plea bargaining and prosecutorial discretion[J]. Cumberland Law Review, 1984, 15(1): 1-21.

[24] PAULSEN E. Imposing limits on prosecutorial discretion in corporate prosecution agreements [J]. New York University Law Review, 2007, 82: 1434-1469.

[25] EMERY L A. The nolle prosequi in criminal cases[J]. Maine Law Review, 1913, 6(4).

[26] HESSICK F A, SAUJANI R M. Plea bargaining and convicting the innocent: the role of the prosecutor, the defense counsel, and the judge[J]. Brigham Young University Journal of Public Law, 2002, 16(2): 189-242.

[27] CARNEY F J, FULLER A L. A study of plea bargaining in murder cases in Massachusetts[J]. University Law Review, 1969, 3.

[28] JOHNSON G E Q. Investigation and detection of crime from the prosecutor's viewpoint[J]. Commercial Law Journal, 1935, 40.

[29] FISHER G. Plea bargaining's triumph[J]. Yale Law Journal, 2000, 109.

[30] BELL G B. The attorney general: the federal government's chief lawyer and chief litigator, or one among many[J]. Fordham Law Review, 1978, 46(6): 1049-1070.

[31] THOMPSON G A. The Missouri crime survey [J]. American Bar

Association Journal, 1926, 12.

[32] WEIHOFEN H. The written federal attorney examination [J]. University of Chicago Law Review, 1944, 11(2): 154-176.

[33] SCOTT I R. Criminal procedure and tort: the effect of "nolle prosequi" on actions for malicious prosecution[J]. Anglo-American Law Review, 1973, 2.

[34] BOUSKA J W. The prosecutor's closing argument in Kansas [J]. University of Kansas Law Review, 1969, 17.

[35] RAWLINGS J W. Prosecutor forensic misconduct-harmless error[J]. Utah Law Review, 1958, 6.

[36] PADGETT J F. Plea bargaining and prohibition in the federal courts, 1908-1934[J]. Law & Society Review, 1990, 24(2): 413-500.

[37] LANGBEIN J H. The origins of public prosecution at common law[J]. American Journal of Legal History, 1973, 17.

[38] LANGBEIN J H. Understanding the short history of plea bargaining [J]. Law & Society, 1979, 13(2): 261-272.

[39] EDWARDS J S. Professional responsibilities of the federal prosecutor [J]. University of Richmond Law Review, 1983, 17(3): 511-538.

[40] SANBORN J B. A historical sketch of plea bargaining[J]. Justice Quarterly, 1986, 3.

[41] BOWERS J. Plea bargaining's baselines[J]. William & Mary Law Review, 2016, 57(4): 1083-1145.

[42] MILLER J. The compromise of criminal cases[J]. Southern California Law Review, 1927(1).

[43] KRUG P. Prosecutorial discretion and its limits[J]. American Journal of Comparative Law, 2002, 50.

[44] WATERS L R. The federal food, drug, and cosmetic act from the viewpoint of the United States attorney[J]. Food Drug Cosmetic Law Journal,

1954, 9.

[45] DONOHOE L E. Improper remarks of the district attorney [J]. Louisiana Law Review, 1949, 10: 486-498.

[46] FRIEDMAN L M. Plea bargaining in historical perspective[J]. Law & Society, 1979, 13(2): 247-259.

[47] MATHER L M. Comments on the history of plea bargaining[J]. Law & Society, 1979, 13(2): 281-285.

[48] FEELEY M M. Legal complexity and the transformation of the criminal process: the origins of plea bargaining [J]. Israel Law Review, 1997, 31: 183-222.

[49] HALLER M H. Plea bargaining: the nineteenth century context[J]. Law & Society, 1979, 13(2): 273-279.

[50] VOGEL M E. The social origins of plea bargaining: an approach to the empirical study of discretionary leniency[J]. Journal of Law and Society, 2008, 35: 201-232.

[51] VOGEL M E. The social origins of plea bargaining: conflict and the law in the process of state formation, 1830-1860[J]. Law & Society Review, 1999, 33(1): 161-246.

[52] LANGER M. Rethinking plea bargaining: the practice and reform of prosecutorial adjudication in American criminal procedure[J]. American Journal of Criminal Law, 2006, 33: 1-77.

[53] O'HEAR M M. Plea bargaining and procedural justice[J]. Georgia Law Review, 2008, 42: 407-469.

[54] FINKELSTEIN M O. A statistical analysis of guilty plea practices in the federal courts[J]. Harvard Law Review, 1976, 89.

[55] HEUMANN M. A note on plea bargaining and case pressure[J]. Law & Society, 1975, 9(3): 515-528.

[56] BAKER N F. The prosecutor-initiation of prosecution[J]. Journal of

Criminal Law and Criminology, 1933, 23(5): 740-796.

[57] BAKER N F, DE LONG E H. The prosecuting attorney: powers and duties in criminal prosecution [J]. Journal of Criminal Law and Criminology, 1934, 24.

[58] BAKER N F, DE LONG E H. The prosecuting attorney and his office [J]. Journal of Criminal Law and Criminology, 1935, 25.

[59] BAKER N F, DE LONG E H. The prosecuting attorney and reform in criminal justice[J]. Journal of Criminal Law and Criminology, 1936, 26.

[60] SORENSEN P C. Compromise verdicts in criminal cases [J]. Nebraska Law Review, 1958, 37.

[61] MOODY R E. The peace officer and the prosecutor[J]. Oregon Law Review, 1935, 14.

[62] MOLEY R. The vanishing jury[J]. Southern California Law Review, 1928, 11.

[63] HAMM R F. Administration and prison suasion: law enforcement in the American temperance movement, 1880 - 1920 [J]. Contemporary Drug Problems, 1994, 21(3): 375-399.

[64] MILLS R. The prosecutor: charging and bargaining[J]. University of Illinois Law Forum, 1966, 522.

[65] COOLEY R W. Predecessors of the federal attorney general: the attorney general in England and the American colonies[J]. American Journal of Legal History, 1958, 2.

[66] NEALON R W. The opinion function of the federal attorney general [J]. New York University Law Review, 1950, 25.

[67] FERRARI R. Public defender the complement of the district attorney [J]. Journal of Criminal Law and Criminology, 1911, 2(5): 704-715.

[68] IRELAND R M. Privately funded prosecution of crime in the nineteenth-century United States[J]. American Journal of Legal History, 1995,

39(1): 43-58.

[69] BENSON T B. Right of the prosecutor to a change of venue[J]. Virginia Law Register(New Series), 1917, 3.

[70] ZYWICKI T. Wine, commerce, and the constitution[J]. New York University Journal of Law & Liberty, 2005, 1(1).

[71] PICKETT W M. Office of prosecutor in Connecticut[J]. Journal of Criminal Law and Criminology, 1926, 17(3): 348-358.

[72] LAFAVE W R. The prosecutor's discretion in the United States[J]. American Journal of Comparative Law, 1970, 18.

[73] GINSBURG W E, GINSBURG B. Mr. District Attorney in the courtroom[J]. Law Society Journal, 1942, 10.

[74] VAN ALSTYNE W S Jr. The district attorney-a historical puzzle[J]. Wisconsin Law Review, 1952, 32.

[75] MANLY Y M. Admissibility of offers of compromise in criminal cases [J]. New York University Intramural Law Review, 1954, 9.

后　记

本书是在我博士论文的基础上修改而成。在即将出版之际，之前备考、读博、撰写博士论文等诸多画面在我脑海里铺开。由于我是工作期间攻读博士，需要经常深圳、上海两地跑，学习和博士论文写作的艰辛只有自己知道，不过在读博和出版的道路上得到了诸多师友、同仁及家人的支持和帮助。

首先要感谢我的博士生导师何勤华教授。何老师一直是我敬重的学者。我从2007年开始在深圳市基层检察院工作，一直想成为何老师的学生，直到2015年才鼓足勇气，经过一年多的备考，在2016年考博成功，如愿以偿。我本科学习航空法、硕士研习民商法，法律史对我来讲是“半路出家”，承蒙恩师不嫌弃我这个对法律史尤其是外国法律史“一知半解”的“门外汉”，得列门墙。由于我在职需要兼顾工作，难以经常得到恩师耳提面命式的教诲，更多的是通过电话、电子邮件向恩师请教。恩师学问之精深，治学之严谨令我钦佩；工作之敬业，待人之真诚令我感动。尤其是恩师在身兼全国外国法制史研究会会长等社会职务，而且在著作已经等身的情况下，每年仍然在法学核心期刊上发表一定数量的研究成果，这种追求学术的初心值得我一辈子学习。

论文从选题到写作都得到了恩师的悉心指导。恩师对学生的选题是持开放态度的，只要能在相关领域有所突破创新都会给予极大鼓励。我在论文开题前向恩师汇报了好几个选题，恩师对每个选题都详细列出了优缺点，我正是在恩师不厌其烦的指点下确定将“美国辩诉交易演进中检察官的作用”作为博士论文的选题。为了能够按时完成论文，恩师要求我每写完一章先发给他，我完成论文的第一章照此做，但后面的章节临近预答辩才一齐交给恩师，恩师也没有生气，还安慰我说“辛苦了”，我深受感动。恩师非常及时地看完论文，并提出了详细的修改意见，大到篇章结构，小到遣词造句都凝结了导师的辛勤劳动。在得知学生有将博士论文出版的想法后，特别热心介绍出版社的编辑老师。得此良师，铭记在心。

感谢母校华东政法大学法律史专业的各位老师。感谢王立民教授、李秀清教授、徐永康教授、丁凌华教授、龚汝富教授、陈灵海教授等，在老师们的课堂上，从理论到研究方法，开启了我对法律史的进一步理解。感谢苏彦新教授、陈颐教授、屈文生教授、冷霞副教授等老师在论文开题报告和预答辩给我提出的修改意见。感谢于明老师和李明倩老师在我学习中所给予的帮助和鼓励。

感谢以张志铭教授为主席的论文答辩委员会，在对我的博士论文给予充分肯定之后，提出了非常宝贵的修改意见。在此，向参与论文答辩的张志铭教授、王立民教授、李秀清教授、苏彦新教授和肖光辉教授表示衷心的谢意。

感谢同室好友杨铜铜同学，他读博期间已经在《法学》等核心期刊独立发表文章，在与铜铜的交谈中也能感受到他缜密的思维，是我学习的榜样。感谢齐盛、王炳军、黄海、姜增、周海灵、崔雅琼、宋宇宁、王静、龚湉晰、肖毅立、吴伟彬等十一位法律史专业同窗和其他专业的同学在我学习中给予的帮助和启发。同窗之谊，终生难忘。

感谢深圳市龙岗区人民检察院的领导和同事。我入职以来，历任检察长及单位其他领导都鼓励和支持我攻读博士，勉励我认真撰写和修改博士论文，也希望我能将博士论文出版。在我读博期间，单位同事也给了我很多支持和帮助。

感谢湖南大学出版社的编辑对本书出版所作出的巨大努力，在收到我的写作提纲后，认真审阅，及时通知我出版社决定采稿的意向。这对我这个还没有出过书的人来讲是莫大的鼓舞。没有编辑的辛勤工作，本书不可能如此快地出版。

最后要感谢我的家人。首先是我的妻子侯欢欢女士，她除了要工作，还要照顾子谦、子卉、培昕三位小朋友和双方的老人，在我读博的第一年，恰值小女子卉出生，因为要往返深沪两地，没有充足的时间陪伴，妻子不仅毫无怨言，还把家里打理得井井有条，感谢她的体谅和照顾，在我把想出版博士论文的念头告诉妻子的时候，她非常赞成和支持。感谢子谦和子卉小朋友在我论文写作过程中带来的欢乐，两个小家伙懂得不打扰我的写作；感谢培昕小朋友的到来，在我修改书稿的时候带来很多开心。感谢我的父母和岳父母无怨无悔的付出，帮忙照看小孩，解决了我的后顾之忧。

本书虽然是在博士论文的基础上经过反复修改，但疏漏和不足之处仍在所难免，只能归咎于我的学艺不精，恳请各位读者批评指正。

裴仕彬

2025 年 2 月 5 日